读懂未来中国保险

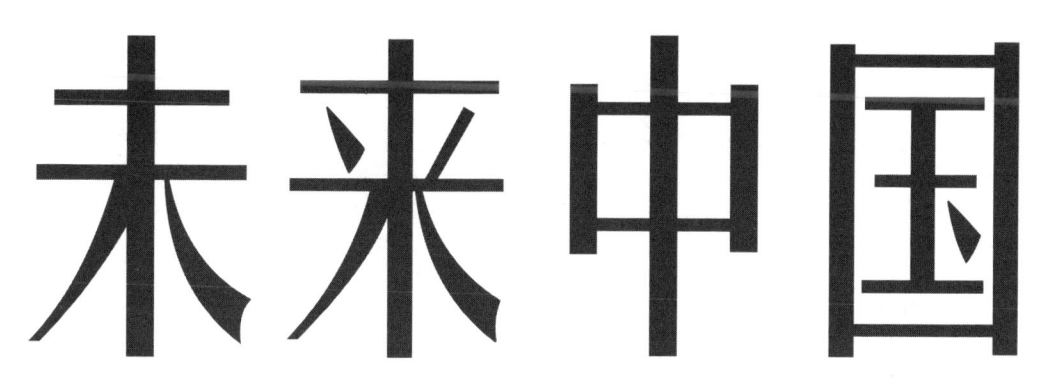

从保险大国到保险强国

陈辉 著

Rethinking China's
Insurance for the Future
Big to Brilliant

中国经济出版社
CHINA ECONOMIC PUBLISHING HOUSE
北京

图书在版编目（CIP）数据

读懂未来中国保险 / 陈辉著 . -- 北京：中国经济出版社，2024.5
ISBN 978-7-5136-7734-9

Ⅰ. ①读… Ⅱ. ①陈… Ⅲ. ①保险业 – 产业发展 – 研究 – 中国 Ⅳ. ① F842

中国国家版本馆 CIP 数据核字（2024）第 075345 号

责任编辑	张梦初　高鑫
责任印制	马小宾
封面设计	久品轩

出版发行	中国经济出版社
印 刷 者	北京富泰印刷有限责任公司
经 销 者	各地新华书店
开　　本	710mm×1000mm　1/16
印　　张	19.25
字　　数	260 千字
版　　次	2024 年 5 月第 1 次
印　　次	2024 年 5 月第 1 次
定　　价	88.00 元

中国经济出版社 网址 http://epc.sinopec.com/epc/ 社址 北京市东城区安定门外大街 58 号 邮编 100011
本版图书如存在印装质量问题，请与本社销售中心联系调换（联系电话：010-57512564）

版权所有　盗版必究（举报电话：010-57512600）
国家版权局反盗版举报中心（举报电话：12390）　　服务热线：010-57512564

《中国与世界保险观察》序言

让世界了解中国保险,让中国保险走向世界

中国的迅速崛起改变了全球政治、经济、外交和战略格局,中国带给世界新的秩序观。中国与世界保险的关系日益错综复杂、相互交融、相互依存,这无疑是当今全球保险业最重要、最令人兴奋和最值得关注的问题。面对新的机遇和挑战,研究和分析中国与世界保险的变革和发展,有着重大和深远的意义。

2020年,根据中央财经大学建设世界一流大学(学科)方案要求以及"打造具有一流影响力的中国财经高端智库"的宏伟蓝图,中国精算研究院联合中国金融科技研究中心等机构组建了"中国与世界保险研究工作组"(Center for China in the World Insurance, CCWI),它以"连接中外、沟通世界"为定位,以"让世界了解中国保险,让中国保险走向世界"为愿景,以"全球视野、战略前瞻、服务决策"为使命,独树一帜,以政策研究为导向,以政策影响为驱动,汇集学术界、政府和企业优秀资源,从世界角度观察和研究中国保险的现实政策问题,建设性地参与政策讨论和政策评估,为政府机构提供富有洞察力的学术新知的政策建议。

与此同时,CCWI从中国发展和改革的实践出发,与国际学术界、政策界对话交流,思辨政策难题,把握时代脉络,升华学术智慧,推动中国保险政策研究及相关领域的建设:形成说明中国风险观和保险学的"说明书";建立解释中国风险观与保险学的"解释学";给世界提供研究中国风险观和保险学的基础知识和方法的"方法论";让世界认识中国保险的创新与发展的"实践课"。

《中国与世界保险观察》（China and World Insurance Affairs）是 CCWI 策划出版的图书或研究报告，集中关注和深入探讨当代中国与世界保险所面临的战略性、挑战性问题，为相关部门决策取向提出思考和建言。

《中国与世界保险观察》所打造的"中国与世界保险观察书系"[①]，将全面展示中央财经大学保险精算学科的特色，充分发挥中央财经大学保险精算学科的优势，努力走出一条具有鲜明学科特色的保险精算智库建设之路，成为国内国际具有一流影响力的保险精算思想库和智囊库。

中国精算科技实验室

2023 年 12 月

---

① "中国与世界保险观察书系"编审委员会秘书处设在中央财经大学中国精算研究院（邮箱：wethink@yangcai.org），由 CCWI 联合央财国际研究院（www.yangcai.org）等团队策划统筹编辑，由中央财经大学"双一流"建设项目、保险风险分析与决策学科创新引智基地（B17050）、教育部人文社会科学重点研究基地重大项目（No.22JJD790090）、佳凡集团、乐信保险代理等资助。

序 | Order

"周虽旧邦，其命维新"，是中国如今的真实写照，更是中国保险的现实。新的时代，新的征程，中国保险要承接过去，立足现实，拥抱未来，勇敢接过历史的重担，踔厉奋发。与时代同行，与国家同行，再续保险业新篇章。

从1978年改革开放到2022年长达44年的时间里，中国保险业实现了年均25%的增长率，约是国内生产总值（GDP）年均增长率的3倍，是世界保险业发展史上的一个奇迹。当人们习惯于这个高速增长之后，对中国保险2018年以来增长减速，容易产生疑惑。当前对中国保险前景的误判，源于错误的观察方法和偏颇的理论依据。一旦将这些错误方法论予以澄清，必将拨开悲观论调的重重迷雾，重新看到中国保险前景的一片光明。

《读懂中国保险》的目的是揭开中国保险的神秘面纱，描绘中国保险的未来蓝图，以开创保险服务中国式现代化新局面。追寻中国现代保险，中国保险取得了哪些优异的成绩？畅想中国保险，中国保险将走向何方？这成为当下中国保险必须思考和解决的问题。重塑美好保险，中国保险将走向"中国好保险"；突破保险边界，中国保险将走向"金融好中介"。

《读懂未来中国保险》的目的是重塑我们热爱的保险、重塑我们这个时代的中国保险，以助力中国从"保险大国"迈向"保险强国"。身临其境，方能看清中国保险；置身事内，方能理解中国保险；挺膺担当，方能解码中国保险；躬身入局，方能重塑中国保险。这些构成了中国"从保险大国到保险强国"的"突围集"。

《读懂未来中国保险》是《读懂中国保险》一书的延续，系统、全面地阐释了中国保险的"金融力量"和中国保险的"中国故事"。《读懂中国保险》更多地总结回顾了中国保险贯彻落实2017年第五次全国金融工作会议精神的进展情况和成果成效；《读懂未来中国保险》则更多地阐述了中国保险如何贯彻落实党的二十大以及2023年中央金融工作会议精神。

《读懂未来中国保险》从中国保险故事迈向中国未来保险，这是一片陌生的充满迷雾的森林，没有人是土生土长的向导。众人都试图极目远眺，寻找穹顶的北极星，并确定前进的方向。面向未来，本书将带领我们开启一个"认知革命"的故事，一个"预见未来"的故事。

是为序。

佳凡集团总经理 贾辉

2023年12月

前言 | Preface

美学大师朱光潜曾写过一段话："悠悠的过去只是一片漆黑的天空，我们所以还能认识出来这漆黑的天空者，全赖思想家和艺术家所散布的几点星光。朋友，让我们珍重这几点星光！让我们也努力散布几点星光去照耀那和过去一般漆黑的未来！"

我们每个人，每个组织，其实都生活在一条"黑暗的时间隧道"里，只有当下是光明的，身后的一切，转眼就变成了黑漆漆的历史。同时，我们的前方也是漆黑一片。我们需要明白自己所处的是一个"不确定时代"，一个"超级不确定时代"，整个时代充满了不确定性，这个时代更像一个"动荡时代"。全球金融市场剧烈动荡，中国经济形势存在很大不确定性……这些正在加剧中国金融市场和保险市场的动荡。在此背景下，除了要读懂中国经济、读懂中国金融、读懂中国保险，还要读懂未来中国经济、读懂未来中国金融、读懂未来中国保险，这些成为重塑我们热爱的保险、重塑我们这个时代的中国保险关键之关键。

读懂未来中国保险，是一个任务，更是一个问题，这背后隐含着中国保险需要回答的问题：我们在哪里？我们去哪里？我们如何去？回顾中国保险的发展，当前正处在一个转折点上，这意味着我们要做出困难的抉择，放弃所依赖的路径，重塑中国保险。

读懂未来中国保险，不需要我们去定义未来保险，我们也无法定义未来保

读懂未来中国保险
>>> 从保险大国到保险强国

险,我们所能做的是厘清我们这个时代的中国保险的认识误区,提升对我们热爱的保险的认知,改变我们的思维方式,启迪我们的智慧。正如,阿尔伯特·爱因斯坦(Albert Einstein)所言:"我这辈子用很长时间悟得了一个道理,那就是我们所有的科学在被用于衡量现实时,都是原始而天真的——然而迄今为止这是我们最值得珍惜的财富。"

《读懂未来中国保险》回答了中国保险的一系列问题,包括"如何看清中国保险""如何理解中国保险""如何解码中国保险""如何重塑中国保险"。这些构成了中国"从保险大国到保险强国"的"突围集",其将引领我们身临其境、置身事内、挺膺担当、躬身入局。

《读懂未来中国保险》从"看清中国保险"到"理解中国保险",从"解码中国保险"到"重塑中国保险",描绘了中国与世界保险的近景图、全景图,展现了中国保险的远景图、愿景图,其内容不仅涵盖了中国保险过去20年的变革与发展,还涵盖了当下和未来中国与世界保险的变革与发展。这些都表明,如果我们囿于利益而不敢在思想观念上有所突破,中国保险的变革与发展就不可能破冰前行。正是在这个意义上,当今中国保险仍然处于一个需要思想创新、观念突破的时代。本书尝试帮助保险人激发好奇心、开拓新视野、启发独立思考、加深对中国与世界保险的理解,成为催生思想观念创新的重要工具。衷心希望本书能够成为这个过程中的一部分。

《读懂未来中国保险》是《读懂中国保险》的姊妹篇,是《保险思政课》的延续。本书系统、全面地阐释了中国保险的未来之美、未来之道、未来之魅、未来之巅,揭示了中国保险的格局在变化、逻辑在更新、未来在演进。重新审视我们的时代,重新审视我们热爱的保险,我们这个时代的中国保险尽管仍笼罩在迷雾中,但其已经开始在我们脑海中浮现出整体的轮廓。

本书是"中国与世界保险观察书系"规划内容之一,已出版《读懂中国保险》

《保险思政课》《中国保险业可持续发展报告》(2020—2023年，4本)。本书由陈辉策划和撰写，央财国际研究院提供数据支持。本书部分内容在微信公众号"小城不小"进行连载，可通过该微信公众号进行探讨。

  本书在撰写过程中，参考了国际国内的相关著作、论文、报告和案例，中央财经大学中国精算研究院的多位专家学者提出了许多有益的修改意见，在此一并表示感谢。由于时间紧迫和笔者水平有限，书中疏漏、错误之处在所难免，敬请读者批评指正。

  最后，再次重申，本书观点难免偏颇，但笔者只想透过问题看本质，且仅代表个人观点，欢迎探讨。

中央财经大学中国精算研究院　陈辉

2023 年 12 月于北京

目录 | Contents

第一篇　身临其境，看清中国保险 ······ **001**

如何看清中国保险？ ······ 003

中国经济发展中保险贡献率实证分析 ······ 006

中国金融体系演变与保险业发展的关系 ······ 021

保险的底层逻辑未变，但时代已变 ······ 033

保险的时代逻辑变了，一切都要变 ······ 038

如何从历史、现实和时代三重逻辑角度理解保险变革？ ······ 044

如何打破保险改革、增长和稳定的"不可能三角"？ ······ 049

如何从"不确定性"中找到中国保险的"确定性"？ ······ 055

身临其境，方能看清中国保险 ······ 061

第二篇　置身事内，理解中国保险 ······ **065**

如何理解中国保险？ ······ 067

保险的常识：中国保险的"变与不变" ······ 070

保险创新的真相：中国保险的"破坏" ······ 074

保险与好的社会：中国保险的"价值" ······ 078

保险与好的公司：中国保险的"模式" ······ 084

大象难以隐身树后：中国保险的"环境" ······ 089

非理性繁荣：中国保险的"现实" ······ 096

无问新旧：中国保险的"秩序" ……………………………………… 100

挑灯看剑：中国保险的"观察" ……………………………………… 104

无问西东：中国保险的"突围" ……………………………………… 108

未来决定现在：中国保险的"行动" ………………………………… 113

从大到伟大：中国保险的"未来" …………………………………… 116

置身事内，方能理解中国保险 ……………………………………… 122

第三篇　挺膺担当，解码中国保险 ……………………………… **125**

如何解码中国保险？ ………………………………………………… 127

开创保险服务中国式现代化新局面 ………………………………… 130

中国式现代化进程中的财产保险 …………………………………… 135

中国式现代化进程中的人身保险 …………………………………… 146

中国式现代化进程中的保险投资 …………………………………… 155

中国式现代化进程中的保险中介 …………………………………… 163

中国式现代化进程中的保险坐标 …………………………………… 167

中国式现代化进程中的保险实践 …………………………………… 175

挺膺担当，方能解码中国保险 ……………………………………… 207

第四篇　躬身入局，重塑中国保险 ……………………………… **211**

如何重塑中国保险？ ………………………………………………… 214

历史：中国保险未稳定的轮回 ……………………………………… 219

未来：中国保险业发展前景可期 …………………………………… 225

理念：什么决定中国保险的未来？ ………………………………… 236

拐点：探寻中国保险"第二增长曲线" …………………………… 241

突围：寻找中国保险崛起的力量 …………………………………… 246

环境：中国保险的"国民待遇" …………………………………… 250

引擎：中国保险的"三个第一" …………………………………… 255

活力：中国保险的"韧性" ………………………………………… 264

范式：中国保险的改革、创新与监管 …………………………… 273

躬身入局，方能重塑中国保险 …………………………………… 285

参考文献 …………………………………………………………… **289**

后记 ………………………………………………………………… **293**

第一篇

身临其境，看清中国保险

雄关漫道真如铁，而今迈步从头越。

——毛泽东

过去、现在和未来的区别只是执着的幻觉。

——阿尔伯特·爱因斯坦

每于寒尽觉春生。当今世界，百年变局加速演进，国际局势复杂动荡，各国发展都面临着新的问题和挑战。在全球经济复苏乏力的背景下，世界保险陷入低迷状态，而中国保险却逆势上扬，如同一轮喷薄而出的旭日，呈现出无穷的生机活力，绽放出独特的时代光芒，成为全球保险业的增长引擎。

身临其境，中国保险一派"风雪残留犹未尽，万派新潮海天碧"的景象；身临其境，我们却又发现中国保险陷入发展之谜。因此，科学认识当前形势，准确研判未来走势，是做好中国保险工作的基本前提。面对增长速度换挡期、资产质量优化期、结构调整阵痛期、风险累积消化期"四期叠加"阶段，中国保险形势怎么看？中国保险工作怎么干？一时间，保险业内外议论之声不绝于耳。如何历史地、辩证地认识中国保险业发展的特点和规律，是摆在我们面前的重大课题。

乱花渐欲迷人眼。在历史的关口，至为宝贵的是"不畏浮云遮望眼"的前瞻视野和"乱云飞渡仍从容"的战略定力。这些都要求我们身临其境、置身其中。身临其境，我们才能回到中国保险历史现场，从细节中发现那些"不足为外人道"的玄机，让被遮蔽的"魔鬼"一个个复活、现身……身临其境，我们才能感知真实的中国保险历史，才会有置身其中的"沉浸感""现场感"，才会有"躬身入局，挺膺负责，乃有成事之可冀"的责任感、使命感。

"周虽旧邦，其命维新"，是中国如今的真实写照，更是中国保险业的现实。新的时代，中国保险要在服务国家经济社会发展大局中再定位，要在把握金融保险行业发展大趋势中再定位，要按照立足中国、借鉴国外、面向未来的思路，着力构建中国保险的战略定位。新的时代，新的征程，中国保险要承接过去，立足现实，拥抱未来，勇敢接过历史的重担，踔厉奋发。与时代同行，与国家同行，再续保险业新篇章。

如何看清中国保险？

一、引言

《读懂中国保险》一书指出，保险是一种舶来品。尽管文献记载的中国保险有200多年的历史，但其真正作为国家经济社会中的一种损失补偿机制，用于人生过程中的生、老、病、死、残的一种健康管理方式，则是改革开放后的事情，实践时间为40多年。

《读懂中国保险》更多地总结回顾了中国保险贯彻落实2017年第五次全国金融工作会议精神的进展情况和成果成效；《读懂未来中国保险》则更多地阐述了中国保险如何贯彻落实党的二十大及2023年中央金融工作会议精神。

2017年，第五次全国金融工作会议指出："金融是国家重要的核心竞争力，金融安全是国家安全的重要组成部分，金融制度是经济社会发展中重要的基础性制度。必须加强党对金融工作的领导，坚持稳中求进工作总基调，遵循金融发展规律，紧紧围绕服务实体经济、防控金融风险、深化金融改革三项任务，创新和完善金融调控，健全现代金融企业制度，完善金融市场体系，推进构建现代金融监管框架，加快转变金融发展方式，健全金融法治，保障国家金融安全，促进经济和金融良性循环、健康发展。"

2023年，中央金融工作会议指出："金融是国民经济的血脉，是国家核心竞争力的重要组成部分，要加快建设金融强国，全面加强金融监管，完善金融体制，优化金融服务，防范化解风险，坚定不移走中国特色金融发展之路，推动我国金融高质量发展，为以中国式现代化全面推进强国建设、民族复兴伟业提供有力支撑。"

从第五次全国金融工作会议到 2023 年中央金融工作会议，时隔 6 年，金融领域最高规格会议再次召开，且升格为中央金融工作会议。这个关乎中国金融业发展的重磅会议，分析了金融高质量发展面临的形势，部署了当前和今后一个时期的金融工作，为金融发展指明了前进方向、激发了信心动力。

时隔 6 年，中央金融会议召开的宏观背景更加复杂、敏感和特殊。同样，6 年时间，中国保险发生了巨大的变化，或者说经历了"生死存亡"。在挑战与机遇并存的新形势下，关键是"如何看清中国保险"。

如何看清中国保险？面对这个问题，我们需要拿出新水平、达到新境界，通过新举措、形成新突破。为此，我们必须重视新方法、看清新形势、明确新要求，只有这样，我们才能在新时代、新征程中，用好新本领、展现新风貌、走出新高度，用新知识造就新事物，用新实践获得新成果。

如何看清中国保险？面对这个问题，我们需要看清今天的中国、看清今天的中国经济、看清今天的中国金融、看清今天的中国保险；我们还需要看清世界的中国、看清世界的中国经济、看清世界的中国金融、看清世界的中国保险。

二、看清中国保险

如何才能看清今天的中国保险？毫无疑问，必须重新寻找"保险文明"最根本的源头，站在世界的高度，才能跳出观念的局限，摆脱种种错误的观念桎梏，冲破区域性保险文化的藩篱，认识中国保险自身在历史长河中的坐标。

如何才能看清今天的中国保险？要实现中国保险的转型，走向真正的现代保险，必须摒弃认知上的盲目自大，以及潜意识里要改天换地的致命自负，而应回到世界保险普世性的大传统，寻找新的思想源泉。

要看世界保险，要看世界保险近代史。中国保险存在于近代世界保险史的延长线上，近代世界保险发生的历史及其演进逻辑，无疑深刻地塑造了中国保险所处的"现代"。正如《读懂中国保险》一书指出，追寻现代中国、当代中国，追寻现代保险、中国保险，畅想未来中国、未来世界，探索中国保险之未来，中国与世界保险之未来。

要看中国保险，要看中国保险新理论。中央金融工作会议，是我国处于全面建设社会主义现代化国家开局起步的关键时期召开的一次重要会议。习近平总书记的重要讲话，科学回答了金融事业发展的一系列重大理论和实践问题，是习近平经济思想的重要组成部分，是马克思主义政治经济学关于金融问题的重要创新成果，为金融工作举旗定向、谋篇布局，为新时代新征程推动金融高质量发展提供了根本遵循和行动指南。

要看中国保险，要看中国保险新行动。世界保险近代史、中国保险新理论的碰撞与融合，是从"保险学"到"中国保险学"再到"中国保险学——真实世界的保险学"的认知过程，其将构成中国保险思想的"定盘星"、行动的"指南针"。

如何看清中国保险？如何才能看清今天的中国保险？要看世界保险，要看中国保险，关键是"不要从中国看世界，而要从世界看中国"，重点是"不要从过去看未来，而要从未来看现在"。

中国经济发展中保险贡献率实证分析

一、引言

党的二十大胜利召开，开启了新的中心任务，中国进入全面建成社会主义现代化强国、实现第二个百年奋斗目标、推进中华民族伟大复兴的新时代新征程。纵观全球，与现代化相伴随的是风险社会（Risk Society）的到来，高风险成为现代社会的典型特征之一。保险作为风险管理者、风险承担者和投资者（资产管理者）的统一体，要自发地融入中国式现代化建设，要自觉地发挥风险治理、价值创造和资源配置职能，服务国家经济社会发展。

当前中国的经济增长和金融（保险）发展进入一个新阶段，保险体系规模持续扩张和经济增速下滑共存，保险对经济社会发展的贡献率问题再度成为焦点。一方面，随着保险业发展水平的不断提高，保险在支持经济增长过程中发挥的作用越来越大，但保险体系规模的快速扩张带来的保费和保障金额泡沫化、主体和行业风险系统化等问题也日益凸显。另一方面，当前中国经济运行正处于从"三期叠加"到"三周期叠加"的特殊时期，支撑经济发展的要素投入结构以及经济结构已经或正在发生巨大变化，中长期经济增长将逐渐步入结构性减速的阶段。如何充分发挥保险的作用和功能，引导其紧紧围绕服务实体经济、防控金融风险、深化金融改革三项任务推进变革与发展，这不仅是中国保险实现高质量、可持续、自适应发展的当务之急，更是中国经济实现高质量发展的关键问题，现阶段亟须全面、系统、深入地探讨保险业发展对经济增长的贡献率问题。

中国保险业的发展历程基本与中国金融体系的演变相一致，1949年以来都经历了三个阶段：新中国成立到改革开放前（1949—1978年）、改革开放到加入世界贸易组织（WTO）（1979—2001年）和加入WTO以后（2002年至今）。2001年12月11日，中国成为WTO的第143个正式成员。这是中国改革开放史上重要的里程碑，是中国金融腾飞的起点，更谱写了中国保险的新篇章。鉴于此，本书基于2002—2022年的数据实证测算和分析保险业发展对经济增长的直接贡献率和间接贡献率，尤其是保险业发展促进资源配置效率提升和技术创新等问题，探寻提高保险贡献率的有效措施，以期从理论与实证领域充实并拓展已有的相关研究，为中国经济金融（保险）体制改革以及宏观调控政策制定提供实证支持和决策参考。

二、保险业发展与经济增长的研究综述

金融业与经济发展关系的探讨一直受到有关专家的关注，如Goldsmith（1969）首次论证了金融结构对一国经济发展的重要作用，认为金融发展的实质是金融结构（金融工具和金融机构的相对规模）的变化；其采用定性和定量分析相结合以及国际横向比较和历史纵向比较相结合的方法，通过对35个国家近百年的资料进行研究、分析后，得出金融相关率与经济发展水平正相关的基本结论。王广谦（1997）采用历史分析和实证分析相结合的方法，考察了近500年金融成长为经济发展重要推动因素的过程和作用机理，分析了我国经济发展存在差异的金融原因，研究了在经济货币化过程中金融对经济增长所做出的实际贡献率，论证了金融效率在经济发展中的关键作用。在此基础上，提出了以提高金融效率为中心推进中国金融体制改革与发展的政策主张，认为金融

对经济增长的贡献体现在三个层面，即金融对要素投入量增加的作用和贡献、金融对提高生产率和资源配置效率的作用和贡献、金融对经济总量增加的作用和贡献。总体来看，这些以金融业为视角的文献，更多的是研究贷款、M2等银行业指标对经济增长的贡献，而对于保险业对经济增长的贡献涉及较少。

Aiyagari（1994）在不确定性的最优增长框架下进行研究，结果表明保险对经济增长产生了实质性影响；Pearson（1997）考察了英国1700—1914年保险业的发展历史，认为保险创新是英国经济发展的重要原因之一，并构建了历史阶段模型以解释保险创新如何促进英国的经济增长；蔡华（2010）的实证分析表明，我国人寿保险和财产保险对GDP增长有贡献。总体来看，这些以保险业为视角的文献，更多地研究了保险业对经济增长有贡献，但保险业对经济增长的贡献到底是多少呢？

王广谦（1997）把金融对经济发展的贡献从一般的定性分析扩展到定性分析和定量分析相结合的方法，并从实证分析中得出了"金融在经济总增长中的贡献大约占五分之一"的结论。赵建超等（2014）核算了近年来银行业、证券业、保险业的增加值及对经济增长的贡献率，并在此基础上做了中美两国金融业对经济增长贡献的比较分析。李香雨（2012）论证了保险业与GDP的弹性为0.0046，即保费收入每增长1个百分点将带来GDP增长0.0046个百分点。姚敏和赵先立（2017）从全国、地区、省际层面，围绕金融发展对经济增长的直接贡献率和间接贡献率问题进行动态和系统分析。目前国内还没有研究者核算保险业对经济增长的直接贡献率和间接贡献率，并以此测算对其经济增长的贡献。基于此，本书围绕保险业发展对经济增长的直接贡献率和间接贡献率问题进行动态和系统分析，遵循"投入—产出"原则，采用基于DEA的非参数Malmquist分解模型，对中国保险业的间接保险贡献率进行量化，同时将间接保险贡献率进一步分解为保险配置贡献率与保险创新贡献率。

三、保险业发展对经济增长的贡献机理

保险作为风险管理者、风险承担者和投资者的统一体，可以从风险管理和资金运用两个维度上助力经济增长（如图 1-1 所示）。从风险管理维度来看，一是帮助家庭增强创业精神、减少压力、提供财务保障、促进风险化解；二是帮助企业增强创业精神、实现高效资源配置、为贸易和商业提供便利、促进风险化解、减少经济波动。从资金运用维度来看，主要是帮助社会优化资源配置。

根据保险作用于经济增长的不同效应或途径，可将保险贡献分为直接保险贡献和间接保险贡献。其中，直接保险贡献体现在保险业自身的价值增值，促进第三产业发展，对经济增长产生直接拉动作用等方面；间接保险贡献是通过保险风险治理、价值创造和资源配置职能的发挥，促进经济的增长。

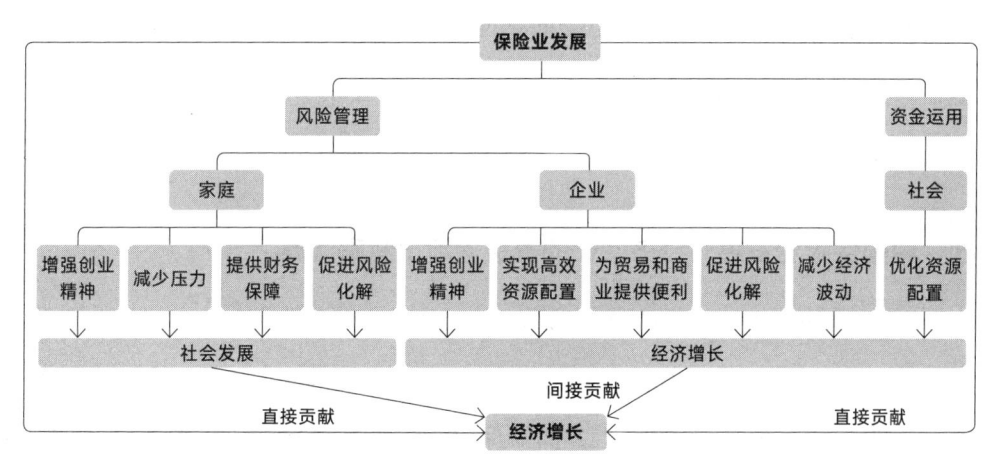

图 1-1 保险业发展对经济增长的直接贡献和间接贡献机理

（一）直接保险贡献

直接保险贡献是将保险业作为一个独立的产业，核算其所创造的经济增加值在国民经济中所占的比重和份额。从具体表现来看，保险业既是金融业的重

要组成部分，也是国民经济第三产业的重要组成部分，其所创造的增加值直接构成国民经济核算内容之一，是可以和其他产业直接比较的，以反映保险业的发展水平及其在国民经济中的地位和作用。

（二）间接保险贡献

间接保险贡献是通过保险职能的层面对保险业发展与经济增长之间的关系和机理进行考察。在现代经济中，保险职能日益呈现多样化的特征，而保险业发展对经济增长的贡献，正是建立在保险职能合理发挥的基础上的。保险可以降低社会资源配置成本、提升社会资源配置效率，实现社会（特别是风险社会）的帕累托最优：一是辅助专业风险管理，降低风险管理成本；二是通过保险有序配置，减少摩擦成本；三是借助科技优化交易，降低交易成本；四是构建新的科技、风险和保险体系，并站在消费者一边，理性地为其在风险社会代言，提升消费的有序性和品质化，改善消费生态圈，降低消费成本和未来的不确定性。因此，保险业发展对经济增长的间接贡献主要表现在降低风险管理成本、减少摩擦成本、降低交易成本、提升资源配置效率，进而实现风险治理、价值创造、资源配置等功能。

四、中国保险业发展对经济增长的直接保险贡献率测算

（一）直接保险贡献率的测算指标和方法

保险业对经济增长的贡献是多方面的，就直接保险贡献而言，其主要体现在保险业增加值对 GDP 的贡献方面。保险业增加值是指按市场价格计算的一个国家（或地区）所有常住单位在一定时期内从事保险业生产活动的最终成果。保险业增加值采用生产法和收入法核算，以收入法的计算结果为准。具体方法如下：

保险业增加值（生产法）= 总产出 − 中间消耗

保险业增加值（收入法）= 劳动者报酬 + 生产税净额 + 固定资产折旧 + 营业盈余

根据国家统计局发布的《中国国民经济核算体系（2016）》和《中国非经济普查年度国内生产总值核算方法（修订版）》，保险业增加值（收入法）的具体指标定义如下：劳动者报酬指劳动者从事生产活动所应得的全部报酬；生产税净额指企业因从事生产活动向政府支付的税金（不包括所得税）与政府对企业的政策性亏损补贴的差额；固定资产折旧指生产中使用的房屋和机器设备等固定资产在核算期的磨损价值，反映了固定资产在当期生产中的转移价值；营业盈余指企业从事经营活动所获得的经营利润。

对保险业对经济增长的直接贡献程度进行测算，主要指标包括保险业对经济增长的贡献率和保险业对经济增长的贡献度。

保险业对经济增长的贡献率 = 保险业增加值增量 /GDP 增量 ×100%

保险业对经济增长的贡献度 = 保险业贡献率 ×GDP 增长率

这两个指标可以从不同角度反映保险业对经济增长产生的直接贡献及贡献程度。其中，保险业对经济增长的贡献率是指当 GDP 增长 1% 时，保险业增加值在其中的占比；保险业对经济增长的贡献度是指在 GDP 增速中，保险业拉动增长的百分比。这两个指标数值越高，表明保险业对经济增长的直接贡献或作用就越大。

（二）直接保险贡献率测算结果和分析

国家统计局对金融业增加值的测算分为货币金融服务、资本市场服务、保险业和其他金融业四个行业大类，分季度和年度进行核算，但仅公布金融业增加值总数，未公布保险业增加值数据。为此，笔者根据银保监会（现为国家金融监督管理总局）公布的数据并参考各家保险公司披露的财务数据（资产负债表、利润表、现金流量表等）对 2002—2022 年的保险业增加值进行了测算（如图 1-2 所示）。

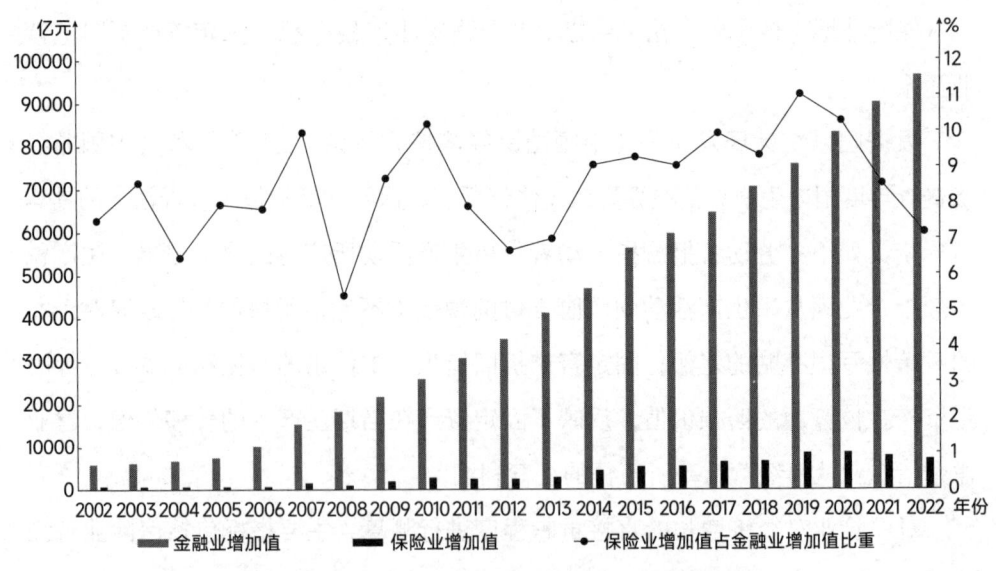

图 1-2　2002—2022 年保险业增加值与金融业增加值

通过图 1-2 可以看出，保险业增加值在金融业增加值中的占比波动性加大，2002—2022 年保险业增加值占金融业增加值的平均比重为 8.90%，其中 2002—2012 年、2012—2022 年分别为 7.99% 和 9.02%，总体来看保险业增加值在金融业增加值中的占比约为 9%。

为了进一步说明保险业增加值与保险业总资产之间的关系，图 1-3 给出了 2002—2022 年保险业增加值和保险业总资产分别占金融业的比重。2002—2022 年保险业增加值与保险业总资产分别占金融业比重的差平均为 3.03%，其中 2002—2012 年、2012—2022 年分别为 3.31% 和 2.89%，总体来看保险业增加值在金融业中的占比较保险业总资产在金融业中的占比高 3% 左右。

下面我们进一步分析中国保险业对经济增长的直接贡献率和贡献度（如图 1-4 所示），部分年份保险业对经济增长的直接贡献率为负值，表明当年保险业增加值低于上年保险业增加值，即当年直接贡献率比上年有所降低。

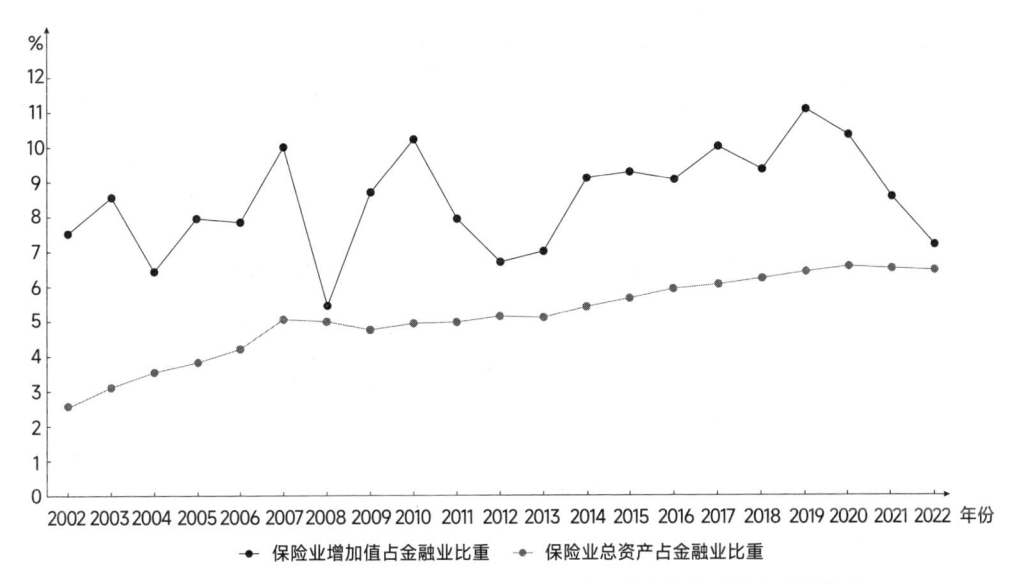

图 1-3　2002—2022 年保险业增加值和保险业总资产分别占金融业比重

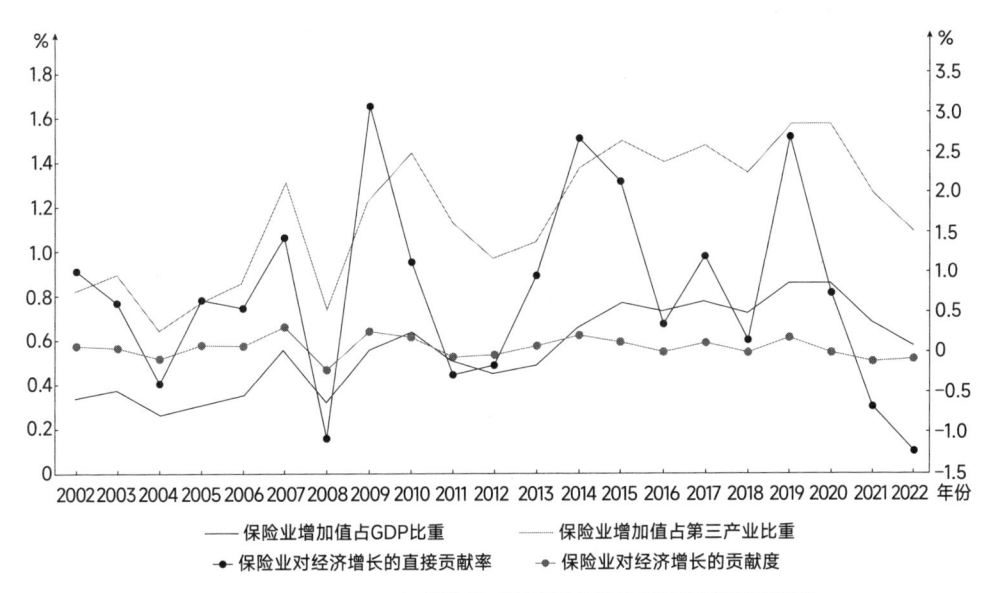

图 1-4　2002—2022 年保险业对经济增长的直接贡献率和贡献度

注：左轴，保险业增加值占 GDP 比重、保险业增加值占第三产业比重；
　　右轴，保险业对经济增长的直接贡献率、保险业对经济增长的贡献度。

表1-1给出了2002—2022年、2002—2012年、2012—2022年三个时间段保险业对经济增长的直接贡献率和贡献度的平均值，总体来看保险业增加值占第三产业比重、保险业增加值占GDP比重、保险业对经济增长的直接贡献率在逐步提高，但保险业对经济增长的贡献度却略微下降。这说明保险业的规模越来越大，但其增长波动性较大，部分年份对经济增长的贡献度为负。

表1-1 保险业对经济增长的直接贡献率和贡献度的平均值　　　　单位：%

时间段	保险业增加值占第三产业比重	保险业增加值占GDP比重	保险业对经济增长的直接贡献率	保险业对经济增长的贡献度	保险业增加值占金融业比重
2002—2022年	1.29	0.65	0.76	0.08	8.90
2002—2012年	1.05	0.46	0.62	0.08	7.99
2012—2022年	1.35	0.70	0.82	0.07	9.02

综上，通过2002—2022年的数据可以得出：保险业增加值在金融业增加值中的占比约为9%，保险业增加值在金融业中的占比较保险业总资产在金融业中的占比高3%左右；金融业和保险业增加值占GDP比重分别约为7.8%和0.7%，金融业和保险业对经济增长的贡献率分别约为11%和0.8%，金融业和保险业对经济增长的贡献度分别约为0.8%和0.08%。

五、中国保险业发展对经济增长的间接保险贡献率测算

（一）间接保险贡献率的测算指标和方法

直接贡献体现在保险业自身的价值增值上，从"量"的角度反映了中国保险业发展对国民经济产出所做出贡献的多少，而保险对经济发展的促进作用，除了直观的总量关系，还有诸多隐性、难以反映的间接影响，如降低风险管理成本、减少摩擦成本、降低交易成本、提升资源配置效率等方面（如图1-1所示），这类影响可称为保险对经济的间接贡献，本书尝试从"投入—产出"角度，采用基于 DEA 的非参数 Malmquist 分解模型，对中国保险业的间接保险贡献率进行量化，同时基于保险业发展对经济增长的不同作用与机理，将间接保险贡献率进一步分解为保险配置贡献率与保险创新贡献率，以使研究结论更加深入和具体。

内生增长理论（Endogenous Growth Theory）的生产函数中引入了金融作为经济增长的重要源泉之一，因此金融（保险）贡献率可以运用"金融（保险）投入"的"经济产出"这一原理进行测度。Malmquist 指数模型最初由曼奎斯特（Sten Malmquist）于 1953 年提出，Fare（1994）在 DEA 模型的基础上，将其改进为可测度效率的实证指数，并分解为技术效率变化（EFFCH）与技术进步（TECHCH）。Ray 和 Desli（1997）进一步将技术效率变化在规模变动下分解为纯技术效率（PEFFCH）和规模效率（SECH）。EFFCH 表示规模报酬不变条件下，从 t 到 $t+1$ 期决策单元（DMU）再到生产可能性边界的追赶程度，可称之为"追赶效应"；TECHCH 表示技术进步指数，衡量了从 t 到 $t+1$ 期技术边界的移动，记为"增长效应"。Malmquist 指数模型可以对保险贡献率实现较精确量化。

$$TFPCH(t) = TECHCH(t) \times EFFCH(t)$$

按照上述公式进行分解，可以得到基于 DEA 的非参数 Malmquist 分解模型。在规模报酬不变（CRS）条件下，TFPCH 表示间接保险贡献率，TECHCH 反映了保险业发展促进内生经济增长即技术水平的变化，为保险创新贡献率；EFFCH 刻画了保险业发展对整合资本和劳动要素能力的效果，即保险配置贡献率。

（二）变量选取及说明

基于 DEA 的非参数 Malmquist 分解模型，以"投入—产出"范式为测算原理，可以得到全要素 Malmquist 指数及其两类分解指数，本书选择了以下"保险投入"和"经济产出"指标。

（1）保险投入。本书以现有相关文献的研究成果为参考，结合中国目前保险体系的特征，以及兼顾指标的普遍适用性和数据可得性，选取保险业总资产、保费收入、保险赔付支出和保险业增加值对中国保险业发展的总体情况进行综合衡量。

选取上述四个保险投入指标的理由：第一，随着中国经济社会的发展，保险业对国民经济的作用也越来越大，保险业总资产衡量了保险业发展程度；第二，保费收入的稳定性和发展速度反映了中国保险市场中保险密度和保险深度的动态变化；第三，保险赔付支出作为保险业风险治理职能的重要体现，可以较好地衡量保险的效率；第四，保险业增加值反映了一定时期内保险业发展对国民经济的直接贡献，是衡量一国保险业发展水平的重要指标之一。

（2）经济产出。保险业发展可以促进经济总量的增长，因此，本书选择GDP为经济产出指标。

本书使用了 2002—2022 年我国的 GDP、保险业总资产、保费收入、保险赔付支出和保险业增加值数据；另外，基于上述数据本书使用自举法（Bootstrapping）构建了另一个决策单元（DMU），保证了 Malmquist 指数模型的运行。

（三）间接保险贡献率测算及其动态分析

根据 DEAP2.1 软件的运行结果，测算得到间接保险贡献率，在此基础上，通过 Malmquist 指数模型分解得到保险配置贡献率和保险创新贡献率。从 2002—2022 年各年度三类保险贡献率的均值角度出发，对保险贡献率的动态演化轨迹进行描述。从图 1-5 显示的间接保险贡献率、保险创新贡献率和保险配置贡献率均值的时间趋势可知，2002—2022 年保险配置贡献率围绕 1.0 上下波动；间接保险贡献率和保险创新贡献率趋势基本一致，2014 年以来提升较为缓慢，导致间接保险贡献率总体水平较低。

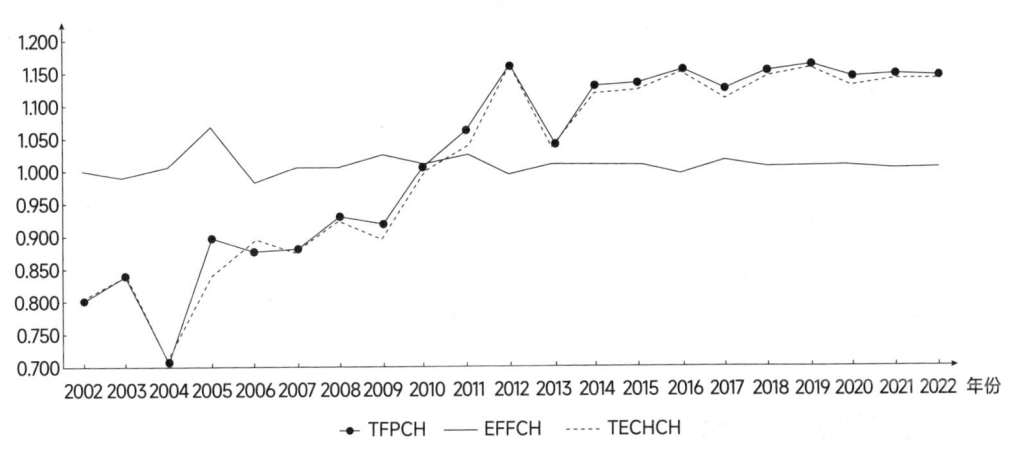

图 1-5 2002—2022 年 TFPCH、TECHCH 和 EFFCH 均值的时间趋势

为全面认识中国保险贡献率变动的统计特征，表 1-2 给出了 2002—2022 年中国保险业的间接保险贡献率、保险配置贡献率和保险创新贡献率的描述性统计。

表 1-2　TFPCH、EFFCH 和 TECHCH 总体描述性统计

保险贡献率变量	均值（几何平均数）	最大值	最小值	标准差
TFPCH	1.009	1.159	0.709	0.1432
EFFCH	1.008	1.067	0.980	0.0166
TECHCH	1.001	1.160	0.707	0.1437

由表 1-2 可以看出，2002—2022 年中国保险业间接保险贡献率年均增长率为 0.9%，保险配置贡献率的年均增长率为 0.8%，最低的是保险创新贡献率，年均增长率仅为 0.1%。这说明虽然中国保险业过去 20 多年取得了巨大成绩，但其间接保险贡献率仍未达到较高的水平，保险业发展支撑经济增长更多表现在总量关系层面；同时，保险业发展对中国经济增长的促进作用更多地体现在

数量扩张和要素堆积阶段上，即保险资源配置功能在总量层面的发挥，但保险对于技术创新的引导能力和促进作用仍然有很大的欠缺。

间接保险贡献率进行测算时选择了规模报酬不变（CRS）假设，为了验证间接保险贡献率测算结果的可信性和稳健性，笔者选用规模报酬可变（VRS）假设对间接保险贡献率进行重新测算。检验结果表明，在规模报酬可变（VRS）假设下测算得到的间接保险贡献率的总体趋势、分布特征都与之前测算得到的数据基本一致，这说明本书所使用的方法是稳健的，得到的间接保险贡献率数据也具有较高的可信度。

六、主要结论及政策建议

（一）主要结论

本书在分析保险业发展对经济增长作用机理的基础上，从中国保险业整体层面，实证研究了保险业发展对经济增长的直接贡献率和间接贡献率，尤其是保险业发展促进资源配置效率提升和技术创新等问题，剖析现阶段影响保险贡献率的影响因素，以此探寻提高保险贡献率的有效途径。本书研究的主要结论包括：

（1）保险业发展对经济增长的直接保险贡献率不断提高。2002—2022年，保险业增加值在金融业中的占比约为9%，保险业增加值在金融业中的占比较保险业总资产在金融业中的占比高3%左右；保险业增加值占GDP比重约为0.7%，保险业对经济增长的贡献率约为0.8%，保险业对经济增长的贡献度约为0.08%。

（2）保险业发展对经济增长的间接保险贡献率提升较为缓慢。2002—2022年，保险业间接保险贡献率年均增长率为0.9%，保险配置贡献率年均增长率为0.8%，保险创新贡献率年均增长率为0.1%。保险创新还未有效转化为直接生产力，对经济增长的促进作用较为有限。

（3）保险业发展对经济增长的贡献率逐年提高。保险对经济增长的贡献体现在三个层面，即保险对要素投入量增加的作用和贡献、保险对提高生产率和资源配置效率的作用和贡献、保险对经济总量增加的作用和贡献。根据本书的分析，结合王广谦（1997）、李香雨（2012）等实证分析结果，保险对经济增长的总贡献率约为2%。2023年中国经济同比增长5.2%，则保险业对经济增长的贡献度约为0.1%。

（二）政策建议

保险是现代经济的重要产业和风险管理的基本手段，是社会文明水平、经济发达程度、社会治理能力的重要标志。保险的作用不仅限于为个人和企业提供风险保障服务，还涉及风险治理、价值创造、资源配置等方面。在经济发展中，保险业的作用和影响越来越重要，为此，可以从以下几个方面提高保险业对经济增长的贡献度。

一是为经济提供风险融资服务。保险机构通过向企业和个人提供风险管理（风险减量和风险融资）服务，促进了经济活动的开展。保险机构的存在和发展，使得风险融资渠道更加多样化和便捷化，从而促进了经济的发展。

二是提高资源配置效率。保险机构通过保险资金运用，实现了资源的有效配置，促进了资金的流动和配置。保险机构的存在，有效地促进了资源的配置效率，使得经济发展更加高效和稳定。

三是提高风险管理能力。保险机构通过风险管理的手段，提高了经济社会的稳定性。保险机构通过风险评估、风险控制等手段，有效地降低了经济社会的风险水平，提高了经济社会的韧性，促进经济社会的可持续发展。

四是促进经济增长和就业。保险业的发展，不仅可以促进经济的增长，还可以创造就业机会。保险业是高附加值、高知识密集型的行业，其发展需要大量的专业人才和技术支持。保险业的发展，可以创造大量就业机会，同时还可以带动相关产业的发展，促进经济的增长。

五是提高社会福利水平。保险业的发展，可以提高社会福利水平。保险机构通过保险产品和服务，为社会提供了风险管理和财富管理等方面的支持，从而提高了社会的福利水平。同时，保险机构还可以通过负责任投资（ESG投资）、可持续保险等方式回报社会，促进经济社会的可持续发展。

综上，本书基于保险业发展对经济增长的作用和机理分析，围绕保险业发展对经济增长的直接保险贡献率和间接保险贡献率问题进行动态和系统分析，遵循"投入—产出"原则，采用基于DEA的非参数Malmquist分解模型，对中国保险业的间接保险贡献率进行量化，同时将间接保险贡献率进一步分解为保险配置贡献率与保险创新贡献率。总之，保险业在经济和社会发展中扮演着重要的角色，其作用和影响不可忽视。在未来，随着科技的进步和保险创新的发展，保险的影响将会更加深远和广泛。

中国金融体系演变与保险业发展的关系

一、中国金融体系的演变

现代中国金融体系的演变伴随着新中国经济 70 多年的发展，大致经历了三个阶段。1949—1978 年传统社会主义的计划金融体系，从 1953 年国民经济第一个"五年计划"实施开始，在资本极度匮乏且与国际金融体系几乎完全隔绝的情况下，中国需要一个能够广泛动员社会资金，集中金融资源聚焦基础设施、重工业和大项目的金融体系，高度集中的单一人民银行体系逐渐演进成型。虽然中间经历过多轮起伏，这种集中、垂直管理的架构一直延续到 1978 年中国开启改革开放。改革开放开启了中国在现代经济体系下以人民银行为核心的现代金融体系的建设过程。中国发展模式本身的特点和中国经济的阶段性特征，加上中国改革开放期间特有的制度环境，决定了中国金融所采用的中介模式。自 1978 年迄今，中国金融体制改革和金融体系的建设发生了天翻地覆的变化，1978 年以来又可以分为两个阶段：1978—2008 年社会主义市场经济金融体系基本框架的构建及其规范化改革，以及 2009 年至今金融体系的市场化、国际化、多元化发展。中国的银行体系和非银行体系、金融市场、金融管理体制、宏观经济调控工具、与国际金融市场的交互关系等经历了巨大的变革，林林总总的金融创新不断涌现，快速发展，逐渐成形。经过 40 多年的变迁，具有清晰特色和阶段性特点的中国金融体系基本建立成形。这一过程中，中国金融展现出强大的聚集社会资金投向经济建设的能力，为中国经济发展做出了巨大贡献。

随着中国金融体系的演变，中国金融监管体制也由人民银行"大一统"监管，走向分业监管。1992年，成立中国证券监督管理委员会和国务院证券委员会；1998年，成立中国保险监督管理委员会；2003年，成立中国银行业监督管理委员会，形成了"一行三会"分业监管的金融管理体制。2018年，中国保险监督管理委员会和中国银行业监督管理委员会职责整合并组建中国银行保险监督管理委员会，演化为"一委一行两会"的监管体制。

为顺应混业经营，强化分业监管趋势，2023年中国金融监管体系进行了新一轮重构。2023年2月28日，党的二十届二中全会审议通过了《党和国家机构改革方案》；3月10日，十四届全国人大一次会议表决通过了关于国务院机构改革方案的决定；3月16日，中共中央、国务院正式印发《党和国家机构改革方案》。

随着《党和国家机构改革方案》的颁布，中国金融监管框架从"一委一行两会"演变为"一委一行一总局一会一局"新格局，即在中央金融委员会和中央金融工作委员会的统一领导下，建立由人民银行、国家金融监督管理总局（以下简称金融监管总局）、证监会、国家外汇局等部门共同组成的全新金融监管框架。综合来看，我国此次金融监管体制改革不仅影响深远，更恰逢其时，因此这既是金融行业稳健发展的内在需求，更是推进金融高质量发展的有力保障。

"一委一行一总局一会一局"金融监管体制下，人民银行主要聚焦于"双支柱"管理，主要包括货币政策制定与宏观审慎管理；金融监管总局全面履行金融机构监管及消费者保护职能，在原有银行业、保险业监管范围的基础上，补充金控集团的监管职能，突出功能监管，同时统筹金融行业全部消费者保护职责；证监会专注于直接融资建设，特别明确将企业债与公司债进行统一管理。总体来看，"一委一行一总局一会一局"的新格局更适合中国国情：以证券投资者和金融消费者保护为核心、以维护市场秩序为目的的行为监管将统一划归金融监管总局；以金融机构稳健经营为核心、以防范市场风险为目的的微观审慎监管保留分业模式，金融监管总局和证监会分别负责非证券业和证券业的微观审慎监管。

新中国金融体系演变的基本经验是坚持金融改革的中国道路，坚持金融为实体经济服务的理念，坚持金融改革的稳定有序发展与坚持党对金融工作的领导等。中国金融改革取得了巨大成就，但也存在金融体系结构不合理、金融体系内部资金空转、金融"脱实向虚"等问题。新时期中国金融体系改革必须坚持市场化方向，调整优化金融体系结构；大力发展资本市场，提高金融体系服务实体经济的效率，以及加快金融体系的对外开放与创新。

二、中国保险业的发展历程

随着中国金融监管体系的演变，中国保险业为找到适合中国国情的发展道路，进行了大胆的尝试，尝试过变革和停办，经历过胜利和失败。中国保险业的发展经历可以简称为"一二四"，即10年的变革、20年的停办、40多年的发展。1949—1958年，中国用10年时间进行了新旧保险制度替换，形成了属于自己的国有保险制度体系。1959—1979年，由于特殊的国家政治背景，保险业被搁置了20年。1980年至今是中国保险业发展的有效经验期，40多年的有效经验期又分为四个阶段。

第一阶段是"摸着行走"，其行为方式就是"摸着石头过河"，走一步看一步。由于这样的市场行为方式成本太高而被迫放弃。

第二阶段是"跟着行走"，从中国加入WTO开始，外资保险公司或发达国家的保险市场被视为中国保险业的老师。学生围着老师转，老师教什么，学生学什么；老师怎么教，学生怎么做，成了这个阶段保险人的"当然思维"。后来，因为金融危机的爆发，一些世界著名的保险公司及其他金融机构，一夜之间轰然倒下，老师的话不再灵验，学生一时茫然，不知所措。

第三阶段是"自个儿行走"阶段。2008年国际金融危机之后，突如其来的事件暗示着中国保险人，今后的路需要自己来选择。"自个儿行走"的结果是忘记了保险的本源，结局是"保险姓保、监管姓监"的整改再出发。

第四阶段是"与国同行"阶段。2017年第五次全国金融工作会议之后，中国保险业回归本源、突出主业，进入稳发展、强监管、防风险阶段，开始勇担保险使命、助力国家治理体系和治理能力现代化。该阶段又经历了三个时期，目前正处于"风险化解期"，该阶段可能会延续到2030年，因为从保险业负债的平均久期来看，2017年以来的新增风险要得到完全化解至少需要10年时间。

一是控制风险期（2018—2020年），这一时期监管部门出台了一系列文件，但是主要目的是控制风险的蔓延和放大，从政策来看虽然趋严但是留有一定的灵活空间，或者说存在一定的"监管套利"空间。随着安邦保险重组为大家保险，华夏人寿和天安人寿等"明天系"公司的接管，以及部分保险公司的股权调整，整个保险业的风险得到了初步控制。"防范化解金融风险取得决定性成就"，在2021年3月2日举行的国新办新闻发布会上，人民银行党委书记、银保监会主席郭树清指出："银行业保险业风险从快速发散转为逐步收敛，一批重大问题隐患'精准拆弹'，牢牢守住了不发生系统性风险的底线。"

二是风险缓冲期（2021—2022年），这一时期监管政策频出，在"防范化解金融风险取得决定性成就"的基础上，保险监管部门开始引导行业迈入"扩面提质时代"。

三是风险化解期（2023—2030年），相较于"控制风险期"的行政手段，这一时期将主要通过市场手段进行"精准拆弹"，我们将会看到监管政策进一步收紧,"监管套利"空间进一步收缩,监管部门控制的"外生变量"已经或即将明确,保险公司只能通过"内生变量"寻求变革与发展。

综上,中国保险业的发展历程基本与中国金融体系的演变相一致,1949年以来都经历了三个阶段:新中国成立到改革开放前(1949—1978年)、改革开放到加入WTO(1979—2001年)和加入WTO以后(2002年至今)。2001年,当WTO向中国敞开大门时,一个体弱多病的金融体系步履蹒跚。经过20多年的发展,金融已成为经济社会发展的动力,正所谓"经济是肌体,金融是血脉,两者共生共荣"。

三、中国金融业与保险业发展的关系

2001年12月11日,中国成为WTO的第143个正式成员。这是中国改革开放史上重要的里程碑,是中国金融业腾飞的起点,更谱写了中国保险业的新篇章。鉴于此,本书基于2002—2022年的数据来研究中国金融业与保险业发展的关系。中国金融业与保险业发展的关系可以通过多个维度进行分析,如总资产、总负债和净资产增长情况,保险深度和保险密度变化情况、广义货币(M2)、沪深300指数等变化与保险业资产、保费变化的关系。

(一)金融业资产变化情况

2022年,我国金融业机构总资产为419.64万亿元,同比增长9.9%,其中,银行业机构总资产为379.39万亿元,同比增长10.0%;证券业机构总资产为13.11万亿元,同比增长6.6%;保险业机构总资产为27.15万亿元,同比增长9.1%。2022年,我国金融业增加值9.68万亿元,同比增长6.2%,占GDP比例为8.0%。

图1-6给出了2002—2022年保险业与金融业总资产增长率、净资产增长率之间的关系。总体来看,无论是总资产增长率,还是净资产增长率,保险业都远高于整个金融业。2008年以前,保险业与金融业出现了"脱钩"现象,

保险业呈现出"报复性"增长；2008年以后，保险业逐步融入金融业，并与金融业同频共振。

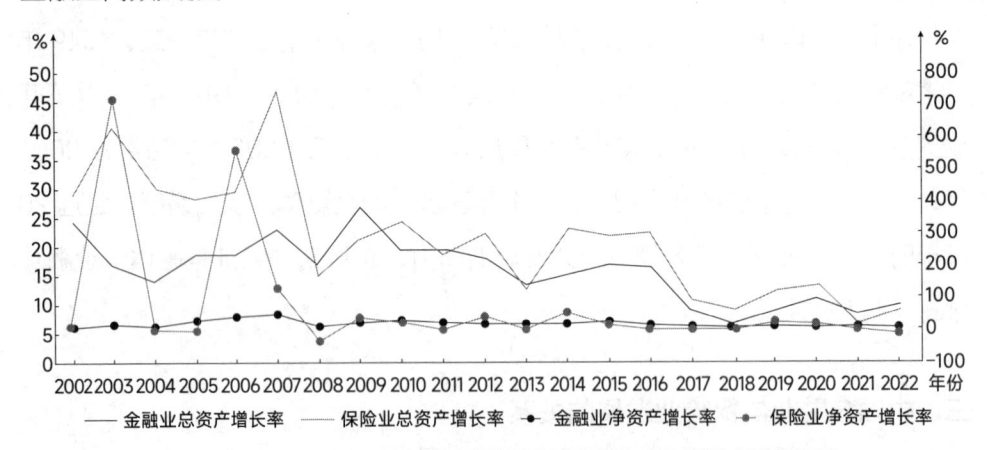

图1-6　2002—2022年中国保险业与金融业总资产和净资产增长情况

注：左轴为总资产增长率，右轴为净资产增长率。

保险业经过2002—2008年的"报复性"增长，中国金融业的"三驾马车"实现了初步的平衡。图1-7给出了2002—2022年中国金融业总资产中银行业、保险业、证券业的占比情况。总体来看，保险业总资产占比稳步提高，银行业总资产占比逐年下降，证券业总资产占比呈现出一定的波动性但整体逐年提高。

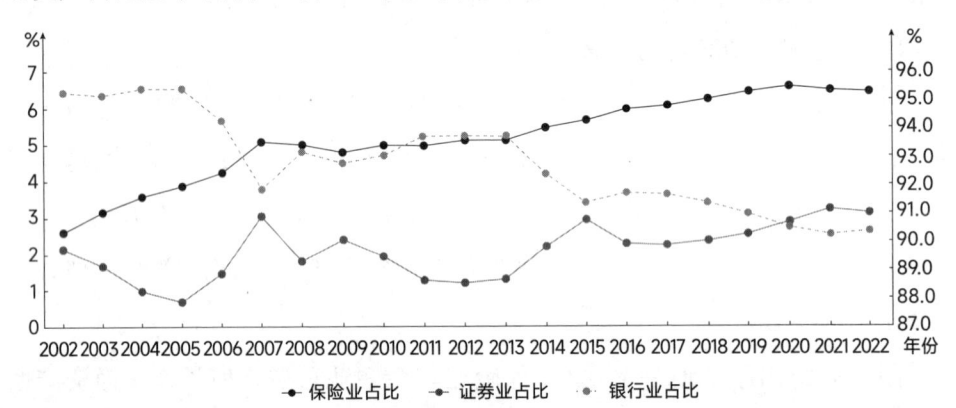

图1-7　2002—2022年中国金融业各业态总资产占比情况

注：左轴为保险业、证券业总资产占比，右轴为银行业总资产占比。

综上，通过资产变化情况，可以看出保险业已经融入金融业，但在金融业中的"话语权"较小，对金融业的影响较小，更多的是银行业在主导中国金融业的发展。

（二）保险业资产增长驱动因素

保险承保业务（承保业务）与保险资金运用业务（投资业务）一起被喻为保险业发展的"两个轮子"，除资本补充之外，保险业资产增长的驱动因素主要是保费收入和保险资金运用。关于保费增长的驱动因素后文再详述，保险资金运用增长的驱动因素主要是广义货币和沪深300指数。

2022年末，保险资金运用余额为25.05万亿元，其中银行存款占比11.3%，债券占比40.9%，股票和证券投资基金占比12.7%，其他占比35.0%。通过实证分析发现，股票和证券投资基金与沪深300指数变动一致，银行存款、债券和其他类投资与M2变动一致。基于此，图1-8给出了2002—2022年中国保险业总资产增长率与M2和沪深300指数增长率加权值之间的关系。M2增长率和沪深300指数增长率的权重使用了2002—2022年中国保险业资金运用占比数据。

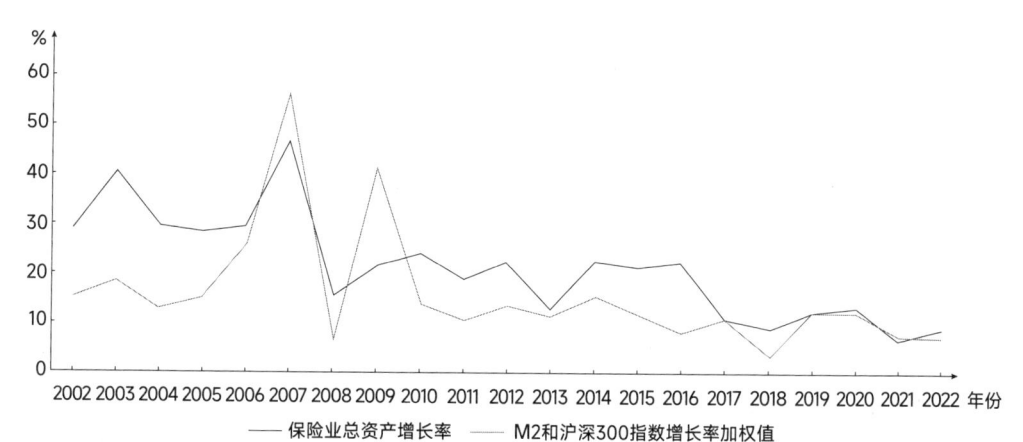

图1-8　2002—2022年中国保险业总资产增长率与M2和沪深300指数增长率加权值的关系

通过图1-8可以看出，中国保险业总资产增长率变化与M2和沪深300指数增长率加权值变化逐步趋于一致，进一步验证了保险业与金融业总资产之间的变化关系。为了进一步说明M2和沪深300指数对保险业的影响，图1-9给出了2002—2022年中国保险资金运用收益率（财务收益率）增长率与沪深300指数增长率的关系。

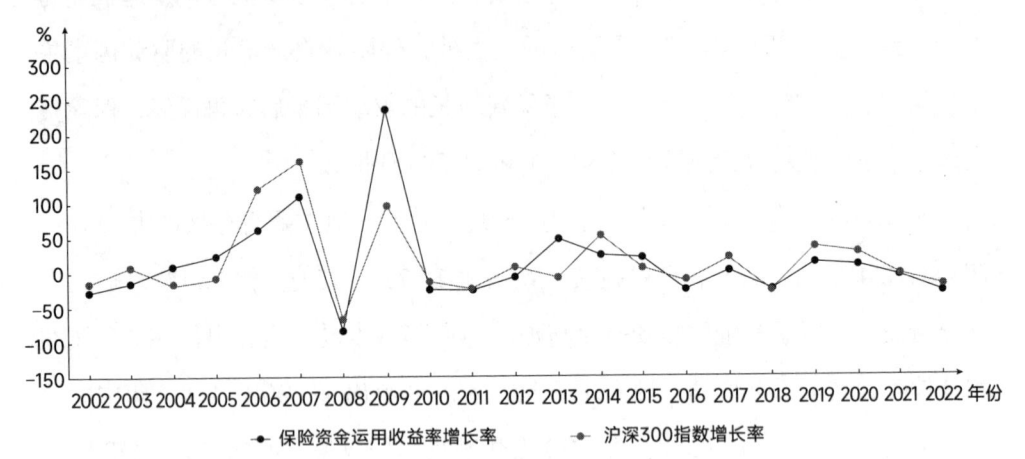

图1-9　2002—2022年中国保险资金运用收益率增长率与沪深300指数增长率的关系

通过图1-9可以看出，中国保险资金运用收益率变化与沪深300指数变化基本一致，进一步验证了保险业与资本市场的关系。保险业作为金融业的重要组成部分，其已经融入整个金融市场，保险业不能"跳出金融做保险"。

（三）保险业保费增长驱动因素

保险分为财产保险和人身保险，其中财产保险分为14大类，人身保险分为人寿保险、意外伤害保险和健康保险，每个险种的驱动因素不相同，但基本上都与GDP、总人口、人均GDP、人均可支配收入、M2、沪深300指数等有关。为简化分析，本书以GDP和M2为参照物。图1-10给出了2002—2022年中国保险业保费收入增长率与GDP增长率、M2增长率之间的关系。总体来看，保费收入增长率围绕GDP增长率上下波动，基本上是GDP增长率的2倍；保费收入增长率略低于M2增长率，但变化趋势基本一致。

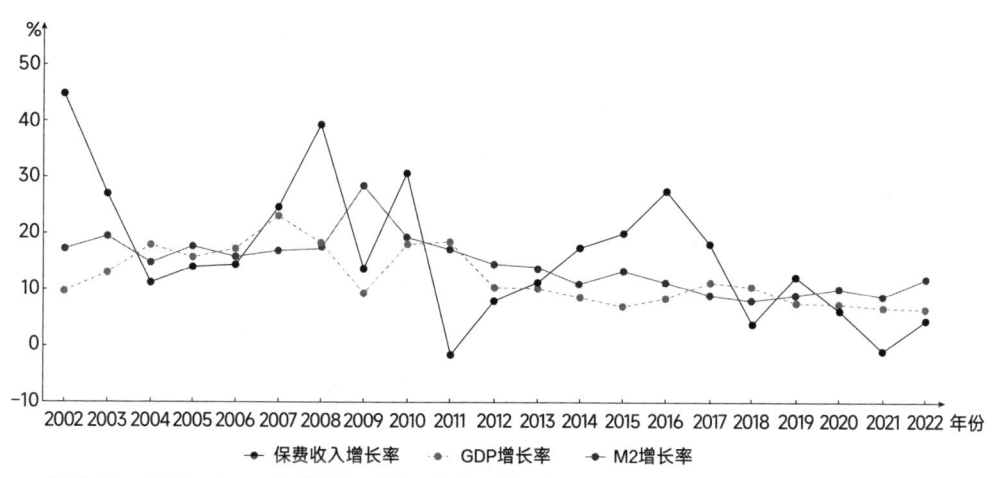

图 1-10 2002—2022 年中国保险业保费收入增长率与 GDP 增长率、M2 增长率之间的关系

（四）保险业利润增长驱动因素

保险作为风险管理者、风险承担者和投资者的统一体，其利润主要由承保利润和投资收益构成。2022 年保险业实现承保利润 410 亿元，远小于保险业每年的投资收益，因此保险业利润增长的主要驱动因素是投资收益率，而投资收益率的主要驱动因素是沪深 300 指数。

图 1-11 给出了 2002—2022 年中国保险业净利润增长率与沪深 300 指数增长率之间的关系。总体来看，除个别年份保险业净利润变化幅度较大之外，基本与沪深 300 指数增长率保持一致。

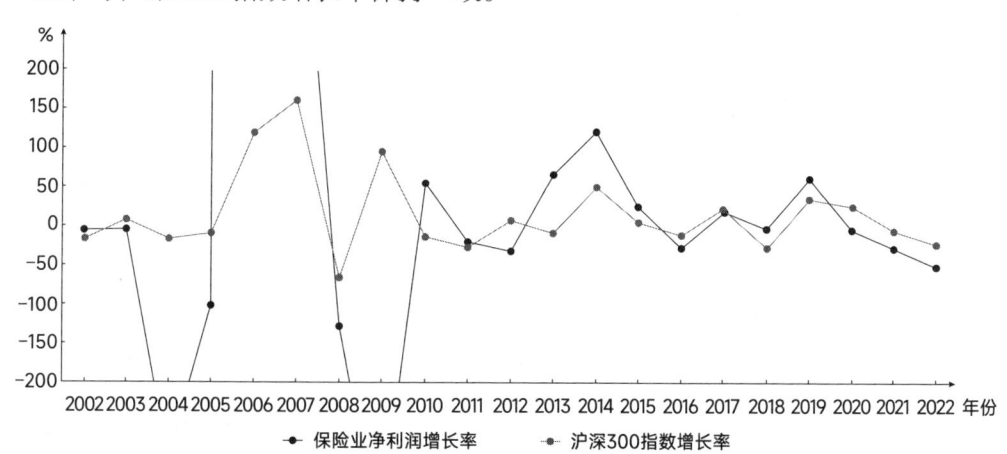

图 1-11 2002—2022 年中国保险业净利润增长率与沪深 300 指数增长率之间的关系

这就是中国保险业，已经深度融合到中国金融市场之中，中国金融市场体系的演变直接影响保险业的发展。为此，我们要密切关注保险监管强化等可能导致保险创新过度萎缩，从而波及保险业未来发展，需把握好保险监管的力度和节奏。

从全球范围来看，保险业的发展和经济发展水平、社会财富、家庭财富的变化具有紧密联系，我们要寻找其中的规律，进行有目的的引导。随着中国金融业的发展，保险业注定与反映实体经济的 GDP 脱钩，与 M2、沪深 300 指数等的相关性越来越强。

四、如何认知金融市场体系演变与保险业发展的关系？

金融市场体系演变与保险业发展的关系，即通过正确的理解可以促进保险业的发展，进而推动金融业的发展。从理论角度来看，保险业是金融业的重要组成部分，保险业注定要融入整个金融业；从实践的角度来看，保险作为风险管理者、风险承担者和投资者的统一体，随着金融市场的发展，保险业注定要向投资者转变。

（一）金融市场关系角度

按照国家对保险的产业定位，保险是现代经济的重要产业和风险管理的基本手段，是医疗、养老保障体系和金融体系的组成部分。在一个完整的现代金融体系中，从理论上来讲，保险业已经成为其重要组成部分；从数据上来看，保险业已经置身于金融业大盘之中。

例如，金融市场的动荡一定会传导到保险业，也一定会影响到保险业的安全：一是金融市场的悲观情绪通过预期传导至保险业，影响保险业的发展，导致保险业靠发展来解决问题没了基础；二是资本市场的剧烈波动通过投资收益传导至保险业，影响保险业的效益，进而影响到保险业的风险承受能力；三是金融机构资产负债表的恶化，也可能会传导到保险业中，从而影响保险机构的资产负债情况；四是保险业自身经营的问题，也可能会加剧金融市场的动荡，这些反过来再传导回保险业。

（二）金融市场构成角度

过去20多年的经验表明，保险业作为金融业的重要组成部分，必须和金融市场其他组成部分（货币市场、资本市场、外汇市场、黄金市场）结成良性互动的关系。这种关系表现在两个方面：第一，保险业发展需要健康的金融市场；第二，金融市场的发展需要保险业资金的积极参与。为此，要正确认知金融市场体系演变与保险业发展的关系，要推动保险业的改革和发展，实现两者之间的良性互动，这是实现保险业高质量、可持续、自适应发展的基本前提。

另外，金融市场体系可按照投资标的和行为目的划分为三个体系：一是股权融资体系，主要指股票市场以及基金等伴生市场体系；二是债权融资体系，主要指信贷市场、债券市场以及信托等伴生市场体系；三是风险管理工具体系，主要指衍生品市场和同业拆借市场等。当然，不同市场的角色有交叉重叠。保险在三个市场及其伴生体系中都有不同程度的存在，具有跨市场特征，其在金融体系中的地位和作用，还处在成长探索和发展变化之中，应该从历史纵向和现实横向两个维度进行持续观察。

这些都表明，如果我们囿于利益而不敢在思想观念上有所突破，中国保险业的变革与发展就不可能破冰前行。正是在这个意义上，当前中国保险业仍然处于一个需要思想创新、观念突破的时代。

这就是金融业中的保险业，保险业所处的金融业。我国保险业发展出现的问题一定程度上是没有正确认知金融市场体系演变与保险业发展的关系导致的，我们要尊重保险业的自然发展规律，在坚守"风险管理者、风险承担者"

的同时,向"投资者"进行演变,并关注金融市场体系与保险业发展二者之间的关系链。

"在时间的大钟上,只有两个字——现在"(莎士比亚)。从现在出发,站在没有标识的十字路口,我们需要认知金融市场体系演变与保险业发展的关系,因为这直接决定了我们将以何种方式开启保险时代的未来。

保险的底层逻辑未变，但时代已变

一、保险的逻辑

保险作为风险管理者、风险承担者和投资者的统一体，其逻辑在于风险管理、风险承担和资产管理之间的演变与平衡。

首先，保险是风险管理者、风险承担者，是集风险控制（Risk Control）和风险融资（Risk Financing）于一体的风险管理者（如图1-12所示）。

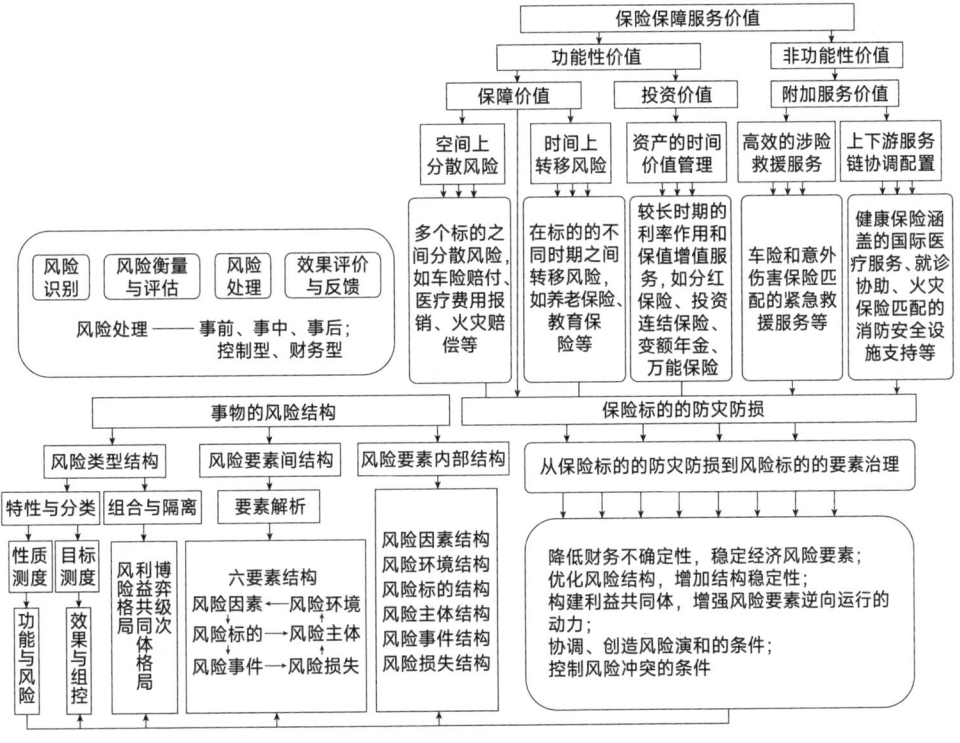

图1-12 风险与保险的关系

风险管理过程一般包括六个步骤：识别损失风险、分析损失风险、研究各种风险管理技术的可行性、选择合适的风险管理技术、实施选定的风险管理技术、监控风险控制的结果并校对优化风险管理方案。其中前两步是风险评估（Risk Assessment），第三至五步是风险控制，最后一步是风险管理循环（Risk Management Control Cycle）。

风险评估，其结果有助于更有效地实施风险控制，通过识别和分析损失风险的发生概率、严重程度及其预期发生的时间，进而实施风险管理。风险管理措施包括风险控制和风险融资（包括保险），但更多的是将二者相结合。风险控制主要关注组织所遭受的实际损害，而风险融资则考虑如何获取资金来"修复"这种损害，包括保险保障。

风险控制，就是研究各种风险管理技术的可行性、选择合适的风险管理技术、实施选定的风险管理技术。风险控制技术，主要是通过风险避免（Avoidance）、损失预防（Loss Prevention）、损失减少（Loss Reduction）、分离、复制和分散（Separation, Duplication and Diversification）等措施来降低损失发生频率，减轻损失程度。

其次，保险是投资者，是集财富管理（Wealth Management）与投资（Investment）于一体的资产管理者。资产管理，是指保险人通过保险产品受托管理投保人的资产。作为资产管理者，保险公司要履行以下职责：对保险资金进行投资，及时与投保人核对保险资金收益情况，建立保险资金投资管理风险准备金，定期向投保人和有关监管部门提交投资管理报告，国家规定和保险合同约定的其他职责。

投资的真正意义在于优化社会资源配置，作为投资者，保险要促进自己从"保险保障、资金融通和社会管理"的传统功能向保险"风险治理、价值创造和资源配置"的现代功能转变（如图1-13所示），推进保险业的变革与发展，使保险成为经济增长的"助推器"与社会发展的"稳定器",成为国家经济社会高质量、强韧性、可持续发展的重要金融工具。

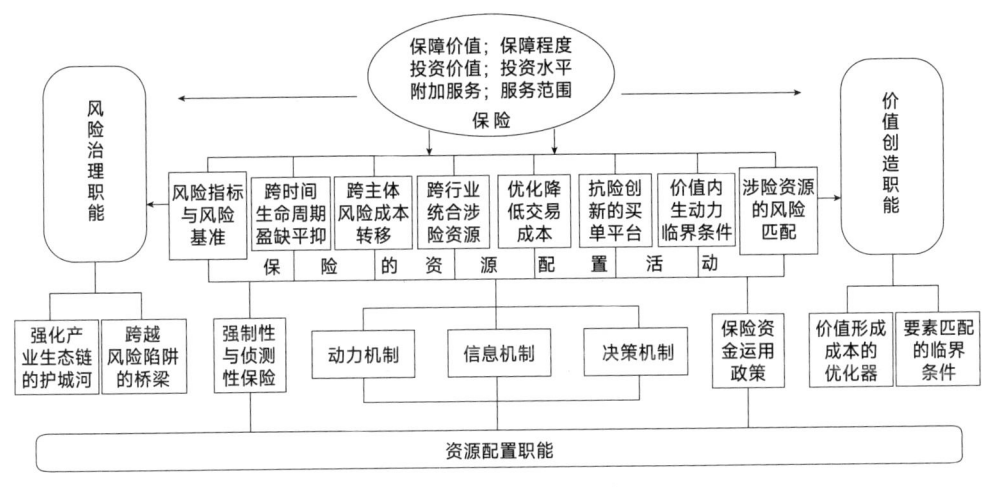

图 1-13 保险的主要职能

二、保险的底层逻辑未变,但时代已变

2021年,对于保险人来说,感叹最多的一句话就是"2021年是中国保险业过去10年最差的一年,但也许是未来10年最好的一年"。2022年,我们不断重复着这句话,2023年我们还在不断重复这句话……

过去20年,虽然保险业取得了巨大的发展,但我们不难发现其商业模式基本没有变化,仍然是"承保+投资",对于保险底层逻辑的理解也停留在"承保+投资"上。保险是风险管理者、风险承担者和投资者的统一体,这就是保险的底层逻辑。无论是"保险保障、资金融通和社会管理"的传统功能,还是"风险治理、价值创造和资源配置"的现代功能,这些并没有改变保险的底层逻辑,但是时代已变,相应的保险也需要应时而变、应势而变。

比如商业养老保险,过去是国家养老保险体系的第三支柱,现在其已经变成第三支柱之一。未来的第三支柱是基于个人账户的所有养老金融,不再是年金保险,这就是"时代的变化"。

比如保险科技,过去是"保险+科技"或"科技+保险",现在是"保险+风险减量服务+科技",其最核心的功能就是实现保险风险流量化而不是存量化,让现代保险从"蓄水池"走向"流量蓄水池",乃至"流量池"的未来保险。

比如互联网保险,过去是"互联网+保险",现在是保险互联网,我们需要探索互联网保险新风口、洞悉互联网保险新风向、鉴观互联网保险新风色、掀起互联网保险新风暴,并借助这股新风势推动互联网保险迈向保险互联网。

比如寿险,过去是"个人代理人+银邮兼业代理+互联网"主导的市场,现在个人代理人从高峰期的近千万人锐减到2022年的不足500万人,人数已经腰斩;《关于进一步规范保险机构互联网人身保险业务有关事项的通知》的实施,直接把互联网保险打进了冬天;银邮兼业代理显然不能支撑其寿险业的明天。

比如健康险,过去是"百万医疗+重疾"的市场,如今"惠民保"正在取代"百万医疗","重疾"的变革正在葬送重大疾病保险,还有"保险+医疗+卖药"等都在让健康险开始"变味"。

再比如车险、意外险……无论是监管主导的变革,还是源自保险人和消费者的变化,一切都在"变"。

这一切,在于理解"保险与人民、保险与国家、保险与人类"的关系或联系,在于认知"保险与中国观、保险与全球风险观、保险与新世界观",在于重新思考"保险的底层逻辑未变,但时代已变"这句话的本义。这一切,不在于"保险的底层逻辑",而在于我们对时代的把握,在于我们对新时代的理解。

如何才能做到这一切?重新审视我们的时代,"保险转型、转折、转轨"等问题,尽管仍笼罩在迷雾中,但其已经开始在我们脑海中浮现出整体的轮廓。迈向新时代新征程的新保险,是一片陌生的迷雾森林,众人都试图极目远眺，确定前进的方向。

"时代"是"最大的趋势"，是保险业"最大的变量"。顶级的趋势叫时代，之下的次级趋势是保险周期（经济周期的变化），再下层是公司经营节奏（保险公司自身的经营）。面向未来，对于保险人来说，就是要找到"时代、周期与经营"三者之间同向共振的结合点，这才是真正的"转型、转折、转轨"，时代向上但被向下的保险周期或者基本面向坏的公司耽误，则是最大的遗憾。捕捉绝大机会需要眼光和运气，避免好时代的大遗憾需要理性和常识。

我们只有更好地理解"保险的底层逻辑未变，但时代已变"，才能理解"保险的时代逻辑已变，一切都要变"，才能让我们重新审视我们的时代。如此，我们需要为中国保险加上"时间轴"，需要从历史、现实和时代三重逻辑角度理解保险变革。

中国保险加上"时间轴"之后，最大的变化是什么？其实有两个：一是技术，从互联网到物联网再到元宇宙，从人工智能（AI）到ChatGPT，从UGC（用户产生内容）到AIGC（AI产生内容），保险要做什么？保险不要做什么？二是速度，技术普及的速度越来越快，保险又该如何面对知识经济的智能进化？为此，保险业首先要用上"新技术"，其次要跑出"加速度"，最后实现高质量。

中国保险加上"时间轴"之后，当前最需要做的是什么？其实需要做好三件事：再定位，未来20年再创业；再规划，专业型发展策略；再出发，轻而精运营体系。再定位、再规划、再出发，一切都是为了重塑美好保险（Creating A Better Insurance，CBins）！

保险的时代逻辑变了,一切都要变

一、保险的时代逻辑已变

保险的底层逻辑依然未变,但时代逻辑已经变了,这要求中国保险业应时而变、应势而变。

(1)保费概况。中国保险业总保费从2002年的3053亿元增加到2022年的46957亿元,年均增长14.64%(如图1-14所示)。

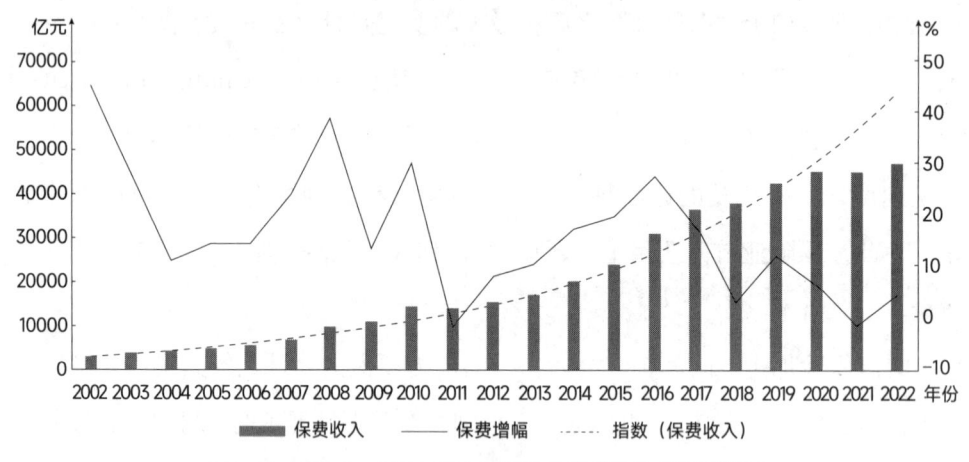

图1-14 2002—2022年中国保险业保费收入及增幅概况

通过图1-14可以看出,中国保险业保费收入从指数增长转为线性增长,同中国经济增长趋势类似,中国经济也从指数增长变为线性增长。中国保险业要实现可持续发展,一定会从指数增长转为线性增长,也就是"树不可能长到天上去"。

中国保险业保费收入从指数增长转为线性增长，保费总量翻倍所需要的时间也要翻倍，部分寿险公司"在高点被套住，解套所需时间会很久"。因此，当前化解中国保险业存在的问题需要更长的时间，至少需要10年。

（2）资产概况。中国保险业总资产从2002年的0.65万亿元增加到2022年的27.15万亿元，年均增长20.52%；总负债从2002年的0.65万亿元增加到2022年的24.45万亿元，年均增长19.92%；净资产从2002年的333亿元增加到2022年的2.70万亿元，年均增长39.78%（如图1-15所示）。

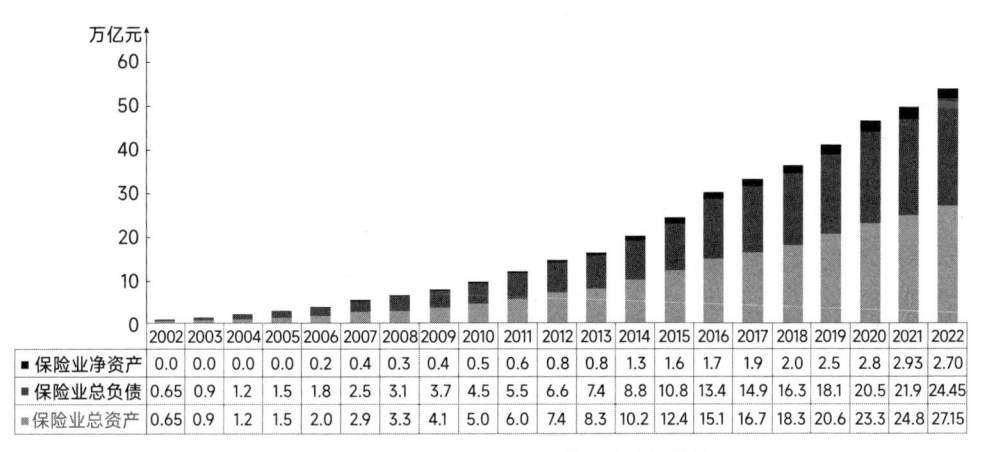

万亿元	2002	2003	2004	2005	2006	2007	2008	2009	2010	2011	2012	2013	2014	2015	2016	2017	2018	2019	2020	2021	2022
■保险业净资产	0.0	0.0	0.0	0.0	0.2	0.4	0.3	0.4	0.5	0.6	0.8	0.8	1.3	1.6	1.7	1.9	2.0	2.5	2.8	2.93	2.70
■保险业总负债	0.65	0.9	1.2	1.5	1.8	2.5	3.1	3.7	4.5	5.5	6.6	7.4	8.8	10.8	13.4	14.9	16.3	18.1	20.5	21.9	24.45
■保险业总资产	0.65	0.9	1.2	1.5	2.0	2.9	3.3	4.1	5.0	6.0	7.4	8.3	10.2	12.4	15.1	16.7	18.3	20.6	23.3	24.8	27.15

图1-15 2002—2022年中国保险业资产负债情况

通过图1-15可以看出，中国保险业资产情况从"量大质优"转为"量大质劣"，说明中国保险业还没有实现高质量发展，更谈不上可持续、自适应发展。"量大质劣"可以从保险业的净资产状况得到验证。2022年末保险业净资产2.70万亿元，同比下降7.85%。

中国保险业资产情况从"量大质优"转为"量大质劣"，保险业抗风险能力急剧下降，产生系统性风险的概率急剧上升。未来一段时间，中国保险业除了防范"黑天鹅"之外，"灰犀牛"正在成为更大的风险，应对"灰犀牛"成为中国保险业如何打破改革、增长和稳定的"不可能三角"的关键。

（3）风险概况。2022年，根据保险公司已披露的偿付能力数据，2022年四季度超过 50% 的保险公司综合偿付能力充足率呈下降趋势。我们使用杠杆倍数（总资产／净资产）和资本覆盖系数（净资产／总负债）对中国保险业面临的风险进行近似分析。通过图 1-16 可以看出，中国保险业的杠杆倍数先从 2002 年的 195.0 倍下降到 2015 年的 7.7 倍，然后又增长到 2022 年的 10.1 倍；资本覆盖系数先从 2002 年的 0.5% 上升到 2015 年的 15.0%，然后又下降至 2022 年的 11.0%。

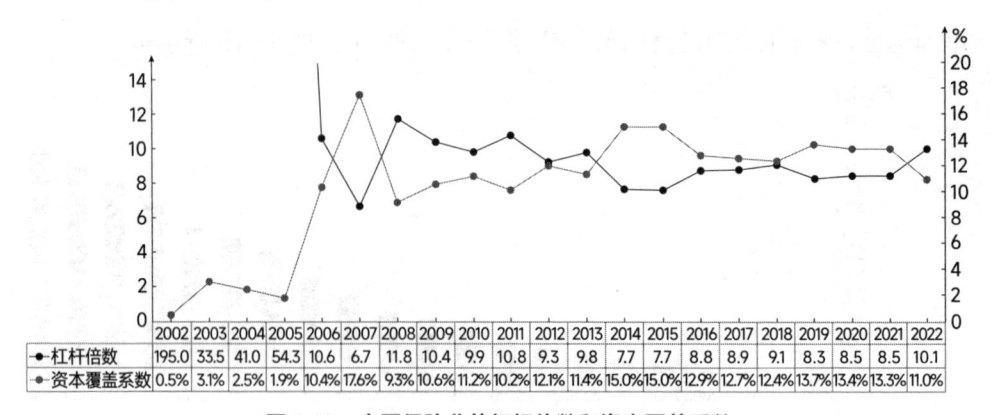

年份	2002	2003	2004	2005	2006	2007	2008	2009	2010	2011	2012	2013	2014	2015	2016	2017	2018	2019	2020	2021	2022
杠杆倍数	195.0	33.5	41.0	54.3	10.6	6.7	11.8	10.4	9.9	10.8	9.3	9.8	7.7	7.7	8.8	8.9	9.1	8.3	8.5	8.5	10.1
资本覆盖系数	0.5%	3.1%	2.5%	1.9%	10.4%	17.6%	9.3%	10.6%	11.2%	10.2%	12.1%	11.4%	15.0%	15.0%	12.9%	12.7%	12.4%	13.7%	13.4%	13.3%	11.0%

图 1-16　中国保险业的杠杆倍数和资本覆盖系数

通过图 1-16 可以看出，2002 年中国保险业已经处于"破产边缘"，经过 20 多年的发展，中国保险业的资本充足率得到了彻底的改善。2022 年成为一个重要的分水岭，中国保险业资本情况正在从"趋之若鹜"走向"求钱若渴"。

中国保险业资本充足率迎来大考。面对未来的不确定性，中国保险业不应该是一副"随机漫步"的态势，毕竟"随机漫步的傻瓜"不是中国保险业的逻辑。中国保险业，是时候需要思考一下"保险"二字背后的"意义"绝非诗意了。

二、中国保险业的一切都在变化

"保险的底层逻辑未变，但时代已变"指出，保险是风险管理者、风险承担者和投资者的统一体，这就是保险的底层逻辑。但是时代已变，保险也需要应时而变、应势而变。

今天，我们开始明白"时代已变"其折射的是"中国保险业的时代逻辑已变"：保费收入从指数增长转为线性增长；资产情况从"量大质优"转为"量大质劣"；资本情况正在从"趋之若鹜"走向"求钱若渴"……沿着旧地图，一定找不到新大陆。因为现在和未来之间可能存在巨大的鸿沟，不同的商业范式之间存在断点、突变和不连续性。时代变了，一切都要变。回顾近年来保险业的发展，我们发现保险市场的四个要素全变了。

（1）产品。我们以前关注保险产品价格，今天关注的是保险产品价值。

（2）市场。我们以前关注中高端人群，今天是大众市场，每个人都是市场。

（3）顾客。我们之前关注客户的个体价值，今天关注他的群体价值。

（4）行业。我们之前看保险是有边界约束的，今天我们需要的是"突破保险边界"。

这些要求我们对保险业的认知进行调整，虽然保险的底层逻辑未变，但需要新的顶层思维，我们需要从历史、现实和时代三重逻辑角度来思考中国保险业的变革。中国保险业当前遇到的最大挑战是自设的"陷阱"：保费收入增长模式的转换、资产质量的突变、资本投入的断点，这些导致保险商业范式之间存在断点、突变和不连续性。我们要从这些"陷阱"中走出，笔者最担心的是我们不知道中国保险业的未来"长什么样"。如果我们不知道中国保险业的未来"长什么样"，就要被时代所淘汰。

中国保险业保费收入从指数增长转为线性增长，我们需要正视其可能产生的变化。正如比尔·盖茨所言："我们总是高估在一年或者两年中能够做到的，而低估五年或者十年中能够做到的。这是因为技术的力量也呈指数级增长，而不是线性增长。所以它始于极微小的增长，随后又以不可思议的速度爆炸式地增长。"如果保险面临的问题是指数增长，而保费收入是线性增长，则保险面临的风险将会得到放大，比如现金流缺口。

中国保险业资产情况从"量大质优"转为"量大质劣",我们需要警惕其可能产生的影响。保险业要实现从"量大就是好"到"质高才是优"的思维转变,要通过"加减乘除"实现保险业的高质量、可持续、自适应发展。2019年1月21日,习近平总书记在省部级主要领导干部坚持底线思维、着力防范化解重大风险专题研讨班开班式上指出,"面对波谲云诡的国际形势、复杂敏感的周边环境、艰巨繁重的改革发展稳定任务,我们必须始终保持高度警惕,既要高度警惕'黑天鹅'事件,也要防范'灰犀牛'事件;既要有防范风险的先手,也要有应对和化解风险挑战的高招;既要打好防范和抵御风险的有准备之战,也要打好化险为夷、转危为机的战略主动战。"

中国保险业资本情况正在从"趋之若鹜"走向"求钱若渴",我们需要重视其可能产生的连锁反应。"资本是逐利的",笔者在《读懂中国保险》一书中论证了银行、保险、证券等行业中,过去20多年利润率最高的是保险业(如图1-17所示),保险业也成了资本竞相追逐的对象。但随后我们发现,中国保险业每年的盈利基本被前10家公司所"霸占",导致大多数保险公司面对增资

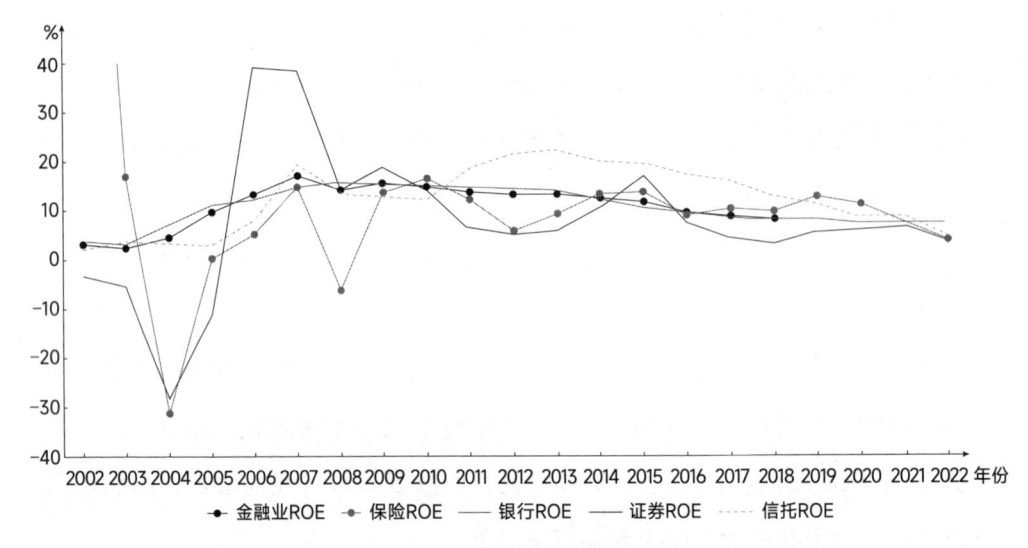

图1-17　2002—2022年中国金融业各业态权益报酬率（ROE）对比

扩股时"求钱若渴",主要原因有两个方面:一是自身原因,多数保险公司尚未建立可持续的发展模式,更谈不上"造血"能力;二是外部原因,中国经济承压,社会资本对保险产业的关注持续下降,保险公司引进外部资本难度逐渐加大。

"保险的时代逻辑变了,一切都要变",这个问题我们不妨看看彼得·德鲁克(Peter F. Drucker)和阿尔伯特·爱因斯坦是如何说的(如图1-18所示),也许有助于我们厘清保险业发展脉络,提升我们对保险的认知,改变我们的思维方式,升华我们的智慧。

> 无论在西方还是东方,知识一直被视为"道"(Being)的存在,但几乎一夜之间,它就变为"器"(Doing)的存在,从而成为一种资源,一种实用利器。

彼得·德鲁克

> 1951年,爱因斯坦在普林斯顿大学教书。一天,他刚结束一场物理专业高级班的考试,正在回办公室的路上。他的助教跟随其后,手里拿着学生的试卷。助教好奇地问:"博士,您给这个班的学生出的考题与去年一样,您怎么能给同一个班连续两年出一样的考题呢?"
> 爱因斯坦的回答十分经典,他说:"答案变了。"

阿尔伯特·爱因斯坦

图1-18 时代变了,一切都要变

今天的中国保险业就是这样,所有的东西可能还都是那个东西,市场还是那个市场,行业还是那个行业,顾客还是那个顾客,公司还是那个公司,但是答案变了。如今,中国保险业所有的变革,所有的转折,都必须建立在底层逻辑未变的时代逻辑之上!需要从历史、现实和时代三重逻辑角度理解保险变革,需要打破保险改革、增长和稳定的"不可能三角"。

如何从历史、现实和时代三重逻辑角度理解保险变革？

一、历史逻辑：变革是中国保险业实现高质量可持续发展的重要法宝

"保险的底层逻辑未变，但时代已变""保险的时代逻辑变了，一切都要变"，之后我们需要为中国保险业加上"时间轴"，需要从历史、现实和时代三重逻辑角度理解保险变革。

保险是一种舶来品。尽管文献记载中国保险有200多年的历史，但真正作为国家经济社会中的一种损失补偿机制，用于生、老、病、死、残的一种健康管理方式，则是改革开放后的事情，实践时间不到50年。

保险市场发展初期，西方的商业保险理论为我们打开了视野，使我们懂得一些保险的基本知识和基本技能，但鉴于中国国情的特殊性，这样的保险理论和知识不能满足建立国家保险制度的需要。因此，总体来说，中国保险业缺乏顶层设计，在时代潮流中始终处于顺势而为的态势。保险业发展经历的有限性决定了保险经验的局限性。保险是一种看似简单、实为复杂的客观事物。用50年读懂500年的保险历史，看透500年的保险真谛，是一件颇有难度的事情。

在学术范式上，现代保险学在很大程度上是跟随现代经济学发展起来的，现代经济学又是沿着牛顿力学或机械论的隐喻发展起来的，即有意无意地将经济体和市场体系想象为牛顿所理解的物理世界，最终形成了微观经济学和宏观经济学学术范式体系的基本构架。同样，也就形成了保险微观经济学和保险宏观经济学两大学术范式体系的基本构架。

《试论经济学的域观范式——兼议经济学中国学派研究》一文谈到，现代经济学主流学术范式存在缺陷或局限性，主要体现在两个方面：第一，关于经济活动的空间性质的假定；第二，关于人的行为的个人主义抽象目标假定。在现代主流经济学的微观—宏观范式中，引入域观范式（业态范式），可以形成保险微观经济学、保险宏观经济学、保险域观经济学三大体系构架。其中，保险微观经济学和保险宏观经济学主要以保险活动的经济理性为范式支柱，而保险域观经济学则以保险活动的经济理性、保险价值文化和保险制度形态三维框架为范式支柱。

保险的历史逻辑，要求我们思考保险经济学的范式创新，使保险商域经济学得以建立和发展。而且，中国所面临的需要解决的保险业发展问题，也对保险经济学范式创新提出了紧迫性需要。中国保险经济学的升华可以有两个主要的突破方向：攀登保险经济学的高地山巅和开拓保险经济学范式变革的创新蓝海，它们都是中国保险经济学发展需要努力的方向。而对于中国保险业的互助共济使命而言，后一个努力方向恐怕更具现实紧迫性，更可能做出重大学术贡献。

保险的历史逻辑，要求我们思考如何引领中国保险学向现实和未来进化，为此还需要认知全球保险业的新变局，更需要了解中国保险业的新作为。这是一个生机勃勃、万物生长的伟大时代。中国保险业本身可以说是一个有无穷生命力的有机体。如果能够善待它，能够与时俱进，那么中国保险业就有很大发展和想象的空间。

二、现实逻辑：变革是中国保险业服务中国式现代化建设的基本保证

"在时间的大钟上，只有两个字——现在"，无论历史怎样，无论未来怎样，保险终究会回到现实，也需要回到现实。关于保险的种种讨论，对的错

的，都会逐一得到验证。正如阿摩司·奥兹（Amos Oz）在《爱与黑暗的故事》中所说的那样："我们需要谈论现在与未来，也应该深入谈论过去，但有个严格条件：我们始终提醒自己我们不属于过去，而是属于未来。"我们需要思考保险的现实逻辑，需要展望保险的未来逻辑。

从 1979 年恢复国内保险业务开始，我国保险市场不断发展壮大，逐步建立了由保险公司、保险中介机构、再保险公司、保险资产管理公司等市场主体组成的保险市场体系，形成了覆盖人寿保险、财产保险、健康保险、养老保险、农业保险、再保险等多领域的产品体系，在风险分担、服务民生、促进经济发展等方面发挥了重要作用。我国保费收入从复业之后 1980 年的 4.60 亿元增加到 2022 年的 46957 亿元，年均增长速度 24.58%；保险市场规模先后超过德国、法国、英国、日本，全球排名升至第二位，中国正在从保险大国走向保险强国。对这些实践经验加以总结，并进行理论提升，我们就会发现其中深层次的、内在的理论逻辑和发展逻辑，这是构建中国保险学的现实逻辑。离开了现实，保险业的变革就会成为无本之源，保险强国建设也无从谈起。

党的二十大报告就金融（保险）服务中国式现代化新局面提出了九大部署，分别为金融体制改革和金融功能深化与金融监管、金融服务实体经济、金融支持乡村振兴、金融助力区域协调发展、金融市场开放（金融服务业和金融资本项目）、金融赋能科技成果转化、共同富裕是金融工作的出发点和着力点、绿色金融支持经济社会绿色发展、金融安全是国家安全的重要组成部分。这是中国保险业当今的最大现实，中国保险业应围绕中国式现代化建设的需要，深化改革，努力服务于国家经济社会发展战略。

保险的现实逻辑，要求我们必须坚持解放思想、实事求是、与时俱进、求真务实，一切从实际出发，着眼解决中国式现代化建设的实际问题，不断回答中国之问、世界之问、人民之问、时代之问，做出符合中国实际和时代要求的正确回答，得出符合客观规律的科学认识，形成与时俱进的理论成果，更好指导中国实践。

三、时代逻辑：变革是中国保险业应对国内外新形势新变化的必然要求

每个时代都有自己的主旋律，每隔一段时间，人类会发现自己所处的环境再次变得陌生，原先能够解释的很多规律和现象不再成立。我们一边承受着信息过载的压力，一边眼看着学到的一切很快又被颠覆。恐惧和焦虑源于越来越看不懂这个世界。

随着中国步入风险型社会，保险型社会的保障因素几乎无形地、广泛地渗透到人民生产、生活中，人们就会将它视作社会生活的基础，并最终成为新形态社会中社会正义的基石。或者说，当保险从一种经济现象转变为一种社会范畴，当社会契约成为一种类似保险合同的关系时，保险处于现代社会的核心，社会也就迈进了现代社会。

随着中国式现代化建设的推进，保险正在从四面八方渗透到人们的日常生活中，正在通过多种方式参与到我国经济社会转型与社会治理创新中。但是，风险却是指向未来的，指向我们所不知道的一切。我们每时每刻都在考虑关于未来的问题，却不知道确切的答案。人类对待风险的态度是划分传统社会和现代社会的重要标准之一。

人类管理风险的能力以及进一步承担风险以做长远选择的偏好，是驱动经济系统向前发展的关键因素。与其说风险是一种命运，不如说风险是一种选择，它取决于我们选择的自由程度。通过解释如何理解风险、衡量风险以及估计其后果，风险承受成为驱动现代西方社会向前发展的主要动力之一。像普罗米修斯（Prometheus）一样，不接受上帝的摆布，在黑暗中探寻出光明，把未来从"敌人"变成了一种机遇。这带来了人们对风险管理态度的转变，所以

人们将风险的认知从游戏和赌博的热情转向经济的增长、生活质量的提高以及技术上的进步。

人类探索风险的艰难历程及战胜风险的传奇故事说明：风险不仅是可以认识的，也是可以控制和掌握的。因此，保险的时代逻辑不仅是保险业发展必须经历的一个过程，也是我们人类走向未来、实现超越本能的一条思考之路。即便人类的生存与发展仍然长路漫漫，保险的发展道路也是充满荆棘，我们依然可以积极锤炼自己透过事物表面看穿其本质的能力，唤醒人类思想精神世界的第七感，从而更好地提前规划，融入未来。这既是世界发展的不可逆转的潮流，亦是整个人类的使命。所以我们所要做的，就是思考当下，从保险的时代逻辑出发，使保险能融入未来。

保险是现实的和未来的，千真万确。保险不只是现实的和未来的，也不容置疑，因为保险也是历史的。只有充分认识到这一点，我们才能从历史、现实和时代三重逻辑角度理解保险变革，才能把握住保险的特质和明确其边界，才能找到保险业高质量、可持续、自适应发展的道路。

从历史、现实和时代三重逻辑角度理解保险变革，除了底层逻辑，还需要顶层思维。正如阿尔伯特·爱因斯坦所说："我们所创造的世界是我们思考的过程。要改变世界，必须改变我们的思维方式。"又如党的二十大报告写道："我国是一个发展中大国，仍处于社会主义初级阶段，正在经历广泛而深刻的社会变革，推进改革发展、调整利益关系往往牵一发而动全身。我们要善于通过历史看现实、透过现象看本质，把握好全局和局部、当前和长远、宏观和微观、主要矛盾和次要矛盾、特殊和一般的关系，不断提高战略思维、历史思维、辩证思维、系统思维、创新思维、法治思维、底线思维能力，为前瞻性思考、全局性谋划、整体性推进党和国家各项事业提供科学思想方法。"

如何打破保险改革、增长和稳定的"不可能三角"?

一、改革、增长和稳定的关系

从 1978 年改革开放到 2022 年长达 44 年的时间里,中国保险业实现了年均 25% 的增长率,约是 GDP 年均增长率的 3 倍,是世界保险业发展史上的一个奇迹。当人们习惯于这种高速增长之后,对中国保险业 2018 年以来增长减速的情况,容易产生疑惑。当前对中国保险前景的误判,源于错误的观察方法和偏颇的理论依据。一旦将这些错误方法论予以澄清,必将拨开悲观论调的重重迷雾,重新看到中国保险前景的一片光明。

改革、发展、稳定是我国社会主义现代化建设的三个重要支点,改革是经济社会发展的强大动力,发展是解决一切经济社会问题的关键,稳定是改革发展的前提(如图 1-19 所示)。改革、发展和稳定的关系不仅是我国改革开放 40 多年的经验总结,也被转轨和新兴市场经济体的实践多次证明。

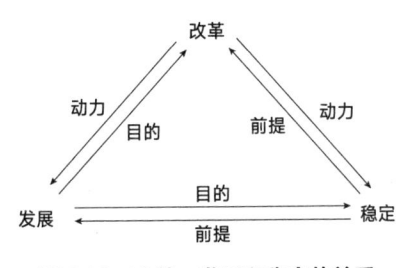

图 1-19 改革、发展和稳定的关系

不可能三角（Impossible Trinity），是指经济社会和财政金融政策目标选择面临诸多困境，难以同时实现三个方面的目标。1999年，美国经济学家保罗·克鲁格曼（Paul R. Krugman）在蒙代尔－弗莱明模型（Mundell-Fleming Model，M-F Model）的基础上，结合对亚洲金融危机的实证分析提出了该理论，指出资本自由流动、固定汇率和货币政策独立性三者不可能兼得。基于此理论，丹尼·罗德里克（Dani Rodrik）在《全球化的悖论》一书中提出了"全球化不可能三角"理论，即经济全球化、民主制度与国家主权三者不可能兼容；另外，一些学者提出了"中国经济不可能三角"，即改革、增长与稳定三者不可能兼容。

《读懂中国经济》一书就"中国确立并寻求的改革、增长和金融稳定三个目标，不可能同时达到，终究要有所取舍，至少在一定时期内放弃其中一个"的判断进行了反驳，并指出："如果从供给侧观察现象、分析问题和寻找出路，改革、增长和稳定三者之间并不存在非此即彼或者此消彼长的关系。相反，正如三角形是力学上最稳定的结构一样，如果从供给侧入手，正确选择结构性改革方向和优先领域、分寸恰当并精准地推进这些改革，既可直接达到保持经济中高速增长的目标，又有助于防范金融风险，实现经济和金融稳定。"

改革、增长和稳定的关系同样适用于金融领域（保险领域）。金融发展并以此更好服务实体经济和促进经济发展，是金融工作的根本目的；金融改革和创新是金融发展的根本动力和重要手段，防范和抵御金融风险、保持金融稳定则是金融发展和改革的重要前提。从供给侧入手，无须从周期性、需求侧过度刺激，可以打破中国经济改革、增长和金融稳定的"不可能三角"，对于保险而言，又该从何入手呢？

二、中国保险业如何打破"不可能三角"

2001年12月，当WTO向中国敞开大门时，中国保险业正处于"破产的边缘"。经过20多年的发展，中国保险业已成为经济社会发展的"动力"，我们一度被保险所"秀"的"金融力量"（Financial Muscle）迷惑。2017年召开的第五次全国金融工作会议成为分水岭，"防范化解系统性金融风险"成为中国保险业的首要任务。2017年以来，中国保险业的发展将经历三个时期：风险控制期（2018—2020年）、风险缓冲期（2021—2022年）和风险化解期（2023—2025年），其中风险化解期可能会延续到2030年。从现在起到2030年，中国保险业如何打破改革、增长和稳定的"不可能三角"？这不仅事关中国保险业的高质量、可持续、自适应发展，也关系中国金融业的稳定。

（一）"增长"是中国保险业的规律性所在

从全球主要经济体经济增幅来看，经济体从低收入到中等收入再到高收入，经济增速递减是规律性现象。根据世界银行的分组标准（人均国民收入不到1036美元的为低收入国家，在1037~4045美元的为中等偏下收入国家，在4046~12535美元的为中等偏上收入国家，高于12535美元的为高收入国家），无论是在2000年以前处于低收入水平阶段时，还是在2000—2010年处于中等偏下收入水平阶段时，以及在2011—2020年处于中等偏上收入水平阶段时，甚至2021年至今处于高收入水平阶段时，中国的经济增速都显著高于处于同样发展阶段的其他国家平均水平。因此，中国经济发展增幅符合不同阶段经济发展规律。中国保险业发展增幅基本与中国经济增幅同步（如图1-20所示），同样中国保费增速递减也是规律性现象，是正常的。因此，中国保险业"如何打破改革、增长和金融稳定的'不可能三角'"关键不在"增长"（保费增幅），而在"改革"和"金融稳定"。

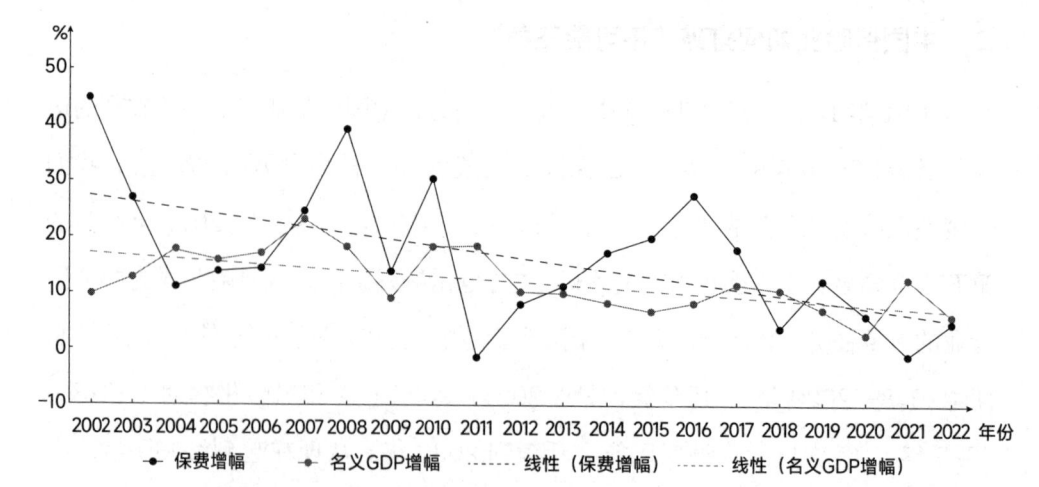

图 1-20　2002—2022 年中国保险业保费收入增幅与名义 GDP 增幅关系

（二）"金融稳定"仍是中国保险业的当务之急

中国保险业保费收入从指数增长转为线性增长，部分保险公司"在高点被套住"，会导致部分资产与负债错配，因错配导致的现金流缺口被放大，相应的风险也将得到释放。总体来看，保险业的"黑天鹅"事件和"灰犀牛"事件基本得到了控制，"防范化解金融风险取得决定性成就"的判断基本准确，但不能忽视"大白鲨"事件，这直接决定了未来一段时间保险业能否化解当前的风险。

"黑天鹅"事件，即不可预测、影响重大并且事后可以解释的事件，如新冠病毒（COVID-19）疫情；"灰犀牛"事件，是指那些以很高的概率发生、具有巨大影响但是被忽略的事件，如地球变暖；"大白鲨"事件，是指那些随时可能发生并难以预测，且破坏力很强的事件，如活火山爆发。

从技术角度来说，"黑天鹅"是一种极端的不确定性事件，我们不能基于过去的历史推测其概率分布，因此无法预测；"灰犀牛"是一种可预测的事件，我们知道其会在未来某个时点发生；"大白鲨"是一种能推测其概率分布的事件，但不知道何时会发生。如果说"黑天鹅"事件、"灰犀牛"事件是整个保险业面临的风险，那么"大白鲨"事件就是部分保险公司面临的风险，对于这些保险公司，我们基本可以预测其风险分布，甚至风险分布的时间点。

中国保险业如何打破改革、增长和金融稳定的"不可能三角"？当前的主要任务依然是"防范化解系统性金融风险"，无须从周期性、需求侧着眼追求短期的V字形反弹，而是要从供给侧认识保险业发展新常态，以此作为中国保险的政策定力之所在。

近年来，银保监会陆续发布了《关于促进社会服务领域商业保险业发展的意见》《关于进一步丰富人身保险产品供给的指导意见》《关于推进普惠保险高质量发展的指导意见》《关于加强新市民金融服务工作的通知》等文件，无不是从供给侧入手来推动中国保险业的结构性改革，改革的效果正在得到初步显现，沿着保险供给侧结构性改革的方向既可直接达到保持保费中高速增长的目标，又有助于防范保险的风险，实现中国保险业的高质量发展和稳定。

（三）"改革"是中国保险业协调"增长"和"金融稳定"的关键

当前，中国保险业的整体实力比较弱，承压能力非常弱，如2022年保险业净资产为2.70万亿元，同比下降7.83%。又如，随着《中国银保监会关于印发保险公司偿付能力监管规则（Ⅱ）的通知》《中国银保监会关于实施保险公司偿付能力监管规则（Ⅱ）有关事项的通知》等文件的落地，保险公司A类机构数量锐减，B类及C类、D类不达标风险机构数量增多。总体来看，保险公司暴露的问题越来越多，但因部分问题的解决需要时间，导致保险公司的风险累积越来越多，大多数保险公司的风险综合评级（IRR）都在B及以下。此时，中国保险业要继续强化供给侧结构性改革，保持保险政策的定力，同时要主动拉长风险化解的周期，不要着急一时之功，而是要久久为功。

面对中国保险业自设的"陷阱"：保费收入增长模式的转换、资产质量的突变、资本投入的断点，中国保险业要在金融稳定中继续推进改革，尽快解决保险商业范式存在的断点、突变和不连续性等问题。

一是要增强改革措施、发展措施、稳定措施的协调性，把握好当前利益和长远利益、局部利益和全局利益、个体利益和行业利益的关系，既着力解决关系保险业发展的重大问题，又着力引导保险公司（股东）正确处理各种利益关系，营造保险业高质量、可持续、自适应发展的宏观环境。

二是要坚持把改革的力度、发展的速度和金融风险可承受的程度统一起来，把"防范化解系统性金融风险"作为正确处理改革、发展和稳定关系的结合点，在保持金融稳定中推进保险改革、发展，通过保险改革、发展促进金融稳定。

党的二十大报告指出："深化金融体制改革，建设现代中央银行制度，加强和完善现代金融监管，强化金融稳定保障体系，依法将各类金融活动全部纳入监管，守住不发生系统性风险底线。"为此，中国保险业要把"服务实体经济、防控金融风险和深化金融改革"贯彻到"打破改革、增长和金融稳定的'不可能三角'"之中去，改变以往靠规模增长解决问题的思路，真正做好保险供给侧结构性改革；同时坚持系统化的解决思路，不同时期、不同条件下可以有不同的改革重点任务，但要有统筹规划及分步实施路线图。

如何从"不确定性"中找到中国保险的"确定性"?

一、中国保险的"不确定性"

千百年来,人类一直在寻求一种东西——"确定性",因为确定性能给我们带来安全感。然而,事与愿违的是,世界上存在更多的是"不确定性"。保险市场有不确定性,保险投资有不确定性,保险产品有不确定性,保险环境有不确定性……似乎到处都充满着不确定性。中国保险业发展最大的不确定性是什么?

中国保险过去40多年的发展速度有多快?数据是最好的答案:1979年中国保险业恢复发展,1980年保费收入为4.6亿元,1990年保费收入为151亿元,2000年保费收入为1603亿元,2010年保费收入为14528亿元;2022年保费收入达到46957亿元,分别是1980年、1990年、2000年、2010年的10208倍、311倍、29倍、3倍。那么,中国保险为什么能创造这些奇迹?

从宏观角度分析,有七大原因:国民经济的快速发展是保险业发展的战略基石,保险理论的探索和指导是保险业发展的重要保障,企业制度改革和市场化改革是保险业发展的核心动能,政府的高度重视和支持是保险业发展的推动力量,现代监管体系的建立和完善是保险业发展的制度保障,人才培养和关键技术研发是保险业发展的内生"推动器",对外开放是保险业发展的外部推动力。

从微观基础分析，中国保险企业在迅速崛起：《财富》世界 500 强中，2023 年共有 7 家中国保险公司上榜，分别是中国平安（排名第 33 位）、中国人寿（排名第 54 位）、中国人保（排名第 120 位）、中国太平洋（排名第 192 位）、中国太平（排名第 385 位）、泰康保险（排名第 431 位）、新华保险（排名第 478 位）。除了新华保险外，其余 6 家保险公司已至少连续 6 年登上榜单。《财富》世界 500 强中共有 47 家保险公司，其中美国 20 家、日本 8 家、中国 7 家。

从宏观到微观均可以看出：伴随着中国经济的高速发展，中国企业和居民的风险保障需求高速增长，这就是中国保险高速增长的"密码"。

中国经济高速增长时代已结束，未来最大的不确定性在于如何保持稳健增长。这是一个很大的挑战。经济不确定性不仅是金融市场长期波动的关键起因，而且是引发金融市场风险传导的重要因素。相应地，中国保险业面临着巨大的"不确定性"，或者说"超级不确定性"，正如《中国保险业风险评估报告 2023》所揭示的一系列令人深思的"不确定性"问题。

放眼未来，中国保险业怎样才能维持高质量、可持续、自适应的发展？在保险产业变迁中，中国保险企业应该抓住哪些机会？我们无法给出一个"确定性"的答案来回答这些"不确定性"的问题，因为中国保险业发展模式不是固定不变的概念或思维框架，而是随时间变化而不断变化的思维探索和实践探索的集成。中国保险业发展模式的普适性不在于提供所有问题的答案，而在于以开放的精神、实事求是的态度，直面发展中的"第一性问题"，并不断探求以现实可行（务实）的方法去破解这些问题。

面向未来，中国保险业如何应对更多的"不确定性"？还是要靠市场化的办法和机制。市场经济最擅长解决的就是"不确定性"，就是让更多人主动试错，通过试错找到对的、符合实际的有效办法。

二、如何应对不确定性：实现高质量发展

党的二十大报告指出："高质量发展是全面建设社会主义现代化国家的首要任务。"这是在深入分析我国新的历史条件和阶段、全面认识和把握我国现代化建设实践历程以及各国现代化建设一般规律的基础上，做出的一个具有全局性、长远性和战略性意义的重大判断。为此，中国保险业要从全局和战略的高度加深对这一重大判断的理解和认识。要深刻认识高质量发展是推进中国式现代化的内在要求，不断解放和发展生产力，努力为全面建成社会主义现代化强国打下坚实的物质技术基础。要深刻认识高质量发展是跨越重大关口的必然选择，加快质量变革、效率变革、动力变革，推动保险在高质量发展轨道上行稳致远。要深刻认识高质量发展是赢得战略优势的关键所在，着力增强保险竞争力、创新力、抗风险能力，以高质量发展的确定性应对外部形势的不确定性。

（一）理解保险的"十大属性"和"十维空间"

任何事件的发展，都有两种可能性，一是机会，二是挑战。面对不确定性，最直接的方法就是认清和把握保险的本质，并采取"趋利避害"的行动。《读懂中国保险》一书指出，如何实现保险业高质量发展？关键是厘清保险的国家属性、社会属性、经济属性、金融属性、思想属性、风险属性、科技属性、数据属性、历史属性、未来属性"十大属性"以及背后的国家空间、社会空间、经济空间、金融空间、思想空间、风险空间、科技空间、数据空间、历史空间、未来空间"十维空间"。为此，为了应对中国保险的"不确定性"，首先要理解保险的"十大属性"及其背后的"十维空间"。

一是要正确认识保险业和保险属性的关系。厘清保险的国家属性、社会属性、经济属性、金融属性、思想属性、风险属性、科技属性、数据属性、历史属性、未来属性。重点是理解保险属性的微观、中观、宏观变化，以及这些变

化背后的历史逻辑；目标是实现中国保险业由高速增长阶段转向高质量发展阶段。

二是要正确认识保险业和保险空间的关系。明晰保险的国家空间、社会空间、经济空间、金融空间、思想空间、风险空间、科技空间、数据空间、历史空间、未来空间。重点是理解保险属性和非保险属性的相互制约，理顺政策、法制、制度框架等影响保险业发展的外部环境；目标是使保险的密度、深度、广度等与我国的社会、经济、文化、体制沿革相适应，提升保险发挥作用的空间。

（二）加快保险质量变革、效率变革、动力变革

当今世界正经历百年未有之大变局，我国保险业发展的内部条件和外部环境正在发生深刻复杂变化。向外看，我们要面对世界经济深度衰退、国际贸易和投资大幅萎缩、国际金融市场动荡、国际交往受限、经济全球化遭遇逆流、一些国家保护主义和单边主义盛行、地缘政治风险上升等不利局面。向内看，我国经济正处在转变发展方式、优化经济结构、转换增长动力的攻关期，经济发展前景向好，但也面临着结构性、体制性、周期性问题相互交织所带来的困难和挑战。新时代新征程，中国保险业要始终坚持政治性、人民性和时代性，胸怀"国之大者"，以新发展理念为指引，通过持续转型推进质量变革、效率变革和动力变革，打造高质量发展的新路径。

推动质量变革、效率变革、动力变革，是高质量发展阶段的必然要求，是转变发展方式、优化经济结构、转换增长动力的攻关期的重要内容。质量变革，包括通常所说的提高保险产品和服务质量，更重要的是全面提高中国保险各领域、各层面的素质。这是一场从理念、目标、制度到具体领域工作细节的全方位变革。效率变革，就是要找出并填平在高速增长阶段被掩盖或忽视的各种低效率洼地，为高质量发展打下效率和竞争力的稳固基础。市场竞争，归根

结底是投入产出比较的竞争、效率高低的竞争。动力变革，就是要在财富红利、人口红利逐步减弱后，适应高质量、高效率现代化保险体系建设的需要，加快向数字人口红利、创新红利的转换。

我国保险进入高质量发展阶段后，已经不可能像以往那样主要依靠保险资源（要素）投入数量的增长，必须转向更多依靠保险资产配置效率（保险要素效率）的提高。在三大重要变革中，质量变革是主体，效率变革是主线，动力变革是基础，关键是切实、持续、务实地提高保险资产配置效率。解决好这个关键问题，我们才能在保持一定增长速度的同时，开创质量效益明显提高、稳定性和可持续性明显增强的发展新局面。

（三）增强保险竞争力、创新力、抗风险能力

在一个不稳定不确定的世界中谋求中国保险业的发展，必须坚持新发展理念，在增强保险竞争力、创新力、抗风险能力上下功夫，推动保险业高质量发展迈出更大步伐。要把"保险业的经济减震器和社会稳定器功能"做实做优做强，把建设"保险强国"作为主攻方向，探索中国特色保险业发展之路，做好科技保险、绿色保险、普惠保险、养老保险、数字保险等"大文章"，形成更多新的增长点、增长极。要大力推进保险风险治理创新及其他各方面创新，加快建设风险交易平台，培育新形势下我国保险业参与国际合作和竞争新优势。要充分发挥中国保险市场规模优势，把满足国内保险需求作为发展的出发点和落脚点，加快构建完整的中国保险市场体系，打造对接全球风险分散的国际再保险分入业务统一大市场，为我国保险业发展增添动力。

面对深刻变化的外部环境，保持战略定力，增强必胜信心，集中力量办好自己的事情，是中国保险应对各种风险挑战的关键。坚定不移推动保险业高质量发展，以供给侧结构性改革为主线，着力加快建设科技保险、绿色保险、普

读懂未来中国保险
>>> 从保险大国到保险强国

惠保险、养老保险、数字保险协同发展的保险产业体系，着力构建保险市场机制有效、保险市场主体有活力、保险宏观审慎监管和微观审慎监管有效的体制，着力打造未来发展新优势，我们就一定能推动中国保险行得更稳、走得更好，在新时代新征程上创造更大的新奇迹。

身临其境，方能看清中国保险

一、身临其境

党的十八大以来，中国金融业实现了跨越式发展，建成了全球最大的银行体系以及第二大保险、股票和债券市场，普惠金融、绿色金融等也走在世界前列。

2022年10月16日，习近平总书记在中国共产党第二十次全国代表大会上的报告《高举中国特色社会主义伟大旗帜　为全面建设社会主义现代化国家而团结奋斗》（以下简称党的二十大报告）指出："全面建成社会主义现代化强国，总的战略安排是分两步走：从二〇二〇年到二〇三五年基本实现社会主义现代化；从二〇三五年到本世纪中叶把我国建成富强民主文明和谐美丽的社会主义现代化强国。"可以预见，随着党的二十大报告提出的发展目标逐步实现，保险将进一步融入人们生产生活的方方面面，成为保障人民群众美好生活的重要制度安排。为此，保险作为风险管理者、风险承担者和投资者的统一体，要厘清保险与人民、保险与国家、保险与人类的关系；要梳理保险与中国观、保险与全球风险观、保险与新世界观的关系。

2023年10月30—31日，中央金融工作会议在北京举行，对今后一个时期的金融工作做出全面部署，会议指出："金融是国民经济的血脉，是国家核心竞争力的重要组成部分，要加快建设金融强国，全面加强金融监管，完善金融体制，优化金融服务，防范化解风险，坚定不移走中国特色金融发展之路，推动我国金融高质量发展，为以中国式现代化全面推进强国建设、民族复兴伟业提供有力支撑。"中央金融工作会议的召开，将保险工作上升到更高战略高度，释放了我国保险事业未来发展方向的重要信号。11月8日，在2023金融街论坛年会上，金融监管总局局长李云泽表示："保险业发展潜力巨大……将进一步释放行业发展'红利'。"

金融是国民经济的血脉，是国家核心竞争力的重要组成部分。在世界格局发展演变的十字路口，中央金融工作会议谋篇布局，提出加快建设金融强国（保险强国）目标，推进金融高质量发展，顺应了时代之需。

中国保险业要贯彻落实党的二十大、中央金融工作会议精神，要善于运用习近平新时代中国特色社会主义思想观察时代、把握时代、引领时代……要善于运用这一思想防范化解重大风险，增强忧患意识，坚持底线思维，居安思危、未雨绸缪，时刻保持箭在弦上的备战姿态，下好先手棋，打好主动仗，对各种风险见之于未萌、化之于未发，坚决防范各种风险失控蔓延，坚决防范系统性风险。

身临其境，才能立足中国国情、紧扣时代脉搏；才能谋篇布局，加快建设保险强国步伐；才能实干笃行，不断开创保险业发展新局面。

身临其境，万马雷声从地涌，我们要敏锐把握新时代新征程中国保险业发展的战略机遇；身临其境，新晴尽放峰峦出，我们要不断做大做强中国保险业；身临其境，如椽巨笔著华章，我们要推动中国保险业更好服务和融入新发展格局。

二、身临其境，方能看清中国保险

中国保险增长态势如何？保险业前景如何？监管政策风向是什么？中国保险存在发展之谜，又该如何破解"中国保险业发展之谜"？越是中国保险陷入最危险的边缘，越需要洞察中国保险的本质。

"中国保险业发展之谜"，经过 40 多年发展，中国保险业总资产规模已接近 30 万亿元，2023 年保费收入也接近 5 万亿元，但保险市场本身没有什么成长性，没有"厚度"，没有竞争力，功能和产品还停留在 20 年前。保险作为风险管理者、风险承担者和投资者（资产管理者、投资者或财富管理者）的统一体，其市场本质上是风险管理市场和财富管理市场，如果不能正视金融一体化和风险一体化，其发展是不可能持续下去的。

回顾全球保险市场成长的历史，之所以生生不息、富有生命力，一定有其内在原因。如果仅仅是一个风险管理市场，或者仅仅是一个财富管理市场，保险市场都是不会成长的。因为风险管理市场和财富管理市场二者之间是相互促进的关系，我们过去一直忽视或误解了二者之间的内在联系及社会时空关系。风险管理市场的成熟需要财富管理市场的效率，财富管理市场的发展需要风险管理市场的效力。如果我们不能正视保险市场的本质，中国保险是没有成长性的，只是风险管理市场或只是财富管理市场，其发展怎么可能持续下去呢？

如何破解"中国保险业发展之谜"？身临其境，处在百年变局中的中国保险面临三大任务：一是中国保险必须进行市场化改革，完善主体机制；二是中国保险必须推动结构性改革，完成功能转型；三是中国保险必须推进国际化，建设现代保险。如此，保险市场主体、保险投资者（资本）、保险企业家和保险消费者才有信心，信心缺乏则中国保险就好不起来。

身临其境，中央金融工作会议吹响了保险改革发展新号角，中国保险面临的三大任务有了指引和遵循。身临其境，一幅中国保险高质量发展的恢宏图卷正在中华大地上加速铺展开来。

春暖鱼龙化蛰雷，满林春笋生无数。我国保险业历经 40 余年的发展，市场主体不断丰富，市场规模显著扩容，发展水平持续提升。截至 2022 年末，保

读懂未来中国保险

>>> 从保险大国到保险强国

险业共有法人机构 237 家，总资产 27.15 万亿元，提供保险金额 13678.65 万亿元，保险资金通过多种方式为实体经济融资超过 20 万亿元，已经连续 4 年保持全球第二大保险市场地位。2022 年，保险业实现保费收入 4.70 万亿元，赔付支出 1.55 万亿元，较好地发挥了保险保障的功能作用。

造物鼎新开画图，万瀑齐飞又一奇。党的十八大以来，我国金融改革发展取得新的重大成就，金融业保持快速发展，金融产品日益丰富，金融服务普惠性增强，金融改革有序推进，金融体系不断完善，人民币国际化和金融双向开放取得新进展，金融监管得到改进，守住不发生系统性金融风险底线的能力增强。"革，去故也；鼎，取新也。"中国保险业要以"鼎新"带动"革故"，以增量带动存量，促进中国保险业实现高质量发展，推动中国保险从保险大国迈向保险强国。

翼举长云之纵横，晴山沓兮万里新。面向新时代新征程，中国保险业要更加紧密地团结在以习近平同志为核心的党中央周围，认真学习贯彻习近平新时代中国特色社会主义思想，深刻领悟"两个确立"的决定性意义，增强"四个意识"、坚定"四个自信"、做到"两个维护"，弘扬伟大建党精神，自信自强、守正创新，踔厉奋发、勇毅前行，以走好中国特色保险业发展之路的实际行动、高质量发展的优异成绩，奋力谱写保险服务中国式现代化伟大事业新篇章！

身临其境，中国保险历史的画卷，在时不我待的砥砺中铺展；身临其境，中国保险精彩的华章，在只争朝夕的实干中书写。风劲潮涌，自当扬帆破浪。中国保险，正挥动着如椽巨笔，以洪荒之力，在高质量发展的蓝图上，不断续写优异的"保险答卷"，努力建设"保险强国"……在时间的刻度上留下了浓墨重彩的华章。

第二篇

置身事内，理解中国保险

不识庐山真面目，只缘身在此山中。

——苏轼

我并不假装理解宇宙——它比我大多了。

——阿尔伯特·爱因斯坦

读懂未来中国保险
>>> 从保险大国到保险强国

40年多来,中国从只有一家保险机构开始,改革和发展出一个全新的保险体系,这个保险体系的重要特征是规模很大、管制较多、监管很弱。中国特色保险业发展之路是一条前无古人的开创之路,既遵循现代保险业发展的客观规律,更具有适合自身国情的鲜明特色,中国的保险体系未来是什么样子,现在是一个很大的问号。

纵观500年以来的大国兴衰史,大国发展的进程一定程度上能浓缩为"金融强国史"。货币兴,则国兴;金融强,则国强。从荷兰到英国再到现在的美国,金融一直扮演着现代世界强国进程中"实力助推机""冲突缓冲垫""资源整合器"的角色。当前,中国已是全球金融大国、保险大国,但仍算不上是全球金融强国、保险强国。

一部新中国金融史,也是一部新中国的社会与经济发展史。在70多年的历史中,新中国前进的每一步,都有金融力量在背后强助攻。保险作为金融体系的重要组成部分,中国保险业可以"跳出保险做保险",但不能"跳出金融做保险",更不能"跳出经济做保险",亦不能"跳出政府做保险"。正如《置身事内:中国政府与经济发展》一书指出,"读懂中国经济,必须读懂中国政府",同样,读懂中国保险,必须读懂中国金融、读懂中国经济、读懂中国政府。

中国经济与政府之间的特殊逻辑、中国金融与经济之间的密切联系、中国保险与金融之间的强弱格局……这些都是影响未来中国保险走向的重要变量——是危机倒逼重启市场化的保险改革,还是重回"激情燃烧的岁月",把曾经走过的弯路再走一遍?这些都要求我们必须置身其中、置身事内,洞察中国保险的变迁和走势,方能"柳暗花明又一村";置身其中、置身事内,寻找中国保险的优势和发展动力,方能"直挂云帆济沧海"。

我们的头脑总是在回顾过去、在构思未来,却很少安心于现在。但对于中国保险而言,"做好当下"或者说"置身事内"是唯一正确的发展路径!过去已经消失,我们拥有的只是记忆;未来还没有来到,我们拥有的只是想象。

如何理解中国保险？

一、引言

《读懂中国保险》一书指出，如果我们囿于利益而不敢在思想观念上有所突破，中国保险业的变革与发展就不可能破冰前行。正是在这个意义上，当今中国保险业仍然处于一个需要思想创新、观念突破的时代。该书尝试帮助保险人激发好奇心、开拓新视野、启发独立思考、加深对中国与世界保险的理解，成为催生思想观念创新的重要工具。

长期以来，"保费收入"是中国保险政策的重要目标和政策制定时锚定的最重要的经济变量。然而，保费收入难以衡量增长质量和风险保障效率，忽略负的外部性问题，无法反映一个国家保险业的整体实力（包括风险治理能力、价值创造能力和资源配置能力）、保险制度和保险监管的优势性、市场行为监管的适当性、偿付能力监管的科学性、公司治理监管的严谨性以及满足人民群众对美好生活需求的能力。

随着中国经济从高速增长阶段转向中高速增长阶段，保持5%左右的经济增速成为我国规划经济工作和制定宏观政策时更常去锚定的目标。"中国经济奇迹终结了吗？"已成为全球关注的重要问题，但是中国保险业好像对此视而不见，仍困在自己造的城堡中，仍天真地认为自己可以独善其身、可以置身事外。

2023年，中国保险业虽然取得了"保费收入"经济变量的增长，但是关于中国保险业前景的讨论，悲观情绪却逐渐产生并开始弥漫于保险人之中。为什么呢？因为我们没有"置身事内"。为此，笔者将从"如何理解中国经济、中国金融、中国保险"的角度出发来探讨中国保险业的今天和明天，尝试回答"中国保险业风险出清了吗""中国保险奇迹终结了吗""中国保险还有希望吗"等问题。

二、如何理解中国保险

历史车轮再次转动，世界经济衰退已成必然，全球走向动荡和战争……全球经济可能面临通胀压力更加持久、金融困境在全球范围内扩大以及更大的地缘经济和金融分裂等风险。这些正在加剧中国金融市场和保险市场的动荡。在此背景下，除了《读懂中国保险》一书所探讨的"读懂中国经济、读懂中国金融、读懂中国保险"之外，还要学会"如何理解中国保险"，即"读懂未来中国经济、读懂未来中国金融、读懂未来中国保险"，这些成为解决保险业发展关键问题、找准保险新增长点、实现保险业发展目标的首要任务。

"如何理解中国保险"，我们需要把"中国保险"置于"中国经济、中国金融"之中，置于"世界经济、世界保险"之中，我们需要以国家保险整体价值（National Insurance Complete Value，NICV）而不是"保费收入"作为保险政策锚定的宏观指标并构建相应的政策空间变量。[①]

"如何理解中国保险"，我们需要了解中国保险业的风险累积和风险出清。2017年第五次全国金融工作会议之后，中国保险业存在的问题开始出清，从经济周期和保险业资产负债情况来看，中国保险业的存量风险要得到完全化解至少需要10年，即可能会持续到2030年甚至2035年（具体论述见《读懂中国保险》）。在这个过程中我们会看到监管政策进一步收紧，"监管套利"空间进

---

① 北京大学光华管理学院刘俏教授及其合作者提出了"国家整体价值"（CV）的概念，并计算出一个国家实施积极财政政策的空间。

一步收缩，保险监管部门将会严格控制"外生变量"，保险公司需要通过"内生变量"寻求变革与发展。

"如何理解中国保险"，我们需要探明"金融与好的社会"及"保险与好的社会"、"金融创新的真相"及"保险创新的真相"；我们还需要了解"保险的常识"，保险业是建立在常识基础上的，所有保险学理论都应该可以还原到常识；我们更需要直面保险业所面临的问题，我们要有"如果不能说真话，我情愿闭嘴"的勇气和态度。

"如何理解中国保险"，我们需要明白"大象难以隐身树后"，我们要客观地分析和研究中国保险业的问题，我们必须以更加积极的心态和姿态应对中国保险业的挑战。

保险的常识：中国保险的"变与不变"

一、保险的常识

姚洋所著的《经济的常识》指出："经济学是建立在常识基础上的，所有经济学理论都可以还原到常识。"同样，保险业是建立在保险常识基础上的，所有保险学理论都可以还原到常识，所有的保险实践（保险业的变革与发展）也应该可以还原到保险常识。

保险常识，即"保险的常识"，指国民（消费者）、保险业（保险机构）、国家（各级政府）如何合理地配置和利用有限的资源来实现保险风险治理、价值创造和资源配置职能的最大化。因此，保险常识是一个经济学问题，包括研究资源配置的微观经济学与研究资源利用的宏观经济学。

从微观经济学的角度来看，保险的常识要遵循经济学的基本原理，如格里高利·曼昆（Gregory Mankiw）在《经济学原理》（Principles of Economics）中提出的"经济学十大原理"（Ten Principles of Economics）：

（1）人们面临权衡取舍（People face trade-offs）；

（2）某种东西的成本是为了得到它而放弃的东西（The cost of something is what you give up to get it）；

（3）理性人考虑边际量（Rational people think at margin）；

（4）人们会对激励做出反应（People respond to incentives）；

（5）贸易能使每个人状况更好（Trade can make everyone better off）；

（6）市场通常是组织经济活动的一种好方法（Markets are usually a good way to organize economic activities）；

（7）政府有时可以改善市场结果（Governments can sometimes improve market outcomes）；

（8）一国的生活水平取决于它生产物品与劳务的能力（A country's standard of living depends on its ability to produce goods and services）；

（9）当政府发行了过多货币时，物价上升（Prices rise when the government prints too much money）；

（10）社会面临通货膨胀与失业之间的短期交替局面（Society faces short-run trade-off between inflation and unemployment）。

其中（1）~（4）是关于"人们如何做出决策"——做与不做，该如何定夺？（5）~（7）是关于"人们如何相互交易"——人们是如何你来我往的？（8）~（10）是关于"整体经济如何运行"——经济是如何运转的？先从讨论个人如何做出决策开始，然后考察人们如何相互交易，所有决策和相互交易共同组成了"经济"，最后探讨了整体经济的运行。

从宏观经济学的角度来看，保险的常识就是要把保险置身于经济体系之中，要基于宏观经济学的主要指标（包括 GDP、PMI、固定资产投资、消费品零售总额、进出口总额、CPI、PPI、M2、利率、存贷款基准利率、存款准备金、汇率等）用实证方法和规范方法来分析研究保险问题。

当前，全球经济持续震荡，旧体系已被打破，新格局尚未形成。面对国内外的多元化态势，我们要回归到保险的常识，从中国当前的外部环境和内部变量角度切入，运用经济学原理、政治经济学、发展经济学等知识，结合对中国保险的观察、研究与实践，将经济理论与中国保险现实问题相统一，揭示中国保险经营活动中蕴含的保险常识。

二、保险的"不变"

《保险的底层逻辑未变,但时代已变》一文指出,保险作为风险管理者、风险承担者和投资者的统一体,其逻辑在于风险管理、风险承担和资产管理之间的演变与平衡。保险,可以降低社会资源配置成本、提升社会资源配置效率,实现社会(特别是风险社会)的帕累托最优。

保险的"不变"是相对的,因为"时代已变",因此我们需要为中国保险业加上"时间轴",需要从历史、现实和时代三重逻辑角度理解保险变革(详见《如何从历史、现实和时代三重逻辑角度理解保险变革?》一文)。

从历史、现实和时代三重逻辑角度理解保险变革,除了底层逻辑,还需要顶层思维。

三、保险的"变"

《保险的时代逻辑变了,一切都要变》一文指出,"时代已变"所折射的是"中国保险业的时代逻辑已变":保费收入从指数增长转为线性增长;资产情况从"量大质优"转为"量大质劣";资本情况正在从"趋之若鹜"走向"求钱若渴"。

这些要求我们对保险业的认知进行调整,虽然保险的底层逻辑未变,但需要新的顶层思维。中国保险业当前遇到的最大的挑战是自设的"陷阱",我们要从这些"陷阱"中走出。

中国保险业保费收入从指数增长转为线性增长,我们需要正视其可能产生的变化。如果保险面临的问题是指数增长,而保费收入是线性增长,则保险面临的风险将会得到放大。

保险业要实现从"量大就是好"到"质高才是优"的思维转变,要通过"加减乘除"实现保险业的高质量、可持续、自适应发展,特别是自适应发展。

现金流折现模型（DCF Model）和大数法则（Law of Large Numbers）是保险的基础，既然我们不能改变保险的底层逻辑，我们只能调低用来折现未来价值的贴现率。调低贴现率参数的取值，意味着改变对风险的偏好，相信未来是好的并对未来持坚定的乐观态度……把短期困难视为常态并过度外推，我们将失去创造历史的一种新的可能性的机会——悲观者注定失去未来。

"你不需要气象员，就该知道吹的是什么风"（You don't need a weatherman to know which way the wind blows）。面对完全不可预测的未来，每一个保险机构都会受到时代大潮和周遭环境剧烈变化所带来的冲击和裹挟。在这个充满危机和挑战的历史时刻，我们要比过往任何时候都更应该强调保险常识的价值。

保险创新的真相：中国保险的"破坏"

一、金融创新的真相

金融发展永无止境，但是金融创新真的都是好事吗？为什么金融行业竞争日趋激烈，但还能利润如此丰厚？为了解答上述问题，阿纳斯塔西娅·内斯维索娃（Anastasia Nesvetailova）和罗内·帕兰（Ronen Palan）合著的《金融创新的真相》（Sabotage: The Business of Finance）从"沃尔克悖论"破题，重温了凡勃伦提出的"破坏"概念，并通过分析金融丑闻案例提出以下观点：金融创新本质上是贪婪驱使的零和游戏，在金融大鳄赚得盆满钵满的时候，受损的是消费者（客户）、对手（行业）和政府；而当这种贪婪本质上破坏最基本的规则时，就距离下一场危机不远了。

"沃尔克悖论"指商业银行的激烈竞争和高利润率竟能并存。1997年，美国联邦储备委员会前主席保罗·沃尔克（Volcker Rule）指出，即使金融行业内竞争激烈且这种激烈程度还在加剧，但金融行业的利润却前所未有的丰厚。托斯丹·邦德·凡勃伦（Thorstein B Veblen），是美国经济学巨匠、制度经济学鼻祖。凡勃伦用"破坏"（Sabotage）这个术语描述了企业对工业的控制的性质，企业为了利润而破坏了工业，因此"破坏"被定义为"有意识地撤回效率"。

《金融创新的真相》一书的观点对金融创新的定论有些悲观，但提出的强化市场竞争、拓展监管广度，避免金融每每成为击鼓传花的游戏，避免金融风险社会化等观点颇具价值，对我国健全和完善保险监管体系和推动保险业发展有启发。

二、保险创新的真相

中国保险业的发展历程基本与中国金融体系的演变过程相一致，1949年以来都经历了三个阶段：新中国成立到改革开放前（1949—1978年）、改革开放到加入WTO（1979—2001年）和加入WTO以后（2002年至今）。2001年，当WTO向中国敞开大门时，处于"破产边缘"的保险业重焕生机。经过20多年的发展，中国却在从"保险大国"走向"保险强国"的路上迷失了方向。

2023年10月30—31日在北京举行的中央金融工作会议首次提出"金融强国"的发展目标，这也包括"保险强国"。回顾过去20多年中国保险业的发展，离不开创新的驱动，但是创新所带来的"破坏"也威力巨大。我们可以从被解散、接管、重组的保险公司中看到"保险创新"对中国保险业的影响和破坏。

（1）被解散的保险公司。国信人寿是一家2004年获得中国保监会批准筹建的民营保险公司，总部设在上海，2005年2月底拿到保监会正式开业批文，4个月后就被责令自行解散。

（2）被接管或强制重组的保险公司。截至目前，被接管的保险公司共计9家，分别为永安财产保险股份有限公司、新华人寿保险股份有限公司、中华联合保险集团股份有限公司、安邦保险集团股份有限公司重组为大家保险集团股份有限公司、华夏人寿保险股份有限公司重组为瑞众人寿保险有限责任公司、天安人寿保险股份有限公司重组为中汇人寿保险股份有限公司、易安财产保险股份有限公司重组为深圳比亚迪财产保险有限公司、恒大人寿保险股份有限公司重组为海港人寿保险股份有限公司、天安财产保险股份有限公司接管重组中。这些公司被接管后都更换了新的股东，有的保险公司还沿用原来的名字，有的则通过重组"改姓更名"重新上路。

（3）处于待接管或破产的保险公司。截至2023年6月底，有7家寿险、8家财险偿付能力不达标，其中部分公司处于待接管或破产边缘。

永安财产保险股份有限公司、新华人寿保险股份有限公司、中华联合保险集团股份有限公司重组后化解了风险，并实现了稳健发展；但是其他公司重组，我们只能说暂时缓解了风险，并未真正化解风险。因此，我们要预防重组公司的"二次破坏"，一是要避免"靠监管吃监管""靠接管吃接管"，二是要坚持"真化解而非假重组""长期重组而非短期组合"。

截至2022年底，中国多层次保险市场体系初步形成，保险法人机构237家。为什么会有这么多公司出问题？中央金融工作会议指出："金融领域各种矛盾和问题相互交织、相互影响，有的还很突出，经济金融风险隐患仍然较多，金融服务实体经济的质效不高，金融乱象和腐败问题屡禁不止，金融监管和治理能力薄弱。"对这些矛盾或问题进行深究，主要原因在于我们无视"保险的常识"，重要原因在于我们不知"保险创新的真相"。无视"保险的常识"，导致我们没有理解中国保险的变与不变；不知"保险创新的真相"，导致我们没有认清中国保险创新的"破坏"。

"保险创新的真相"，即保险体系的乱象和丑闻已验证了其所产生的"破坏"，这些"破坏"损害了消费者的利益，损害了保险业的形象。

三、保险监管的反思

中央金融工作会议指出全面加强金融监管，针对"保险创新的真相"所导致的"破坏"，建议从以下三个方面来优化保险监管：

一是强化市场竞争，打破制度壁垒。建设金融强国和保险强国，关键是破除体制机制障碍，推动保险市场由大向强转变。当前，我国保险市场正处于由大到强转变的关键阶段，但是保险市场仍存在市场准入歧视、监管规则不统一不透明等问题，为此要按照《中共中央　国务院关于加快建设全国统一大市场的意见》等，消除市场壁垒、让市场机制能够在保险业资源配置中发挥决定性作用。

二是拓展监管广度，从二元框架走向三元框架。当前，中国乃至全球的保险监管框架主要基于市场与监管的二元区分，其结果是"市场周期"和"监管周期"的错位，这直接影响了金融体系的稳定。针对当前中国保险的"破坏"，保险监管应当超越这种二元区分，并重点区分"市场"和"商业"，构建市场、商业和监管的三元框架。

三是避免金融风险社会化，牢牢守住不发生系统性金融风险的底线。2017年第五次全国金融工作会议以来，我国防范化解重大金融风险取得阶段性成果，包括保险业所产生的金融风险。但是，我们也应该清醒地看到，保险领域的金融风险隐患仍然很大，包括未重组公司的"破坏"及已重组公司的"二次破坏"，这些都将考验保险监管能力，包括保险体制机制的前瞻性、保险监管规则的透明性、市场行为监管的适当性、偿付能力监管的科学性、保险公司治理监管的严谨性……为此，保险业要贯彻落实中央金融工作会议精神，加强保险监管和保险经营干部人才队伍建设，确保"保险强国"建设工作部署落实落地。

回顾被解散、接管、重组的保险公司，我们发现每一家公司都有一种"破坏性的东西"，如法规松懈甚至缺失、股东操纵及关联交易、缺乏甚至无视保险常识、无止无休的业内渎职或"流氓"行为……当前，除了维护金融稳定性以外，更重要的是通过法规解决"破坏"问题，否则问题将永远存在。

保险与好的社会：中国保险的"价值"

一、金融与好的社会

金融是国民经济的血脉，是国家核心竞争力的重要组成部分，因此中央金融工作会议提出要加快建设"金融强国"，号召金融人（金融监管者、金融从业者、金融消费者等）通过对这个行业的重塑来创造包容性更强的金融繁荣。

从2017年的第五次全国金融工作会议到2023年的中央金融工作会议，一直在解决金融业过度膨胀、经济地位不平等，以及金融从业者有采取肮脏行为的动机等问题，甚至使用了刺激性语言来唤醒人们对金融业的理解。从"金融大国"走向"金融强国"，目的是让金融更好地融入社会、融入实体经济，为以中国式现代化全面推进强国建设、民族复兴伟业提供有力支撑，促进中国实现"好的社会"。

"好的社会"这个词已经被无数哲学家、历史学家和经济学家沿用了很久，它所描述的是一个我们都希望能够身处其中的理想社会，从定义上讲，这个理想社会应该是一个人人平等的社会，人们相互欣赏、相互尊重，所以如果用世俗的眼光评判的话，金融有悖于"好的社会"所要达成的目标。

在《金融与好的社会》（Finance and the Good Society）一书中，罗伯特·希勒（Robert J. Shiller）把金融放在社会的大背景下进行了客观性的论述，尝试回答我们关于金融的疑问：为什么社会需要金融？为什么金融离不开社会？为什么金融创新不能缺少？为什么金融家一定要追逐风险？为什么社会需要金融投机？金融家和诗人、音乐家、哲学家有什么不同？为什么公众对金融行业如此不满，这种不满的根源在哪里？透过这些问题，我们明白金融并不是社会的寄生虫，社会离不开金融，而金融也应当服务于社会，而且我们需要向上、向善、向美好的金融。

为此，中央金融工作会议指出，金融系统要切实提高政治站位，胸怀"国之大者"，强化使命担当，下决心从根本上解决这些问题，以金融高质量发展助力强国建设、民族复兴伟业。显然，通过科学的制度和技术安排，金融业可以成为国民财富的管理者，可以促进中国经济社会的可持续发展。

二、保险与好的社会

如果我们质疑金融有悖于"好的社会"所要达成的目标，同样"保险创新的真相"导致中国保险也有悖于"好的社会"所要达成的目标。保险到底能在社会良性发展（包括可持续发展、高质量发展和自适应发展）中扮演怎样的角色？

保险，无论是作为一门学科、一种行业，还是作为一种风险治理、价值创造、资源配置、价格发现的金融工具，如何帮助人们实现人的自由全面发展？保险如何才能为保障风险、促进繁荣、促成平等贡献一份力量？我们如何才能使保险民主化、普惠化，从而使保险能更好地为所有人服务？

过去 20 多年，车险、农业保险、大病保险、养老保险等基本的保险产品在民众中广泛地传播，它们共同保障了十几亿人的福祉。显然，保险与社会的联系越来越紧密，保险活动需要耗费相当多的时间和相当数量的资源，这个趋势在过去几年中变得尤为明显。2022 年，金融业增加值 96811 亿元，占 GDP 的比重为 7.8%，延续了长期的上升趋势；其中，保险业增加值在金融业中的占比约为 9%，占 GDP 的比重为 0.7%（相比之下，2000 年这个比例仅为 0.1%）。这些数值还不包括与保险相关的产业所创造的产值，如果考虑到保险业对经济增长的间接贡献,保险对经济增长的总贡献率约为 2%。

"保险创新的真相"导致当今社会中一些人对保险体系抱有敌意,笔者认为这种态度是错误的,我们不能把保险体系简单等价于保险产品,也不能等同于一些具有"破坏"作用的保险企业。面向未来,保险业要通过大大小小各种类型的创新来进一步改革保险机构并改进保险工具,进一步扩大保险覆盖的范围,从而逆转社会不公平现象加剧的趋势,促进中国实现"好的社会"。

中央金融工作会议提出"发挥保险业的经济减震器和社会稳定器功能""做好科技金融、绿色金融、普惠金融、养老金融、数字金融五篇大文章"。为此,保险可以从风险管理和资金运用两个维度上助力中国经济社会的可持续发展(如图 2-1 所示)。无论是家庭、企业还是社会,最终目的都是实现社会发展、经济增长和生态韧性,这正是"保险与好的社会"的内涵。

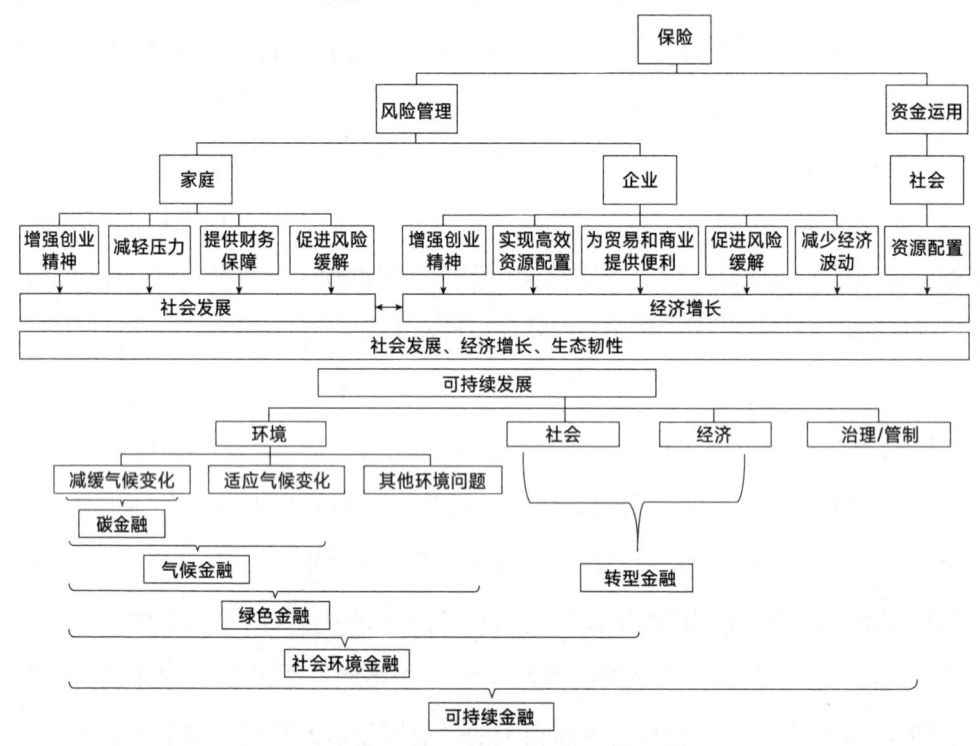

图 2-1 保险与好的社会(可持续发展视角)

实现"保险与好的社会"还需要重塑美好保险。《读懂中国保险》一书指出，美好保险，是风险保障之美、健康服务之美和财富管理之美，是风险治理之美、价值创造之美和资源配置之美，是向上（To Up）、向善（To Good）、向美好（To Better）的保险。"向上"，即向上而生，保险企业要借助新科技、打造新生态，逐步实现自我净化、自我完善、自我革新、自我提高。"向善"，即向善而为，保险企业要秉承善心善念自觉追求社会价值的实现，要以满足消费者深层次需求为归因，实现企业创新服务能力的大幅提升和改观，用心守护人民的幸福生活。"向美好"，即向美好而行，保险企业要在高质量、可持续发展中为实现人的全面发展和人民的共同富裕而精进，不断提高保险服务的可得性和便利性，切实增强人民的获得感、幸福感、安全感。

综上，身处保险和非保险金融领域的"金融人"都有一个共同的使命，那就是为了实现"金融强国"互相帮助，从而发现并了解经济体系存在的意义以及其扮演的社会角色。当然，这个使命说来容易做来难，主要有三个原因：一是现有保险体系的寡头垄断格局已经形成，保险的话语权或者说保险的力量集中在一小部分保险企业手里；二是现有保险体系结构过于复杂，除了市场经济"有形的手"，还有很多"无形的手"；三是保险企业被迫在保险体系内进行各种博弈，而博弈的结果就是损害了自身也损害了行业。

三、保险业发展的反思

保险并非"为了赚钱而赚钱"，保险的存在是为了帮助人们实现风险控制的目标，即"好的社会"的目标，从这个意义上讲，它是一门功能性的科学。如果其运行脱轨，那么保险的力量将颠覆任何试图实现目标的努力，正如从过去10年间"保险创新的真相"中看到的那些"破坏"那样。但是如果它能正常运转，保险就能帮助中国走向前所未有的繁荣，为以中国式现代化全面推进强国建设、民族复兴伟业提供有力支撑，促进中国实现"好的社会"。

保险所要服务的目标都源自民众，随着经济社会的发展，人们面临的风险从自然风险、人为风险导致的危害向经济社会变化风险（实体经济风险）导致的脆弱性、敞口延伸和放大（如图2-2所示）。

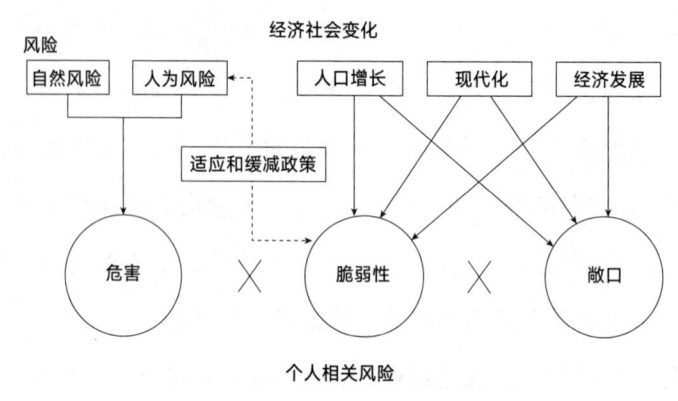

图 2-2 个人相关风险的变化

现代经济生活中的每个人都面临许多实体经济风险，例如经济增长缓慢、失业率提高、通货膨胀率升高乃至个别地区或工业部门的衰落，一个包含各种风险信息并能对这些信息进行及时处理的数据库系统构成了保险新秩序的物质基础。在这个超强数据库的帮助下，全球经济社会生活中的各种风险都可以进行交易，当然这需要创造出新型的保险工具。然后人们通过在保险市场上交易这些新型工具来分散和化解实体经济风险。

自然风险、人为风险、实体经济风险的分散和化解正是保险存在的价值，当然这离不开创新，我们不能因为"保险创新的真相"而因噎废食。中央金融工作会议指出，金融业要"努力把握新时代金融发展规律，持续推进我国金融事业实践创新、理论创新、制度创新，奋力开拓中国特色金融发展之路"。

新旧更替的过程一直都是保险创新发展史的重要特征之一，面对可能产生的"变革阵痛"，我们要有充分的思想准备。正如罗伯特·希勒在《金融与好的社会》一书中写道:"在一个没有经历过合法商人兴盛时期的国家,人们视商人为行为肮脏者的比例更高,这个发现极其重要。这说明任何一个国家想要获得发达的金融体系,它的人民必须首先经历一个过程,扭转那种被夸大的'商人都是肮脏者'的思维。"同样,"保险创新的真相"导致的"破坏"也是我们走向"保险强国"的必经之路,更是我们重新认识保险价值的历史必然。

保险与好的公司：中国保险的"模式"

一、好的保险公司

除了"保险与好的社会"，我们还关注"保险与好的公司"。截至2022年底，我国保险法人机构总数为237家，包括保险集团公司、再保险公司、寿险公司、产险公司和保险资产管理公司。这237家公司中，哪些可以称得上好的保险公司？

如何判断一家企业是不是好企业？"现代管理学之父"彼得·德鲁克在《管理：使命、责任、实务》一书中写道："判断一个企业是不是好企业，除了经济维度，还需要有一个社会维度。社会维度是有关企业存亡的一个重要维度，企业是社会和经济的产物，社会或经济可以在一夜之间就使任何企业不复存在。"

显然，"好的保险公司"除了要跨越政治周期、社会周期之外，至少还应该跨越一个"康德拉季耶夫周期"（Kondratieff Cycle），再宽松一点儿也要跨越一个"库兹涅茨周期"（Kuznets Cycle）。

一个"康德拉季耶夫周期"是50~70年，主要反映科学技术对生产力发展的影响；一个"库兹涅茨周期"是20~40年，主要反映人口因素对建筑周期和房地产周期的影响。

从中资保险公司角度来看，中国太平是中国历史最为悠久的保险公司，其历史可以追溯至1929年创立的太平水火保险公司。中国太平跨越了一个"康德拉季耶夫周期",我们只能说其符合"好的保险公司"的必要条件。中国人保成立于1949年10月20日,算是跨越了一个"康德拉季耶夫周期"。

从外资保险公司角度来看,安盛保险最早于1816年在法国成立,历史超过200年,是《财富》世界500强中历史最悠久的保险公司。安盛保险跨越了三个"康德拉季耶夫周期",我们可以说其是一家"好的保险公司"。

另外,《财富》世界500强中历史最悠久的中国企业是招商局,其创立于1872年;《财富》世界500强中历史最悠久的中国金融企业是交通银行,其始建于1908年。这些公司都跨越了至少一个"康德拉季耶夫周期",我们可以说其是"好的企业"。

除此之外,中国再保险、中国人寿、中国平安、中国太平洋、中国出口信用、泰康保险、新华保险、阳光保险等其他保险公司都未跨越一个"库兹涅茨周期",更未跨越一个"康德拉季耶夫周期",我们还不能说其是"好的保险公司"。

二、好的保险公司的基本条件

任泽平、曹志楠合著的《金融模式》一书,通过研究高盛、罗斯柴尔德、瑞银、贝莱德、黑石、伯克希尔、中国平安、泰康保险、复星以及安邦、明天系、华信系等国内外大型金融机构发现,虽然所处行业、发展战略、商业模式各异,但其成败有三点至关重要:第一,时代机遇,抓住时代发展机遇是大型金融机构崛起的前提;第二,商业秘诀,找到源源不断地产生正向现金流的商业模式,是稳坐金融业头部位置的关键;第三,基业长青,能否秉承创始初心、传承公司基因文化,并不断保持创新和拼搏进取精神,施以有效的公司治理,是公司有效传承并基业长青的保障。因此,要成就一家"好的保险公司",需要把握三大重点:时代机遇、商业秘诀和基业长青。

（1)"好的保险公司"的前提是把握时代机遇。每个行业、每个企业、每个人最终都是时代的产物，保险业受经济趋势和国家政策影响较大。当今的保险巨头，无一不是抓住了中国崛起或保险业趋势的历史性机遇，在承担国家使命的同时，成就了伟业。而后起之秀，也是把握住了细分赛道的机遇、打造了自身优势护城河。反观被时代遗落的昔日巨头，因故步自封而丧失了创新和拼搏精神。时代机遇用好了就是成功良机，错失时代机遇发展就会困难重重。

（2)"好的保险公司"的基础是掌握商业秘诀。金融（保险）巨子成功的关键是找到符合自身优势且源源不断地产生正向现金流的商业模式。商业模式纷繁复杂，但万变不离其宗，现金流是解锁商业密码的钥匙。商业模式是否可持续，归根结底要看现金流能否覆盖支出和成本。"好的保险公司"，其保险经营活动自身可以产生源源不断的正向现金流，维持自身运转并持续创造利润，对资产负债的错配或股东输血依赖程度较低。反观"坏的保险公司"，有的靠股东输血，有的靠保费高速增长掩盖风险甚至采用庞氏骗局，有的靠炒概念幻想弯道超车，有的靠关联交易控制保险机构并将其作为"提款机"，还有的靠保费腾挪虚假入资，这些公司褪去华丽外衣后，现金流根本无法做到一一匹配和覆盖，"保险创新的真相"暴露无遗。

（3)"好的保险公司"的关键是铸就基业长青。《基业长青》一书研究了一批企业如何应对世界发生急剧变化（两次世界大战、大萧条、革命性的科技、文化动荡等）而依然基业长青，主要经验可以概括为：做造钟师，也就是做建筑师，不要做报时人；拥护兼容并蓄的融合法；保存核心，刺激进步。这三点成功经验之间有着内在的逻辑联系，"造钟"的原理，即企业制度和文化的设计思想，就是企业的核心理念，企业要使"钟"持续地自动运转，就必须坚守自己的核心理念，而为了适应不断变化的市场环境，企业必须进行各种创新，不断进步，这就是"保存核心，刺激进步"。

三、好的保险公司的根本条件

"好的保险公司"的基本条件是把握时代机遇、掌握商业秘诀和铸就基业长青，这些离不开机制、治理、创新等要素，但其根本条件是企业家或企业家精神。

"好的保险公司都没有更换董事长"，这也许是一句玩笑，但却是中国保险公司最缺少的要素——企业家和企业家精神。从中国平安的马明哲、泰康保险的陈东升、阳光保险的张维功、华泰保险的王梓木……我们可以看到企业家是主角，企业家精神是保险未来之光。

企业家，其概念是法国经济学家理查德·坎蒂隆（Richard Cantillon）于1800年提出的，即"企业家使经济资源的效率由低转高"；企业家精神，则是企业家特殊技能（包括精神和技巧）的集合，或者说是指企业家组织建立和经营管理企业的综合才能的表述方式，是一种重要而特殊的无形生产要素。在英文术语中，企业家（Entrepreneur）和企业家精神（Entrepreneurship）常常互换，因此我们谈论企业家时更多的是谈论企业家精神，在谈论企业家精神时更多的是谈论企业家。

何谓企业家精神？要真正理解企业家精神是什么，必须理解企业家精神不是什么，张维迎在《重新理解企业家精神》中提出三点：企业家决策不是科学决策，不是基于数据和计算，而是基于想象力和判断；不是在满足约束条件下求解，而是改变约束条件，把不可能变成可能；企业家不以利润为唯一目标，企业家有超越利润的目标。

何谓企业家精神？彼得·德鲁克承继并发扬了约瑟夫·熊彼特（Joseph Alois Schumpeter）的观点，提出企业家精神中最主要的是创新，进而把企业家的领导能力与管理等同起来，认为"企业管理的核心内容，是企业家在经济上的冒险行为，企业就是企业家工作的组织"。

何谓企业家精神？中国企业家宁高宁曾言："我是国有资本的放牛娃。牛不是我的，是国家的，我就是放牛的，如何放好要听上级领导指示，从来没想过自己是牛的主人，从来没想过自己成为股权的持有者。"企业家精神不只存在于民营保险公司，也应存在于国有保险公司。2017年9月，《中共中央　国务院关于营造企业家健康成长环境弘扬优秀企业家精神更好发挥企业家作用的意见》发布，首次将企业家精神和企业家权益写入国家政策法规；2021年9月，中国共产党人精神谱系第一批伟大精神发布，企业家精神被纳入。

何谓企业家精神？企业家精神包括创新、冒险、合作、敬业、学习、执着、诚信等，其中创新是企业家精神的灵魂，冒险是企业家精神的天性，合作是企业家精神的精华，敬业是企业家精神的动力，学习是企业家精神的关键，执着是企业家精神的本色，诚信是企业家精神的基石。

好的保险公司的根本条件是企业家或企业家精神，我们首先需要找到"保险企业家"。在《保险公司高管应当具备的关键特质》一文中，笔者指出保险公司高管应该具备六项关键特质：激情、智识、领导力、长期主义、独立思考、利益一致。

好的保险公司的根本条件是企业家或企业家精神，我们还需要理解"保险企业家精神"。理解了企业家精神，我们就理解了中国保险；理解了企业家精神，我们就理解了中国保险的"市场失灵"；理解了企业家精神，我们就知道了中国保险的关键是营造企业家精神赖以发挥作用的保险市场环境，而不是监管部门给保险企业家出主意，更不是通过保险监管来抑制和扭曲保险业的发展。

大象难以隐身树后：中国保险的"环境"

一、大象难以隐身树后

"大象难以隐身树后"（周其仁），就是说中国的经济规模已经很大，影响力摆在那里，对外想继续"韬光养晦"已经做不到了。这时候，就必须站到前台来。因此，我们必须以一种更加积极的心态和姿态，来应对国际挑战。

同样，"大象难以隐身树后"也适用于中国金融业的发展，我们也需要适时调整金融业的发展战略。2023年10月30—31日在北京举行的中央金融工作会议首次提出建设"金融强国"，进一步完善了党的二十大报告所提出的建设"教育强国、科技强国、人才强国、文化强国、体育强国、健康中国"的社会主义现代化强国目标。

2001年12月，当WTO向中国敞开大门时，占据了金融业资产规模半壁江山的银行业，由于资本充足率严重不足，被国际社会描述为"濒临破产"；同样，保险业、证券业好像也处于"破产的边缘"。

彼时的金融业，好像成为经济社会发展的"包袱"，让我们把目光投向2022年。2022年末，我国金融业机构总资产为419.64万亿元，是GDP（121.02万亿元）的3.47倍；金融业增加值为9.69万亿元，占GDP的8.0%。从对经济增长贡献角度来看（如图2-3所示），在过去20多年，中国金融追赶得非常快，不少指标已超过美国及其他发达金融大国的水平。

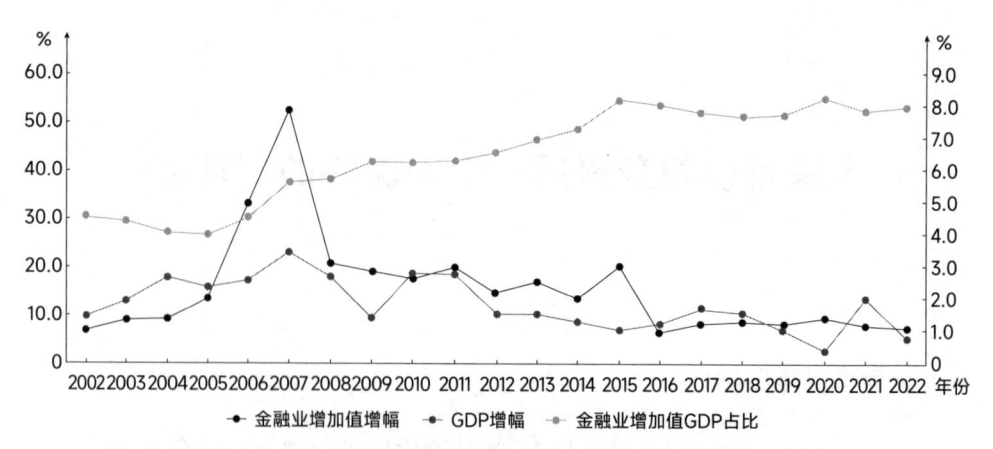

图 2-3　2002—2022 年中国金融业增加值增幅与 GDP 增幅对比

此时的金融业，俨然成为中国经济社会发展的"引擎"。之所以会产生这样的变化，是因为金融业已从隐身树后的"小绵羊"成长为难以隐身树后的"大象"，金融工作会议也从"全国金融工作会议"升格为"中央金融工作会议"（如表 2-1 所示），加强了党对金融工作的统一领导，明确了中央事权。

表 2-1　历届金融工作会议要点

时间	历届会议召开时的经济背景	主要目标和政策重心
1997 年 11 月	国有银行不良贷款率高；亚洲金融危机爆发	设立中共中央金融工作委员会；加快国有银行市场化改革；强调分业监管，成立证监会、保监会
2002 年 2 月	中国逐步从亚洲金融危机中复苏，2001 年加入 WTO；农村信用社与农行脱离行政隶属关系	进一步加大金融对经济结构调整和经济发展的支持力度；加强金融监管，防范金融风险，保持金融稳定
2007 年 1 月	经济和金融部门快速发展，进一步融入全球贸易，外汇储备迅速积累	加大对中小企业、自主创新、社会事业和欠发达地区的金融支持力度；加强和改进监督，防范风险隐患
2012 年 1 月	成功应对国际金融危机冲击，但流动性过剩、资金脱实向虚	有效解决实体经济融资难、融资贵问题，坚决抑制社会资本脱实向虚、以钱炒钱。切实防范系统性金融风险和地方政府性债务风险

续表

时间	历届会议召开时的经济背景	主要目标和政策重心
2017年7月	经济发展方式转型，进入"新常态"；资产价格泡沫和债务令人担忧	明确了服务实体经济、防控金融风险、深化金融改革三项任务；成立国务院金融稳定发展委员会、中国银保监会
2023年10月	经济复苏基础不牢，经济实体有效融资需求不足，地方隐性债务、房地产风险、中小企业等结构性问题突出	坚持把防控风险作为金融工作的永恒主题，加快建设金融强国，推进金融高质量发展，深化金融供给侧结构性改革，全面加强监管、防范化解风险

中央金融工作会议强调："深刻把握金融工作的政治性、人民性，以加快建设金融强国为目标，以推进金融高质量发展为主题，以深化金融供给侧结构性改革为主线，以金融队伍的纯洁性、专业性、战斗力为重要支撑，以全面加强监管、防范化解风险为重点。"这指明了金融业未来一段时间的主要工作是化险、发展和监管并重。

二、保险成长为"大象"了吗？

大象因为无法藏到小树的后面，就是高调了吗？2016年，保险业被怒斥为"野蛮人""害人精""妖精"，接着各种打压接踵而至。保险人的反思意识很强，提出了"保险业姓保、监管姓监"的行业发展总基调和监管总方针。

应当说，喜欢反思不是坏事，低调也是保险战略考量的一个重要思考方向。与此同时，我们必须搞清楚一个基本的事实：迄今为止，中国保险是一个高调的行业吗？平心而论，我们不是。

举个简单的例子，中国保险行业协会发布的《2022中国保险业社会责任报告》用翔实的数据及800余个案例，全面、详细地展示了2022年保险业践行社会责任，以保险保障之力推动经济社会高质量发展的生动实践，包括"服务国家战略，推动实体经济高质量发展""保障民生安康，参与社会治理现代化建设""发展普惠金融，助力全社会共同富裕""践行'双碳'战略，推动绿色金融发展""加强公司治理，筑牢金融安全网""提升服务水平，做有温度的保险""推动对外开放，营造互利共赢的国际环境"。

显然，保险作为风险管理者、风险承担者和投资者的统一体，已自发地融入中国式现代化建设，已自觉地发挥风险治理、价值创造、资源配置、价格发现职能以服务国家经济社会发展。这一切都是因为中国保险已从隐身树后的"小绵羊"成长为难以隐身树后的"小象"，虽然还没有成长为"大象"，但也已成为"象群"中的一员。

相关数据显示，2022年末，我国金融业机构总资产为419.64万亿元，其中银行业机构总资产占比90.4%，证券业机构总资产占比3.1%，保险业机构总资产占比6.5%。从2001年中国加入WTO之后，保险业取得了快速发展，总资产占比从2002年的2.6%提升到2022年的6.5%（如图2-4所示），已成为金融业的重要一极。

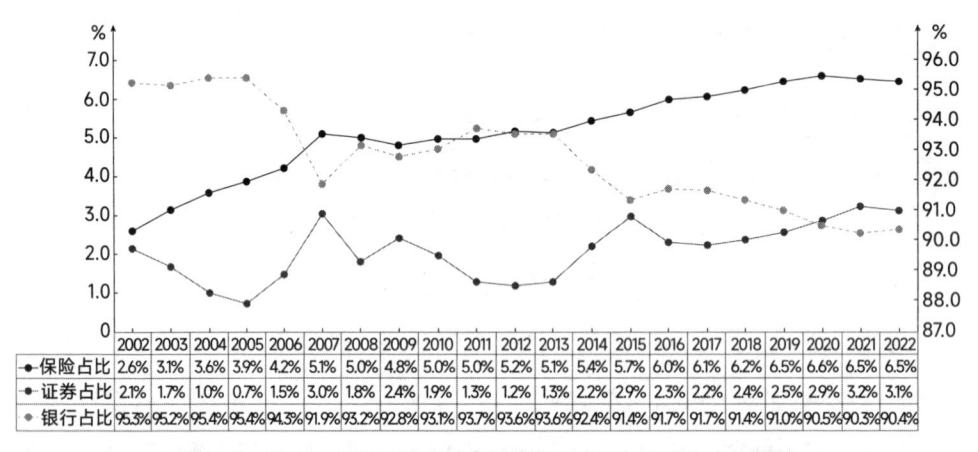

	2002	2003	2004	2005	2006	2007	2008	2009	2010	2011	2012	2013	2014	2015	2016	2017	2018	2019	2020	2021	2022
保险占比	2.6%	3.1%	3.6%	3.9%	4.2%	5.1%	5.0%	4.8%	5.0%	5.0%	5.2%	5.1%	5.4%	5.7%	6.0%	6.1%	6.2%	6.5%	6.6%	6.5%	6.5%
证券占比	2.1%	1.7%	1.0%	0.7%	1.5%	3.0%	1.8%	2.4%	1.9%	1.3%	1.2%	1.3%	2.2%	2.9%	2.3%	2.2%	2.4%	2.5%	2.9%	3.2%	3.1%
银行占比	95.3%	95.2%	95.4%	95.4%	94.3%	91.9%	93.2%	92.8%	93.1%	93.7%	93.6%	93.6%	92.4%	91.4%	91.7%	91.7%	91.4%	91.0%	90.5%	90.3%	90.4%

图2-4　2002—2022年中国金融业各业态历年总资产占比情况

中国保险，过去是一只"小绵羊"，躲在树后没问题，现在是一头未成年的"小象"，树已经挡不住我们了，再"韬光养晦"已不可能。因此，中国保险一定要顺势而为、积极作为，重构保险新秩序的物质基础、理论内涵和实践模式，并让这个新秩序逐步成为新的国际秩序。当然，在这个过程中，我们要改变心态，践行长期主义价值观，要做好牺牲当前利益的准备，谋求新秩序规则壁垒成为维护保险自身优势和市场地位的一条必由之路。

"金融强国"，对于保险业来说其直接意义在于提高了保险定位，打开了政策空间。为此，中国保险业没有必要继续躲在树后了，要适时调整自己的生存法则。中国保险的"小绵羊时代"已经结束，不再是"狼来了"的问题，而是"大象时代"的"动物精神"问题。

乔治·阿克洛夫（George A. Akedof）和罗伯特·希勒合著的《动物精神：人类心理如何推动经济发展以及对全球资本主义的影响》（Animal Spirits: How Human Psychology Drives the Economy, and Why It Matters for Global Capitalism）深入浅出地讲述了全球金融危机的根源在于一种"动物精神"，即人类经济决策的非理性。动物精神（Animal Spirits），是著名经济学家约翰·梅纳德·凯恩斯（John Maynard Keynes）提出的一个概念，其实就是人的动物性，指导致经济动荡不安和反复无常的元素，用来描述人类与模糊性或不确定性之间的关系。动物精神对中国保险的影响，主要体现在保险人的各项经济决策会受到信心、公平、腐败和欺诈、货币幻觉和故事的影响。

信心——最重要的动物精神元素，而这正是当前中国保险业最缺少的元素，整个行业弥漫着一种悲观情绪。因此，从国家层面乃至保险监管部门来说，迫切需要给保险业释放明确的信号，重振保险业的信心。

公平，放到保险环境中就是监管规则的一致性，关键是消除市场壁垒、让市场机制能够在保险业资源配置中发挥决定性作用。

腐败和欺诈，是保险环境中的阴暗面，前期暴露的"靠保险吃保险""靠监管吃监管"等问题让整个社会对保险失去了信心。

货币幻觉，是通货膨胀背景下人们对货币价值的认知，这直接影响了保险的底层逻辑（现金流折现模型、大数法则）中的现金流折现模型。

故事，是消费者行动的参照物。对于一个国家来说，需要一个好的故事，引导人们树立正确的价值观；对于一个行业来说，也需要一个好的保险故事，一是引导保险公司走上正轨，二是引导资本流入保险业，三是引导消费者理性认知保险。

中国保险从"小绵羊时代"走向"大象时代"，其生存法则也需要随之变化，需要发扬融合信心、公平、腐败和欺诈、货币幻觉、故事等元素的"动物精神"。

三、保险的"象群"的生存之路

从隐身树后的"小绵羊"成长为难以隐身树后的"小象"，保险业要摒弃"羊群效应"（Herd Effect），思考"象群"的生存之路。

"羊群效应"原指动物成群地进行迁徙、觅食等活动的一种现象；延伸至人类领域，羊群效应是指在一个群体内不需要中心化协调，仅仅通过学习和模仿，个体之间观念或行为表现出的一致性程度，而跟从大众的思想或行为，也被称为"从众行为"。学巴菲特、学平安、学阳光、学众安……这些都是保险业曾经的"从众行为"，显然"羊群效应"没有拯救中国保险，反而对中国保险产生了巨大的"破坏"，比如非寿险投资型产品的无序扩展、保证保险的诈骗陷阱、"保险+地产"的疯狂套利……这些已经成为过去时，我们需要直面未来。

大象是地球上最大的陆地动物，其庞大的身躯和强大的感知能力使它成为草原和森林中的霸主。然而，大象的生存面临着种种挑战，包括狩猎、环境破坏和气候变化等。为了应对这些挑战，大象形成了一套独特的生存法则，包括懂得保护自己的群体、适应不同的生态环境、善于利用自己的生理特征来生存、智慧和长期记忆等，可以概括为团结（利益一致）、自适应（Self-adaptive）、智慧和长期记忆（长期主义），可以进一步抽象为基于利益一致、自适应和长期主义三要素的"象群生存法则"（Law of Elephant Survival）。

利益一致（Unity of Interests），当今中国金融市场高度一体化，一荣俱荣，一损俱损。为此，中国保险要摒弃"零和游戏""囚徒困境"等观念，要更多从"利益一致"的原则来思考公司、行业的发展。

自适应，其过程是一个不断逼近目标的过程。为此，中国保险要把"活下来作为最主要纲领"，要有所为有所不为，有所不为方能有所为。

长期主义（Long-termism），其践行至少应具备五个重要特质，即战略定力、专业实力、诚信精神、创新能力和商业向善。因此，中国保险要重新思考和秉持长期主义，科学地迈入"扩面提质时代"，否则所有的"祛病""减肥""提质"行为都是"短期行为"，无法实现保险业的高质量、可持续、自适应发展。

另外，中央金融工作会议明确了金融业的重点工作是化险、发展和监管并重，这样保险监管部门就不能把底线思维变成常规政策。当前，我们确实要防范化解金融风险，并为此做好充足的准备。

非理性繁荣：中国保险的"现实"

一、非理性繁荣

2023年1—9月，中国保险实现保费收入4.25万亿元，同比增长10.98%，增速较去年同期增加6.04个百分点。其中，寿险公司保费收入3.01万亿元，同比增长12.55%；财产险公司保费收入1.24万亿元，同比增长7.34%。

从前三季度的"成绩单"来看，中国保险业似乎形势一片大好，但我们却高兴不起来。2023年1—9月，保险业赔付支出1.38万亿元，同比增长20.14%，增速较去年同期增加21.11个百分点；2023年9月末，保险业净资产2.78万亿元，同比增长1.80%。从赔付支出、净资产及投资收益率变动情况来看，中国保险业所呈现的却是"非理性繁荣"（Irrational Exuberance）。

另外，上市保险公司公布的数据进一步验证了中国保险业的"非理性繁荣"的事实。2023年1—9月，新华保险的净利润为95.42亿元，同比下降15.5%，其中第三季度亏损4.36亿元，而去年同期盈利21.02亿元，降幅为120.7；中国人寿的净利润为162.09亿元，同比下降48%，其中第三季度净利润为0.53亿元，同比下降99%；中国平安的净利润为875.75亿元，同比下降5.6%，其中第三季度净利润为177.34亿元，同比下降19.6%；中国太保的净利润为231.49亿元，同比下降24.4%，其中第三季度净利润为48.17亿元，同比下降54.3%。

"非理性繁荣"是一个经济学术语，指的是资产价格受到过度投机、市场心理预期和羊群效应等因素的影响，远远超出其基本价值或内在价值，从而导致市场出现泡沫的现象。

中国保险业的"非理性繁荣"，指的是保险机构受到被动投机、市场心理预期和羊群效应等因素的影响，无视经济周期或市场形势，采取了逆周期的发展策略，从而导致保险市场出现泡沫的现象。

中国保险业的"非理性繁荣"的主要原因包括：一是被动投机，部分寿险公司受制于现金流风险，被动采取积极的扩张政策，被动陷入"庞氏骗局"；二是市场心理预期，基于金融市场判断而非经济形势判断，或者说基于"总精算师"判断而非"首席经济学家"判断，错误采取积极的扩张政策，被动陷入"自设陷阱"；三是羊群效应，增额型终身寿险、"惠民保"等"从众行为"暴露了生存技能低的问题，错误采取"高仿"的发展政策，被动陷入"增长矛盾"。这些原因可以概括为"繁荣的悖论"（Prosperity Paradox）。

二、繁荣的悖论

中国保险业的"非理性繁荣"源于"繁荣的悖论"，其正深陷这种悖论之中，一是至少有20家保险公司（接近10%）出现了"发展越快、风险越大"的困境，从"爆雷"边缘刚站上复苏起点又陷入发展"死循环"；二是保险公司追求的保费增长和持续繁荣发生在不可能实现繁荣的保险市场中。

如何摆脱"繁荣的悖论"？从理论上来说是创新，包括持续式创新、效率式创新、开辟式创新。持续式创新，是对市场上现有保险业发展模式进行持续改进；效率式创新，是提高效率，用更少的资源办成更多的事；开辟式创新，是瞄准特定人群，培育新市场。

如何摆脱"繁荣的悖论"？从实践上来说是变革，包括改进（Improvement）、变革（Transformation）和革命（Revolution）。改进，是指日常性的发展模式优化，不涉及发展模式上的重大变化；变革，是指从当前状态向目标状态迁移，发展模式会发生变化；革命，是指重大的发展模式革新。

如何摆脱"繁荣的悖论"？无论是理论上的还是实践上的，保险公司之间存在着巨大的差异。因此，提出一种放之四海而皆准的发展模式是不切实际的。从当前保险工作的重点——"化险、发展和监管"角度来看，如果我们依然把努力的重点放在化解风险上，我们可能永远无法化解风险；如果保险监管无法给予保险企业公平竞争的机会，贪污腐败的问题还会显露出来，保险监管还会暴露问题；如果保险业的发展不是建立在"理性"基础之上的，保险业的"非理性繁荣"不会促进保险业的发展，更不会推动"保险强国"的实现。

三、中国保险"非理性繁荣"的反思

《非理性繁荣》（第一版、第二版）预测了股票市场和房地产市场的崩盘，对技术泡沫和房地产泡沫做出警示；《非理性繁荣》（第三版）扩充到了债券市场，罗伯特·希勒在书中警示：投资者之间表现出的非理性繁荣迹象，自2008—2009年金融危机以来有增无减，正在形成"后次贷繁荣"（Post Subprime Boom）。

中国保险"非理性繁荣"，我们需要警示的是部分保险机构的"破坏"甚至"二次破坏"；我们需要关注的是部分保险机构决策和判断的"偏见"甚至"成见"。针对这些问题，我们需要反思，包括典型性偏好、可得性偏好、因果性偏好、从众效应、沉锚效应、光环效应、禀赋效应、框架效应等方面。

一是典型性偏好（Typical Preferences）。"时代变了，一切都要变"，过去20多年中国保险业的部分成功经验已经不适用了。"时代已变"其折射的是"中国保险业的时代逻辑已变"：保费收入从指数增长转为线性增长；资产情况从"量大质优：转为"量大质劣"；资本情况正在从"趋之若鹜"走向"求钱若渴"……

二是可得性偏好（Availability Preference），房地产市场、资本市场、债券市场一定会好转，政府一定会"救市"……这些想法一旦出现在大脑里，所有的决策和行动都不再基于客观判断，而是基于主观的可得性偏好。

三是因果性偏好（Causal Preference），从"爆雷"边缘刚站上复苏起点陷入发展"死循环"，多数是因为我们喜欢对事物的因果关系进行解释，"超级不确定性时代"的因果关系已经演变为强关联关系。

四是从众效应（Bandwagon Effect），中国保险业不应该只有三家保险公司，一家是"寿险公司"，一家是"财险公司"，一家是"再保险公司"。当前，多数中小保险公司受到中国保险业大环境的影响（监管引导或大公司施加的压力），已经背离了自己的初衷，更丧失了自己的观点、判断力，朝着与"大公司"一致的方向变化。此外，还有沉锚效应（Anchoring Effect）、光环效应（Halo Effect）、禀赋效应（Endowment Effect）、框架效应（Framing Effect）等。

综上，我们要从保险业内外部环境中获取信息，对其进行解读，做出合理的假设、想象，并按照特定规则或逻辑进行推论，进而做出科学的判断和决策，方能避免中国保险业陷入"繁荣的悖论"和"非理性繁荣"。

无问新旧：中国保险的"秩序"

一、保险新秩序

中央金融工作会议对当前和今后一个时期的金融工作做了部署。从会议发布的新闻通稿来看，通篇只有一处提及"保险"，即"发挥保险业的经济减震器和社会稳定器功能"。保险人难免会有一种"失落感"，为什么会产生"失落感"？是因为我们格局太小，还是因为其他原因？

保险作为风险管理者、风险承担者和投资者的统一体，金融一体化和风险一体化是其最大的外部变量。外部变量是在函数外部定义的全局变量，它的作用域是从变量的定义处开始，到程序文件的结尾处终止。因此，对于保险业来说，一是不能"跳出金融看保险"，而是要"立足金融做保险"；二是不能"跳出风险看保险"，而是要"立足风险做保险"。

"跳出保险看保险"，但风险是其"基本条件"，金融是其"约束条件"。可见，保险是一种转移风险的金融机制，是以发生偶然性事件为条件的金融工具。保险是金融的重要组成部分，是通过分散风险提供保障的一种特殊的金融服务消费产品，是为现代经济社会提供减震器和稳定器功能的金融安全保障产品。所以，我们要正确领会中央金融工作会议关于"金融中的保险"的要求和保险"金融属性"的要求。

中央金融工作会议提出建设"金融强国"，目的就是让金融更好地融入社会、融入经济，为以中国式现代化全面推进强国建设、民族复兴伟业提供有力支撑，促进中国实现"好的社会"。经济安全缺乏风险保障工具、社会稳定缺乏风险治理机制是中国实现"好的社会"面临的长期问题，在某些方面随着中国经济社会的发展上述问题还可能出现恶化。因此，国家层面急需新的风险管理理念以便帮助国家管理新旧风险——现在的和未来的、近期的和远期的——并降低其可能产生的创造性破坏和危害。"发挥保险业的经济减震器和社会稳定器功能"，不仅有助于降低破坏性风险，还能允许人们进行更积极的冒险行为，从而令中国经济社会更加多样化、更加令人鼓舞。

综上，中国保险需要从根本上改变现行的基本制度，建设一种全新的风险管理体系，以便更好地改善我们的生活和社会，这是中国步入"风险社会"后需要的保险"新秩序"，也是"金融强国"目标下的中国保险"新秩序"。

二、保险新秩序的内涵

保险新秩序的内涵就是如何管理中国经济社会的风险，即如何通过降低经济社会中的不确定性来改善每个人、每个组织乃至整个社会的状况。从这个意义上来说，保险新秩序为中国保险业的发展指明了方向，即"保险新秩序 = 保险强国"。

为什么会出现保险秩序的更替？因为过去保险业更多关注"保险交易"，而没有关注风险交易、服务交易、科技交易、制度交易、权利交易……保险新秩序的构建，从实现路径角度来看，中央金融工作会议提出了"三大创新"，即实践创新、理论创新、制度创新，走出了一条中国特色保险业发展之路。为此，可以从制度保证和物质基础两个层面推进保险新秩序建设。

保险新秩序的制度保证是"中国特色金融发展之路"。中央金融工作会议系统阐述了中国特色金融发展之路的本质特征，强调"八个坚持"，包括坚持党中央对金融工作的集中统一领导、坚持以人民为中心的价值取向等，并首次提出了金融强国的概念，强调要以加快建设金融强国为目标，坚定不移走中国特色金融发展之路，加快建设中国特色现代金融体系。

保险新秩序的物质基础是数字社会所形成的一个包含各种风险信息并能对这些信息进行及时处理的数字保险系统。为此，保险业要构建风险服务平台、风险定价平台和风险交易平台，强化保险新秩序的物质基础。

一是构建风险服务平台，发挥保险的风险治理、价值创造职能，确保中国式现代化过程中经济社会生活中的各种风险都可以得到科学预测、精准预防、自动治理。

二是构建风险定价平台，发挥保险的资源配置、价格发现职能，确保中国式现代化过程中经济社会生活中的各种风险都可以得到科学评估、公允定价。

三是构建风险交易平台，借助保险新秩序的物质基础创新保险工具，确保中国式现代化过程中经济社会生活中的各种风险都可以进行交易，包括交易信用、交易制度、交易技术、交易结构、交易权利。

三、保险新秩序的构建

美国理论物理学家李·斯莫林（Lee Smolin）说过，"当思想改变你的思想，那就是哲学；当上帝改变你的思想，那就是信仰；当事实改变你的思想，那就是科学"。借用李·斯莫林的表述，在讨论保险新秩序时，我们需要理性的科学分析，需要改变我们关于保险秩序的思维方式；而在完全不可预测的未来扑面而来时，我们还需要关于"保险新秩序 = 保险强国"的一种信仰。

大多数人因为看见才相信，少数人因为相信所以看见。保险新秩序的构建需要更多保险人站在"保险强国"的那一面，站在"保险与好的社会"的那一面，这并不是一场简单的新旧交替，我们需要坚守"保险新秩序 = 保险强国"的信仰，即改变旧秩序的希望是真实存在的。

保险新秩序的实现仍然存在不确定性，但无论如何，保险业需要在一步步的发展中实现保险的价值，包括风险治理、价值创造、资源配置和价格发现。这是一场漫长的转变，但对于大多数保险人来说，这是值得追求的目标。无论保险新秩序最终能否实现，我们都应该坚定地朝着这个目标前进，因为大多数保险人的信念和努力将决定中国保险业未来的发展方向。

综上所述，保险新秩序的构建不仅是一场挑战，也是一个机会。无论未来如何发展，我们都应该保持信念，继续追求"保险强国"的建设目标，为以中国式现代化全面推进强国建设、民族复兴伟业提供有力支撑，为"好的社会"贡献保险力量。大多数保险人的信仰和希望将引领中国保险走上未来的道路。

挑灯看剑：中国保险的"观察"

一、保险"报行合一"新时代

中国保险分明进入了一个"报行合一"新时代，为什么保险人对这个新时代的到来却反应迟钝？这个问题笔者想了很久。一个可能的原因是，观察中国保险新时代，往往有一些困难。没有深入可靠的观察，分析难有用武之地。

这究竟是不是一个保险新时代呢？让我们从最近几则新闻说起。

2023年8月22日，金融监管总局下发《关于规范银行代理渠道保险产品的通知》，要求"完善银保渠道的佣金费用假设及结构"，并强调银保渠道的佣金费用要做到"报行合一"。

9月20日，金融监管总局发布《保险销售行为管理办法》（国家金融监督管理总局令2023年第2号），将保险销售行为分为保险销售前行为、保险销售中行为和保险销售后行为三个阶段，区分不同阶段特点，分别加以规制，该办法自2024年3月1日起施行。

9月20日，金融监管总局下发《关于加强车险费用管理的通知》（金办便函〔2023〕450号），要求全面加强车险费用内部管理，持续健全商业车险费率市场化形成机制，全面加强商业车险费用管控的"报行合一"。

10月9日，金融监管总局下发《关于银保产品管理有关事宜的通知》，要求银保渠道严格执行"报行合一"政策。

10月18日，金融监管总局下发《关于强化管理　促进人身险业务平稳健康发展的通知》（人身险部函〔2023〕428号），从科学制定年度预算、严格执行"报行合一"、规范销售行为、加大查处力度四个方面预警"开门红"销售乱象，促进人身险市场平稳健康发展。

10月20日，金融监管总局召开2023年第三季度银行业保险业数据信息新闻发布会，就前三季度银行业保险业的运行情况进行介绍。金融监管总局相关负责人表示，将继续坚持金融工作的人民性，全面推行"报行合一"，抓紧启动个人代理渠道、经纪代理渠道的"报行合一"工作。

所谓"报行合一"，对于保险公司来说，其要求有：一是保险公司要明确产品的费用结构；二是保险公司要明确产品的总费用上限和给渠道佣金的上限；三是保险公司要做到"三费合一"，也就是精算假设费用、预算费用和考核费用做到相统一；四是保险公司要在压实主体责任的同时，特别强调要压实精算师的责任，要求精算师在产品设计、费用测算等方面负起责任。

所谓"报行合一"，对于保险业来说，其问题有：第一，这不应该是一个问题，这是产品报备或报批时精算报告需要明确的基本要素；第二，这不是一个新问题，监管部门一直都在抓车险"报行合一"工作；第三，这对于消费者来说不一定是好事，特别是寿险产品，保险产品可能要提价或降质；第四，这是一把"双刃剑"，可能让部分中小保险公司特别是寿险公司无路可走。

"报行合一"，简单的四个字，却找准了中国保险业存在的"顽疾"。"顽疾还需猛药医"，如果"药到病除"，中国保险业将"妙手回春"；如果"药到病不除"，中国保险业又将会如何？显然，我们没有对此进行深入可靠的观察，也许感觉分析也没有用武之地。

除了"报行合一"，还有《保险销售行为管理办法》提出的"保险产品分级""保险销售人员销售能力分级"等制度，保险监管部门多管齐下对中国保险业"祛病""减肥""提质"。这是保险业的难得机会，保险公司会不会把这个历史机遇放跑了？想法好、势头好、前景好，不等于一定就能把机会抓住。历史经验有迹可循："穷则思变"易，小有成就再变难，而最危险的是在保险新时代的机遇面前行差踏错，转错了大方向。

二、保险"报行合一"的大麻烦

"报行合一"的所有麻烦，都集中反映在费用上。如同一切成本曲线（Cost Curve）那样，费用降下来还一定会再升上去。随着中国保险业的发展，保险市场开始从增量市场向存量市场转变，狭义的销售费用（前线销售费用）相应增加，无可避免；非市场的销售费用（中后台费用/销售管理费用）向来高昂，如果"报行合一"的渐进式改革没有成效，甚至停滞，这部分的费用会更加高昂。加起来，全部销售费用的实际走势究竟如何，有哪些节省之道，实在至关重要。

以寿险公司为例，前线销售费用与中后台费用比值是衡量个险业务成功与否的一个关键指标，个险规模较大公司的比值约为 0.65∶0.35，而个险规模中等或较小公司的比值为 0.5∶0.5，甚至为 0.35∶0.65。我们知道，寿险公司的主要渠道是个险、中介、银保，而寿险公司转型的一个重要方向就是"做大个险"，显然"报行合一"将使多数中小寿险公司的"个险转型"无路可走。

再以产险公司为例，车险业务为产险公司的"压舱石"，更是大多数中小保险公司活下去的"全部"。中小公司的固定费用远高于大公司，因品牌、网络、服务等问题导致其销售费用也高于大公司，"报行合一"也将使多数中小产险公司的"车险转型"无路可走。实践也证明了自 2018 年启动的"报行合一"没有改变车险市场的现状，更没有拯救中小保险公司的命运，相反却成为大公司获取"暴利"的竞争性壁垒。

中国保险业的问题是清楚的，保险监管的举措也是正确的——执"报行合一"牛耳是也。但是，我们不能忽视对中国保险的"观察"，不能忽视中国保险的"现实"，更不能依赖保险监管的"有形之手"替保险公司做决策而无视市场经济的"无形之手"。显然，"报行合一"还需要辅以优化保险监管、强化市场竞争、打破制度壁垒，否则，大多数中小保险公司将无路可走，只能继续在存量中挣扎、内卷、互害，最后所有的"转型""突围"将无从谈起。

想到此，总感到紧张刺激而又力不从心，怎么也找不准问题的重心。情形仿佛是辛弃疾写过的词——"醉里挑灯看剑，梦回吹角连营"所描绘的，但是我们不妨"把事情反过来想，总是反过来想"（查理·芒格《穷查理宝典》）。

无问西东：中国保险的"突围"

一、不确定性比"风险"来得严重

这是一个属于又不属于我们的保险时代，正如查尔斯·狄更斯（Charles John Huffam Dickens）150多年前在《双城记》（A Tale of Two Cities）中所写的那样："这是最好的时代，这是最坏的时代……"但是我们确信总有一个未来属于保险，我们需要在"超级不确定性"的世界中找到"确定性"的保险，因为"不确定性"对保险的破坏远大于"风险"。

经济学常被看作一门"忧郁"的学问，看未来不那么明朗乐观。亚当·斯密（Adam Smith）还比较明确，认定只要提供充分的经济自由，"看不见之手"就能把人类带向一个更好的经济增长时代。他那个时代，英国工业革命蒸蒸日上，实践也明确支持乐观看待未来的经济学。但是亚当·斯密以后，经济社会发展开始暴露各种矛盾、冲突、危机，经济学家就不那么乐观了。

怎样看未来，乐观还是悲观？老实讲当下中国保险业的问题数之不尽、纠缠不清，没工夫好好想将来。显然，关于中国保险未来最好的理论答案是"不确定性"，甚至是"超级不确定性"。

何谓"不确定性"？1921年，法兰克·奈特（Frank Hyneman Knigh）在《风险、不确定性与利润》（Risk Uncertainty and Profit）一书中首次提出了"不确定性"，是指无法被衡量、不能被计算或然率的风险；风险是能被计算概率与期望值的不确定性，而不能被预先计算与评估的风险则是不确定性。按奈特的原意，"不确定性"比"风险"来得严重，本质上不可测，用保险机制也对付不了。这与物理学家沃纳·海森堡（Werner Karl Heisenberg）提出的"测不准定律"（Uncertainty Principle）异曲同工——"莫测"是也。

如何应对"不确定性"？经济学得出了一些今天看来还站得住脚的结论，那就是离不开一套制度——法治、市场、产权、合约等。为什么要"让市场在资源配置中起决定作用"？理论上来说，就是未来不确定。同样，为什么要"优化保险监管、强化市场竞争、打破制度壁垒"？就是因为中国保险业的未来是不确定的，并且"不确定性"对保险业的影响比"风险"更严重。

二、中国保险的未来需要突围

"埋头观察阐释经验现象，无暇顾及怎样看待未来。"关于中国保险的未来，我们不能用"不确定"一了百了。我们需要改变我们的思维定式，需要思考中国保险如何突围。

中国保险需要突围，那么，突围的方向在哪里？突围的路径是什么样的？从当前面临的国际形势，到国内遇到的问题等角度来看，"不确定性"是影响中国保险前景的重要因素，所以我们需要对"不确定性"进行解析，从中寻求中国保险突围的方向和路径。

如何对"不确定性"进行解析？在《从0到1：开启商业与未来的秘密》（Zero to One: Note on Startups, or How to Build the Future）一书中，彼得·蒂尔（Peter Thiel）先把人们怎么看未来，构造成一个两维对两维的矩阵（明确/不明确，乐观/悲观），得出了四个象限：明确乐观、不明确乐观、明确悲观、不明确悲观。然后把"各国看待未来的方式"装进这个认知矩阵。虽然不够严谨，但其提供了一种对"不确定性"进行解析的方法。

基于此认知矩阵，可以把我们看待中国保险未来的方式装进去，建立在"不确定性"世界里活得更好、活得更久的"生存法则",包括如何避免竞争、如何进行垄断、如何发现新的市场等。

（1）对外具有核心竞争力。建设"金融强国",是为了强化国家核心竞争力。同样,打造对外的核心竞争力,是为了让自己更强大。核心竞争力是指能够为企业带来比较竞争优势的资源,以及资源的配置与整合方式。加里·哈梅尔（Gary Hamel）和普拉哈拉德（C.K.Prahalad）认为,核心竞争力首先应该有助于公司进入不同的市场,它应成为公司扩大经营的能力基础；其次,核心竞争力对创造公司最终产品和服务的顾客价值贡献巨大,它的贡献在于实现顾客最为关注的、核心的、根本的利益,而不仅仅是一些普通的、短期的好处；最后,公司的核心竞争力应该是难以被竞争对手所复制和模仿的。

（2）对内拥有敏捷性。在当今的"乌卡时代"（Volatility, Uncertainty, Complexity, Ambiguity, VUCA）,保险机构应对"不确定性"的能力与速度决定了其长期的竞争力,其中敏捷性是一个重要因素。具有敏捷性的组织能够更快察觉环境与市场的变化,并快速做出调整来回避损失,扩大业务规模、提高获利能力。因此,在面对环境的变化时具有更强的韧性,更能承受变化造成的冲击,在机会出现时也更能抢占先机。

（3）保险投资要有冗余性。保险投资的核心理念是长期主义、超长存续,所以保险投资要保持冗余,让投资组合有耐错性。保持冗余,是指凡事都要留有余地,要为不确定性的最坏部分做打算；耐错性,是指即便犯了错误,投资组合也能很快修复、重回健康轨道。保持冗余和耐错性未必能带来高收益,但能让保险业扛过危机,能让保险投资组合活得更久。

（4）保险承保要自适应。中国保险业高质量、可持续发展的关键是自适应发展。中国式现代化是具有整体性、均衡性（有序性）、全面性（关联性）和动态性的复杂系统（Complex Systems）,是具有开放性、复杂性、涌现性、层次性、巨量性的开放复杂巨系统（Open Complex Giant Systems）。保险承保所要面对的是一个复杂系统、开放复杂巨系统，在这样的系统里，保险承保工作也演变为复杂自适应系统（Complex Adaptive Systems）。为此，保险机构要学会与其他保险机构进行交流，并在交流的过程中"学习"或"积累经验"，然后不断进行演化学习，像机器一样深度学习，并且根据学到的经验改变对风险的认知和承保方式。

三、中国保险突围需要"真实世界的保险学"

理解中国保险，就是找一条通往未来"真实世界的保险学"的道路，通往中国保险业整个体系（系统）的回路，进而解读中国保险运行的脉络、分析中国保险未来发展的逻辑。正如电影《无问西东》里面说的那样"思考人生，活得真实"；让真实的自我在今天生根发芽，和更好的自己在未来惊喜相遇。

中国保险需要突围，突围就需要"真实世界的保险学"，其中重要的是寻找改革新动力和增强改革穿透力。

一是寻找改革新动力，从国家政治经济发展的历史脉络来看，我国保险业发展从最初的"大破大立"到此后的创新突破，然后平衡补漏、监管正位，实际上是一个除旧迎新、凤凰涅槃的发展过程。每一次政策调整都是针对当时产生的主要问题，而问题在市场中永远是不停变化的，因此改革永远在路上。比如，保险改革新动力可以围绕"科技金融、绿色金融、普惠金融、养老金融、数字金融"做好"科技保险、绿色保险、普惠保险、养老保险、数字保险"五篇大文章。

二是增强改革穿透力，从2017年第五次全国金融工作会议到2023年中央金融工作会议，重要的任务就是推进金融改革（保险改革），重要的目的就是形成共识，并让金融改革真正落地。2023年11月8日，在2023金融街论坛

读懂未来中国保险
>>> 从保险大国到保险强国

年会上,人民银行行长、国家外汇局局长潘功胜表示,学习贯彻好中央金融工作会议精神是金融系统当前最重要的工作任务。这中间有一个关键问题,那就是穿透力。好不容易形成改革共识,也做出了改革决策,但能不能穿透上上下下多个层次?这种穿透是双向的,不单单是顶层决定穿透到底层,还包括底层的实际情况、底层总结的改革经验穿透到上层。穿透力如何,对保险改革具有决定性意义。

未来决定现在：中国保险的"行动"

一、未来决定现在，为什么？

迈克斯·泰格马克（Max Tegmark）在《穿越平行宇宙》（*Our Mathematical Universe*）写道："简而言之，时间不是幻觉，时间的流逝却是。改变也是如此。在时空中，未来早已存在，而过去永不消逝。当我们将阿尔伯特·爱因斯坦的经典时空论与量子力学结合起来时，就得到了量子平行宇宙。这意味着，同时存在许多同样真实的过去和未来，但这丝毫不影响整个物理世界实在的数学本质。"

朱嘉明在《未来决定现在》开篇写道："如果说，'未来是可以想象和预见的'，只有一个重要内涵，那就是未来的非确定性，超出想象和不可预测。"中央金融工作会议提出的"金融（保险）强国"正是中国保险的未来，中国保险的"不确定性"也未超出想象和不可预测的范围。所以，中国保险的未来是可想象和预见的，中国保险的未来决定现在。

中国保险的未来决定现在，我们需要了解中国金融的未来——"金融强国"的特征，更需要了解中国保险的未来——"保险强国"的特征。

从经济大国走向经济强国，必然伴随着金融由大而强。货币、金融市场和实体经济是金融强国的三大支柱，因此金融强国具有三个重要特征：一是主权货币国际化程度高，参与或主导全球经济金融治理能力强；二是金融市场发育程度高，参与甚至决定全球金融资源配置能力强；三是实体经济与金融体系良性互动，金融发展的可持续性强。

从金融大国走向金融强国，也必然伴随着保险由大而强。风险治理、价值创造和资源配置是保险强国的三大支柱，因此除了金融强国的三个重要特征之外，保险强国还具有自身的三个重要特征：一是风险治理能力强，发挥"保险是风险管理者、风险承担者和投资者统一体"的优势，助力国家构筑安全网；二是价值创造范围广，通过发挥保险业的经济减震器和社会稳定器功能，服务国家经济社会发展大局；三是资源配置效率高，风险无处不在，经济社会的各类资源也处于风险中，保险业借助风险服务、风险定价、风险交易等举措优化国家资源配置。

除此之外，保险强国的特征还包括健全的市场体系、开放的保险市场、丰富的保险产品、完善的保险基础设施、不断提升的国际保险领域的话语权和影响力等。

从保险大国走向保险强国，中国保险的未来决定现在，同样，中国保险现在的选择也会影响未来中国保险的模样。所以，我们不要执着于中国保险的过去、现在与未来，"过去、现在与未来之间的区别只不过是持久而顽固的幻觉"（阿尔伯特·爱因斯坦《时间的秩序》），中国保险需要的是现在的选择和行动。

二、现在的选择决定未来的模样

现在的选择决定未来的模样，现在的行动影响未来的变化。当前，"现在"就是2023年的收尾工作和2024年的行动策略。"现在"涉及宏观的保险业、中观的保险机构、微观的保险人，关键是中观的保险机构。为此，建议保险机构落实六项重要战略举措，坚守十二项关键行动准则。

面向未来，迎接2024年，首要任务是落实六项重要战略举措：

（1）利润。寻找公司的盈亏平衡点，并改善盈亏平衡的分布。

（2）增长。关注保费、客户、产品和技术等。

（3）生产力。提升投资能力、承保能力、理赔能力等，与增长齐头并进。

（4）现金。优化运营资本，获得高质量收益。

（5）人才。留住最优秀的人才，以正确的方式组织和激励。

（6）赋能器。通过科技赋能、数字赋能等打造专属的"武器"。

面向未来，为了更好地落实六项关键战略举措，还要坚守十二项关键行动准则：

（1）聚焦客户和利润。为客户提供优质保险服务，正确获取利润。

（2）专业运营和增长。为运营锻造快捷服务能力，积极寻求增长。

（3）创新产品和生产力。为产品提供多维保障，稳步提升生产力。

（4）整合技术和赋能器。为技术布局未来空间，科学打造赋能器。

（5）结果导向与拥护变革。始终履行承诺，推动公司的持续性变革。

（6）促进团队合作与实现多样性。从整个团队的角度定义成功，并保持团队的多样性。

（7）成为技术专家。具备专业领域能力并能够做出成绩。

（8）有效领导与成就他人。像领导者一样思考，成为榜样；鼓励同事、下属走向卓越。

（9）整体思考与有效沟通。依据现有数据，通过直觉、经验和判断等，做出超越基本认知范围的更全面的决定；及时、简单、周到地向他人提供信息。

（10）具备全球思维。从相关角度看待业务，从集聚价值链角度看待保险业。

（11）拥有自我认知。理解你的行为以及它如何影响周围的人。

（12）明智地冒险。为了获得更好的回报，我们必须承担更大的风险，但也必须更明智地冒险。

"现在"实施"6×12"方案，目的是关注短期业绩（确定的事，确定地做）和布局长期发展（不确定的事，尽可能确定地做）。如此，中国保险的未来才是可想象和可预见的，中国保险的未来才会决定现在。

从大到伟大：中国保险的"未来"

一、从保险大国到保险强国

中央金融工作会议提出建设"金融强国"，保险业作为我国金融业的重要组成部分，相应保险工作的定位也是从"保险大国"迈向"保险强国"。

从"保险大国"迈向"保险强国"，是中国保险业的"从大到伟大"，是中国保险企业的"第二次长征"。为此，我们需要明白：什么是伟大的企业？伟大企业的标准是什么？如何才能成就伟大企业？当前，中国保险正处于转型的关键时刻，我们需要重新理解中国保险，重新界定中国保险的目标和使命，并把成就伟大保险企业作为实现"保险强国"的关键。

从"保险大国"迈向"保险强国"，其前提是中国保险企业要"从大到伟大"。2023年度《财富》世界500强中有7家中国保险企业上榜。其中，中国平安以1815.66亿美元的营业收入位列全球总排名第33，排名全球保险企业第1位。正如前文《保险与好的公司》所言，这些公司我们还无法称之为"好的公司"，更无法冠之为"伟大"。

从"大"到"伟大"，一字之差，但意义却大不相同。王国维在《人间词话》里短短数千言论尽古今词人。他总结："词以境界为上。有境界则自成高格，自有名句。"这其实也适用于鉴别伟大企业（行业）。伟大企业（行业）是那些有境界自成高格的企业（行业），是那些不拘泥于一时一域，谋求全局和万世的企业（行业）。因此，从"保险大国"迈向"保险强国"，我们需要两个理论框架：一是保险企业"从大到伟大"的理论框架，二是中国保险"从大到强"的理论框架。

二、保险企业"从大到伟大"的理论框架

保险企业"从大到伟大"，显然，"伟大"企业应该具有与众不同的基因。什么才算是伟大的企业呢？对此，人们有不同的观点和理解。

在《基业长青》(Build to Last)一书中，詹姆斯·柯林斯（Jim Collins）和杰里·波勒斯（Jerry Porras）选取了十八个卓越非凡、常盛不衰的基业长青的企业，分析了这些公司的成功经验，探讨了这些企业之所以成为伟大企业的基因，并提出了一些著名的观点，如"什么是高瞻远瞩的伟大企业？高瞻远瞩的伟大企业是所在行业中一流的机构，是无与伦比的明珠。它们被其他公司所仰慕，长期为世界带来了不起的改变"。又如"高瞻远瞩的伟大企业不在短期和长期之间寻求平衡，追求的是短期和长期都有优异表现；高瞻远瞩的伟大企业不光是在理想主义和获利能力之间追求平衡，还追求高度的理想主义和高度的利润；高瞻远瞩的伟大企业不光是在保持严谨形状与刺激勇猛的变革和行动之间追求平衡，而是两方面都做得淋漓尽致"。

麦肯锡在2010年推出的一系列研究报告中，针对中国企业列出了鉴别伟大企业的重要指标。一个企业要成为优秀企业需要在下面这九个方面有优异的表现：①产品和服务的地位；②长期投资价值；③公司资产的合理利用；④创新能力；⑤管理质量；⑥财务稳健程度；⑦吸引和保留人才的能力；⑧社会责任；⑨全球化经营的有效性。据此，麦肯锡归纳了"世界一流企业"的三个特征：第一，要"大"，即具有足够的体量，对行业乃至全球经济具有显著影响力；第二，要"强"，即不断创造不俗的业绩并保持所在行业的领袖地位；第三，要"基业长青"，即具有发展的长期持续性，经历市场风云变幻、风吹雨

打仍然屹立不倒，积累了长盛不衰的国际名声。

德勤咨询在2013年《哈佛商业评论》上发表了"伟大企业三原则"（Three Rules for Making a Company Truly Great）：①更好先于更便宜，即差异化，不使用价格作为竞争手段；②收入先于成本，即"开源"比"节流"更重要；③再没有其他原则了，企业需要做出的所有其他调整都是为了遵守原则①和原则②。

刘俏在《从大到伟大2.0：中国企业的第二次长征》中分析阐述了当下大多数中国企业追求规模上的庞大而忽略了如何成长为一个伟大企业的原因，并通过对具有代表性的企业的分析，详细论述了"大"不等于"伟大"这一观点，并给出了衡量一个企业是否伟大的客观标准，论述了制约中国出现伟大企业的内部和外部原因，并指出了中国企业开启"第二次长征"的路径选择和策略方法。

2022年2月，中央全面深化改革委员会审议通过了《关于加快建设世界一流企业的指导意见》，从"产品卓越、品牌卓著、创新领先、治理现代"四个方面阐述了对"世界一流企业"特征的理解和建设要求。2023年2月，国务院国资委办公厅发布《关于印发创建世界一流示范企业和专精特新示范企业名单的通知》（国资厅发改革〔2023〕4号），公布的示范企业名单中没有金融企业。

关于"伟大企业"论述的著作还有很多，如《创造性毁灭》《财富的起源》等，就长期和整体而言，"伟大企业"之类的论述所描述的并不是持续的竞争优势和长期的优异表现，而是难以持久的竞争优势和充满了企业兴衰成败的动荡市场——不确定性。

保险企业"从大到伟大"的论述最后回到了"不确定性"，所以保险企业"从大到伟大"的关键是如何应对"不确定性"，因为"不确定性"对保险的破坏远大于"风险"。

三、中国保险"从大到强"的理论框架

中国保险"从大到强",显然,关于"强"有不同的标准或者说不同的考虑。怎样才算是保险强国呢?对此,人们也有不同的观点和理解。

2006年6月15日,国务院印发《关于保险业改革发展的若干意见》(国发〔2006〕23号),提出了中国保险业"保险大国"的发展目标。2014年8月10日,国务院印发《关于加快发展现代保险服务业的若干意见》(国发〔2014〕29号),提出了中国保险业的发展目标是从"保险大国"迈向"保险强国",并把保险深度和保险密度量化目标作为迈向"保险强国"的重要标志。

2019年12月30日,国务院常务会议审议通过了《关于促进社会服务领域商业保险业发展的意见》;2020年1月21日,银保监会、国家发展改革委等十三部委印发《关于促进社会服务领域商业保险业发展的意见》(银保监发〔2020〕4号),这是继《关于保险业改革发展的若干意见》《关于加快发展现代保险服务业的若干意见》之后对中国保险的再定位,鼓励保险机构提供医疗、疾病、照护、生育等综合保障服务,力争到2025年,健康险市场规模超过2万亿元;拓宽商业养老保险资金运用范围,实现长期保值增值,力争到2025年,为参保人积累6万亿元养老保险责任准备金……这进一步明确了新时代下"保险强国"的历史责任。

从"保险大国"迈向"保险强国",我们需要一个全新的量化目标——国家保险整体价值(NICV),以其作为"保险强国"政策锚定的宏观指标并构建相应的政策空间变量。

关于"国家保险整体价值"的整体框架还在探讨中,基本目标是"有利于国家保险整体价值提升",将其作为保险政策的出发点和重要目标,是中国特色金融(保险)发展之路在政策制定框架体系上的一个突破。基于此,初步规划的指标体系包括:

（1）保险密度：一个国家的人均保费支出。

（2）保险深度：一国保费收入占 GDP 的比重。

（3）保险赔偿占灾害损失的比重。

（4）保险承担的医疗费用占医疗总费用的比重。

（5）保险资产在一国金融总资产中的比重。

（6）保险资产在个人金融总资产中的比重。

（7）可持续发展，包括可持续保险和负责任投资，还包括转型保险。

（8）金融强国的协同性。

理想情况下，我们应该构建一个反映中国保险整体实力和未来发展潜力的"充分统计量"（Sufficient Statistics）来衡量"国家保险整体价值"。因为受现有保险统计数据限制，我们可能很难提供这样一个度量，只能通过关键指标来近似处理。

四、中国"保险强国"的未来

过去 40 多年中国保险业奇迹的实现得益于中国经济的高速增长和"政府/监管+市场"的增长范式。未来，中国保险业发展的最大挑战就是如何构建"政府/监管+市场+商业"的增长范式。

"没有什么比正确地回答了错误的问题更加危险"（彼得·德鲁克《德鲁克精华》）。理解中国保险，我们需要客观、理性分析中国保险业发展的核心逻辑，聚焦解决影响中国保险业未来发展最重要的第一性问题（First-order Issues），比如"报行合一"不是中国保险的"第一性问题"。如果不了解中国保险过去 40 多年高歌猛进背后的原因，将很难理解中国保险目前面临的挑战以及未来成长的空间，更无法利用第一性原理（First Principle Thinking）[①]

[①] 第一性原理是指回归事物最基本的条件，将其拆分成各要素进行解构分析，从而找到实现目标最优路径的方法。

来指导中国保险业的未来变革之路。

资本和增长是理解中国保险的关键。改革开放以来中国保险取得巨大成功的重要原因是吸引资本投入带来的创新式增长。

中央金融工作会议强调，要着力推进金融高水平开放，稳步扩大金融领域制度型开放，提升跨境投融资便利化，吸引更多外资金融机构和长期资本来华展业兴业。2023年11月8日，在2023金融街论坛年会上，金融监管总局局长李云泽表示："金融开放是我国金融业改革发展的重要动力。近年来，我们进一步推出50多项开放举措，全面取消银行保险领域外资持股比例限制，大幅减少外资准入数量型门槛，持续拓展金融开放的广度和深度。"

从更长的时间维度来看，中国保险业发展最大的风险还是在于因保险产业缺乏投资机会所带来的"资本逃逸"和保险创新不足所带来的"无效增长"。增长虽然不是万能的，但没有增长是万万不能的。我们必须把增长当作一种信仰，而当增长成为一种信仰时，以更大的决心和勇气投资不确定性就变成一种必然：投资未来中国保险具有不确定性，聚焦解决未来中国保险关键结构性问题同样具有不确定性。只有直面中国保险业发展过程中的机会和挑战，以实事求是的态度和创新的方法解决那些重要的第一性问题，我们才有可能控制住"无效增长"带来的风险，才有可能控制住"保险创新的真相"所带来的"破坏"。

中国保险的未来，无论是"从大到伟大"，还是"从大到强"，都是一片陌生的迷雾森林，没有人是土生土长的向导。正如约翰·罗纳德·瑞尔·托尔金（John Ronald Reuel Tolkien）在《魔戒》（*The Lord of the Rings*）中写道："在下一个拐角，或许有一条新路，或是一个秘密通道；虽然我过去常常错过，终有一天我将踏上这隐秘小路，走在月亮以西，太阳以东。"

置身事内，方能理解中国保险

一、置身事内

长久以来，人们习惯接受关于中国保险的"常识判断"（Conventional Wisdom），而不是"基于真实世界的保险学"。霍华德·马克思（Howard Marks）曾言："当今世界的高度不确定性，是我生平仅见。你必须要知道世界上正在发生什么，也必须要知道这件事件将导致什么结果。"我们不能对中国保险所处的世界一无所知，我们应该置身事内学习理解中国保险，理解中国保险的现实、环境、价值、秩序、模式、未来等，正如《置身事内：中国政府与经济发展》一书写道："从热闹的政经新闻中看出些门道，从严肃的政府文件中觉察出些机会。"

置身事内，我们发现中国保险总是呈现出明显的零和博弈（Zero-sum Game）特征，突出表现为在存量中挣扎、内卷、互害，而增量思维几乎是完全缺失的。

想来，尽管文献记载中国保险有200多年的历史，但真正作为国家经济社会中的"风险管理者、风险承担者和投资者"，则是改革开放后的事情，实践经验的时间为40多年。如此短暂的历史，加之中国传统文化的影响和社会制度的约束，不必要更不可能孕育出增量的思绪。

因此，在保险资源有约束的零和博弈中挣扎，必然孕育出与正和博弈市场逻辑相反的保险逻辑。为了争夺有限的保险资源无所不用其极，甚至蔑视一切保险秩序,把保险创新当作破坏的工具,把保险信仰当作牟利的工具,从上到下、从大到小全都陷入保险资源焦虑等。想要在零和博弈市场环境下生存,唯一的手段就是争夺资源。即使保险监管以"报行合一"的美好理想来约束保险机构,希冀弱化争夺的激烈程度,但仍然无济于事。反倒是被手段更高明的"保险经理人"所利用,"嘴上都是主义,心里全是生意"。

置身事内,不能脱离实际来谈中国保险,是理解中国保险的基本出发点;保险现实世界没有"市场+监管"二元框架的"悖论",我们所要探讨的是"市场+商业+监管"的三元框架。所谓"使市场在资源配置中起决定性作用",站在今天的角度向前看,是未来保险改革和发展的方向,但回过头来看,保险市场今天的发展状况也是几十年来"市场+监管"二元框架作用的结果。

保险改革不是要找到"最优解","务实"最重要。黄益平在《金融的价值:改革、创新、监管与我们的未来》中写道:"如果要对中国的金融改革政策总结出一条经验,那应该就是'务实'。""务实"的保险改革政策遵循效果导向的原则,也即"有效"。所以,保险常识比理论更重要,保险公平比秩序更重要,健全的现实感比缥缈的情怀更重要。现阶段,保险未来比现在更重要,过去40多年中国保险业取得的成绩主要得益于中国经济社会发展多产生"保险存量",但是未来中国保险业发展的关键是"增量市场",因此优化保险监管、强化市场竞争、打破制度壁垒是"中国特色金融发展之路"的题中应有之意。

置身事内,我们可以博览中国保险业的全景图、远景图、近景图,可以阅览中国保险业由新愿景、新引擎、新活力所构成的愿景图,方能理解中国保险的未来之美、未来之道、未来之魅、未来之巅。

二、置身事内方能理解中国保险

置身事内,理解中国保险,破除理论执念,从"保险学"到"中国保险学",再到"中国保险学——真实世界的保险学",找到通往中国保险业整个体系（系统）的回路，进而解读中国保险业运行的脉络、分析中国保险业未来发展的逻辑。

置身事内，理解中国保险，通过对中国保险的观察，当下中国保险真正重要的是培养"发展＝资本＋增长"的观念。一方面，要理解发展的目的不等于发展过程，欧美发达国家的保险经验不一定适合我国；另一方面，在不断变化的保险环境中，若不推进保险改革，此前的经验也有可能会成为负担或者陷阱。

置身事内，理解中国保险，认识中国保险的特殊性，认识中国保险"从大到伟大"和"从大到强"。在经历了几十年的高速增长后，中国保险的体量和在中国金融体系中的比重已发生天翻地覆的变化。转变保险业发展方式，不仅是当前的保险市场结构与国内外环境的要求，也与建设经济强国、金融强国要求相符。

置身事内，理解中国保险，"如何理解中国保险"这个话题主要探讨了"是什么"和"为什么"，尽量不探索"怎么办"，关于"怎么办"留给了"中国保险如何突围"。本着"务实"的态度，笔者一再强调，"保险强国"发展目标不等于中国保险"从大到伟大"和"从大到强"的发展过程。同样，中国保险改革方向不等于改革过程，保险理论不等于保险现实，保险价值追求不等于保险实践行动，对岸的风景再美也还是要摸着石头过河。

置身事内方能理解中国保险，"如何理解中国保险"这个话题已经结束，这只是笔者对中国保险的一点模糊认识，一鳞半爪都谈不上，盲人摸象更贴切些，正如美联储前主席艾伦·格林斯潘（Alan Greenspan）所讲："如果你们认为听懂了我在说什么，那就真的误解我了。"

第三篇

挺膺担当，解码中国保险

苟利国家生死以，岂因祸福避趋之。

——林则徐

同一层面的问题，不可能在同一个层面解决，只有在高于它的层面才能解决。

——阿尔伯特·爱因斯坦

读懂未来中国保险

>>> 从保险大国到保险强国

如果说中国式现代化的秘密藏在一片滩涂、一座码头、一束阳光和一粒花生里，你相信吗？解码中国保险，我们也许会发现一片滩涂、一座码头、一束阳光和一粒花生里都有保险的影子。

解码中国保险，是为了科学回答中国保险业的中国之问、世界之问、人民之问、时代之问，包括保险与人民、保险与国家、保险与人类等关系，还包括保险与中国观、保险与全球风险观、保险与新世界观等问题。

2023年的中央金融工作会议，是我国处于全面建设社会主义现代化国家开局起步的关键时期召开的一次重要会议。习近平总书记的重要讲话，科学回答了金融事业发展的一系列重大理论和实践问题，是习近平经济思想的重要组成部分，是马克思主义政治经济学关于金融问题的重要创新成果，为金融工作举旗定向、谋篇布局，为新时代新征程推动金融高质量发展提供了根本遵循和行动指南。

国家兴衰，金融有责。金融是"国之重器"，在中国式现代化建设全局中发挥着重要作用。要牢固树立正确经营观、业绩观和风险观，平衡好功能性与营利性的关系，坚持功能性是第一位的。顺应经济社会发展的战略需要、阶段特征和结构特点，因势利导调整完善服务实体经济的重点方向和方式方法，着力做好"科技金融、绿色金融、普惠金融、养老金融、数字金融"五篇大文章，推动金融资源真正集聚到高质量发展的战略方向、重点领域和薄弱环节上来，不断满足经济社会发展和人民群众金融服务需求，以金融高质量发展为强国建设、民族复兴伟业提供坚实支撑。

解码中国保险，中国保险业要聚焦国家重大战略优化保险供给，服务建设现代化产业体系，助力实施区域协调发展战略，着力推进保险高水平开放；聚焦难点堵点提升科技保险质效，聚焦"双碳"目标健全绿色保险体系，聚焦薄弱环节加强普惠保险服务，聚焦现实需求加快发展养老保险，聚焦效能和安全促进数字保险业发展，切实做好"科技保险、绿色保险、普惠保险、养老保险、数字保险"五篇大文章，以此开创保险服务中国式现代化新局面。

如何解码中国保险？

一、引言

《读懂中国保险》一书指出，重塑美好保险，其目的是解决中国保险面临的信任危机，解决中国保险作为"金融中介"存在的价值。该书基于2014—2021年中国保险业经营数据，测算得出保险作为"金融中介"的平均成本：产生1元保险资产的平均成本为42%，产生1元保费的平均成本为25%，这远高于中国银行业和证券业，也远高于世界保险业。

过去40多年，中国保险学研究取得的最大成就之一就是建立起了保险业发展和经济发展之间的因果关系——一个发达的保险体系能够促进经济发展成了理论界和政策界的共识。受这种"保险深化理论"的影响，中国保险业实现了高速发展。然而，保险业高歌猛进的同时，保险作为"金融中介"的成本一直居高不下。这已经成为制约中国保险业高质量发展的最大难题。

过去40多年，保险机构越来越多元、保险产品和服务种类越来越丰富、保险创新的"科学技术含量"越来越充沛。然而，这一切没有转化为更低的费率。保险作为"金融中介"的成本并没有随着保险大发展相应降下来。事实上，最近20多年的保险业发展，除了形式上的精彩纷呈、概念上的推陈出新、思想上的天马行空和实践上的大开大阖，已经给保险业带来远超市场竞争所能容忍的高利润之外，并没有降低保险作为"金融中介"的成本，提升保险作为"金融中介"的效率——我们把这个问题称为"中国保险业发展之谜"。

读懂未来中国保险

>>> 从保险大国到保险强国

解码中国保险，就是为了破解"中国保险业发展之谜"，这需要从中国保险历史中寻找答案。进入新时代，形与势激荡变化，传统保险自身的不足使得保险难以满足新时代的需求。2023年11月10—11日，金融监管总局召开学习贯彻中央金融工作会议精神专题研讨班暨监管工作座谈会，会议指出"不断提升经济金融适配性，全力以赴支持中国式现代化建设"。因此，解码中国保险，关键是贯彻落实党的二十大、中央金融工作会议精神，目标是开创保险服务中国式现代化新局面。

二、解码中国保险

现代保险是现代社会运转体系中重要的组成部分，在构建个体（居民）与企业、企业与社会、个体（居民）与政府、企业与政府、政府和社会之间的联系过程中发挥着不可替代的作用。

如何解码中国保险？首先要找到保险边界，四道边界分别是：第一道边界，法律法规的边界。《保险法》通过定义"保险"概念明确了保险的法律法规边界。第二道边界，金融中介成本（交易成本）的边界。保险作为一种"金融中介"的本质决定了其交易成本边界。第三道边界，财政和金融的边界。保险作为国民经济体系的重要组成部分决定了其财政和金融边界。第四道边界，风险融资杠杆率（金融杠杆率）边界。保险作为风险管理技术之一决定了其杠杆率边界。

如何解码中国保险？关键是突破保险边界，在时代变局之下走出一条高质量发展的破局之路。中央金融工作会议对当前和今后一个时期的保险工作做出全面部署，会议提出要加快建设"金融（保险）强国"，将保险工作上升到更高战略高度，释放了我国保险事业未来发展方向的重要信号。建设"金融（保险）强国"是对党的二十大建设中国式现代化和深化金融体制改革的补充和强化。保险强国是一个综合概念，既要加速推进高质量发展，也要坚定扩大保险双向开放。未来，中国对外开放不可避免地从贸易开放走向金融（保险）开放，保险高水平开放则又将不可避免地从"宽进严出"步入"均衡管理"的双向开放。因而，建设保险强国需要内外兼修、动态平衡，始终保持保险政策的稳健性，充分发挥保险市场的功能，提高保险机构的功能和保险开放程度，并全面强化保险监管。

综上，解码中国保险，就是解码中国特色金融发展之路。中国式现代化是中国特色金融发展的基本制度背景，如何在全球变局下稳步推动经济社会发展，如何平衡好促发展与防风险的关系，如何理解并推动实现中国式现代化，是保险业践行中国特色保险业发展之路的重点和难点。

开创保险服务中国式现代化新局面

一、中国式现代化与中国保险业

（一）什么是中国式现代化？

党的二十大报告指出，中国式现代化是中国共产党领导的社会主义现代化，既有各国现代化的共同特征，更有基于自己国情的中国特色。中国式现代化是人口规模巨大的现代化，是全体人民共同富裕的现代化，是物质文明和精神文明相协调的现代化，是人与自然和谐共生的现代化，是走和平发展道路的现代化。这一定义指出了中国式现代化的本质与精髓，即中国式现代化是具有整体性、均衡性（有序性）、全面性（关联性）和动态性的复杂系统，是具有开放性、复杂性、涌现性、层次性、巨量性的开放复杂巨系统，具体来看，其主要特征如图 3-1 所示。

中国式现代化是一个开放复杂巨系统
(Open Complex Giant Systems)

未来中国 ←中国式现代化／开放复杂巨系统→ 开放性　复杂性　涌现性　层次性　巨量性

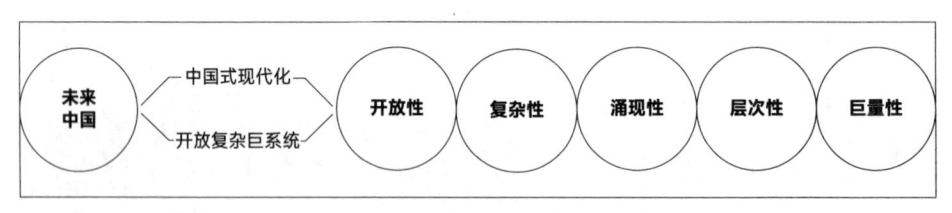

图 3-1　中国式现代化的开放复杂巨系统特征

从中国式现代化的概念、重要特征、本质要求和重大原则可以看出，中国式现代化更强调经济发展的质量、平衡、安全和可持续性，坚持"以人民为中心"的发展理念，把发展成果由人民共享作为经济高质量发展的出发点和落脚点，持续推动共同富裕，不断增强人民群众的获得感、幸福感、安全感。中国式现代化是统筹经济建设、政治建设、文化建设、社会建设、生态文明建设的现代化，是推动新型工业化、信息化、城镇化、农业现代化同步发展的现代化，是推动物质文明、政治文明、精神文明、社会文明、生态文明协调发展的现代化。

（二）中国式现代化与中国保险业

综观全球，与现代化相伴随的是风险社会的到来，高风险成为现代社会的典型特征之一。保险作为风险管理者、风险承担者和投资者的统一体，要自发地融入中国式现代化建设，要自觉地发挥风险治理、价值创造和资源配置职能以服务国家经济社会发展。

风险本身具有自反现象（Reflexivity）和内爆现象（Implosion），德国社会学家乌尔里希·贝克（Ulrich Beck）把此问题称为"自反性现代化"（Reflexive Modernization），相应的风险社会、保险型社会和国家保险等理论得到了发展。中国式现代化的开放性（人、信息、制度、贸易、金融、文化的开放等）、复杂性（国际形势、国内环境、区域平衡、人口结构、经济结构、能源结构的复杂程度等）、涌现性（环境的变化、风险的进化、问题的激化、发展的恶化、文化的西化、矛盾的异化等）、层次性（风险治理、灾害防御、养老保障、健康服务、共同富裕、协调发展的层次等）、巨量性（人口规模、经济总量、地域分布、自然灾害、金融风险、地方债务的巨量程度等）等特征进一步加剧了风险的自反性和内爆性。因此，随着中国式现代化的推进，中国保险业要在服务中国式现代化大局中再定位，要在把握保险业发展大趋势中再定位。

为此，中国保险业要紧紧围绕服务实体经济、防控金融风险、深化金融改革三项任务（如图 3-2 所示），创新和完善金融调控，健全现代金融企业制度，完善金融市场体系，推进构建现代金融监管框架，加快转变金融发展方式，健全金融法治，保障国家金融安全，促进经济和金融良性循环、健康发展。这揭示了金融基本运行逻辑。这三项任务紧密联系、相互作用，是一个不可分割的有机整体。服务实体经济是金融的天职和宗旨，也是防控金融风险的根本举措；防控金融风险是发挥金融服务实体经济作用的前提，也是深化金融改革的一个重要目标；深化金融改革、扩大金融开放，创新和完善金融调控，强化金融监管，实现金融资源优化配置，可以有效防范系统性金融风险，促进金融更好服务于实体经济。

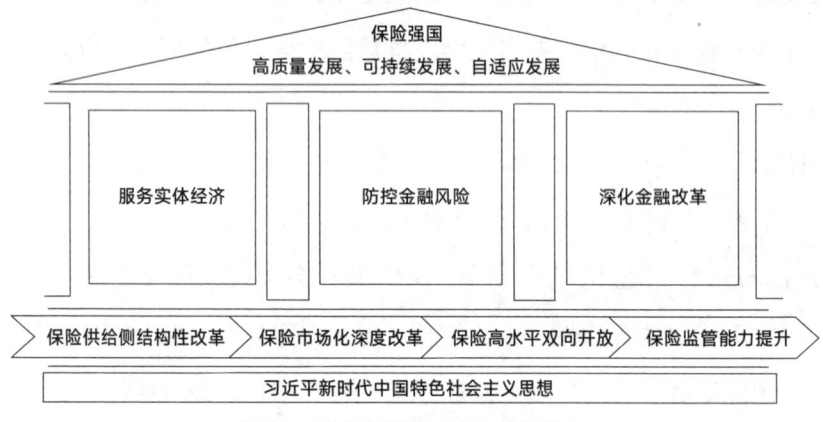

图 3-2 中国保险业高质量发展路径

这三项任务要求中国保险业要重新认识保险，顺应保险学科发展趋势，推动保险理论与实践的创新，促进"保险保障、资金融通和社会管理"传统功能向保险"风险治理、价值创造和资源配置"的现代功能转变，推进保险业的变革与发展，使保险成为国家经济社会高质量、可持续、自适应发展的重要金融工具。

二、开创保险服务中国式现代化新局面

基于保险服务中国式现代化的三大职能，保险业要通过高质量发展、可持续发展、自适应发展三个维度来开创服务中国式现代化新局面，保险业高质量发展是实现可持续发展的根本途径，可持续发展是实现高质量发展的必由之路，自适应发展是保险业高质量发展的前提，是可持续发展的结果。

（一）保险高质量发展推进中国式现代化

从高质量发展的角度来看，中国保险业要从保险的十大属性以及背后的十维空间两个维度助力中国式现代化建设：一是要正确认识保险业和保险属性的关系；二是要正确认识保险业和保险空间的关系。

（二）保险可持续发展推进中国式现代化

从可持续发展的角度来看，中国保险业要从纵向和横向两个维度上助力中国式现代化建设。

（1）从纵向上看，保险助力中国式现代化体现在三个层面：一是微观上的人民，主要是保险如何助力"人民的获得感、幸福感和安全感"；二是中观上的国家，主要是保险如何应对风险型社会，如何上升到国家保险的高度来构建国家安全网；三是宏观上的人类，主要是保险如何成为可持续金融，通过赋能可持续发展助力构建人类命运共同体和人类卫生健康共同体。

（2）从横向上看，保险助力中国式现代化也体现在三个层面：一是可持续保险问题，将保险导入人类可持续发展的重要领域，如环境污染责任保险、巨灾保险、突发公共卫生事件公共责任保险、普惠保险等；二是负责任投资问题，引导保险资金投向可持续发展领域，同时要求保险资金运用时要将环境、社会和治理纳入投资决策；三是可持续金融问题，将保险和可持续发展结合在一起，旨在将保险导入人类可持续发展的重要领域，如中国的现代化产业体系建设、乡村振兴、区域协调发展、多层次风险治理体系、多层次养老保障体

系、多层次健康服务体系、"双碳"目标及联合国可持续发展目标（SDGs）等。

（三）保险自适应发展推进中国式现代化

从自适应发展的角度来看，首先要重新认识保险，并在此基础上从助推中国多层次风险管理体系建设上助力中国式现代化建设（如图3-3所示）。

一是重新认识保险。保险是一种看似简单、实则复杂的客观事物。在40多年里读懂500年的保险历史，看透500年的保险真谛，是一件颇有难度的事情，这就注定了中国保险业的发展是一个自适应过程，是一个不断逼近目标的过程。

二是重新定位保险。着眼国际国内经济社会发展中的重大问题，充分夯实保险业发展基础，实施"现实需求引领计划"，聚焦"服务实体经济、防控金融风险、深化金融改革"等现实问题，开展保险业发展的再定位、再规划、再出发，提升保险服务中国式现代化的能力，助推中国多层次风险管理体系建设，包括多层次灾害治理体系、多层次养老保障体系、多层次医疗保障体系等，为中国式现代化发展贡献力量。

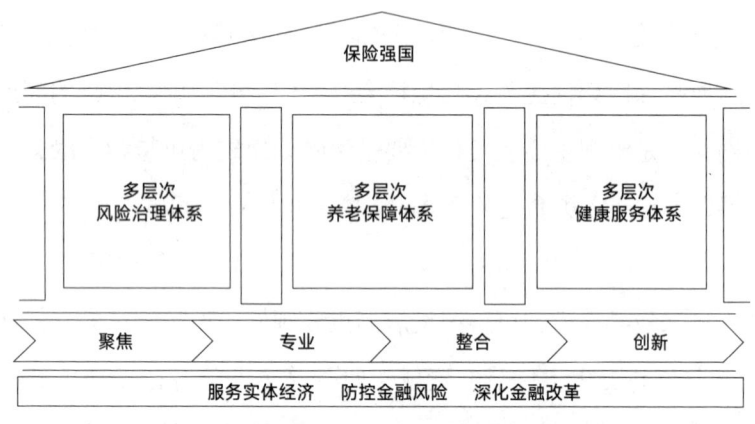

图 3-3 保险服务中国式现代化的自适应发展路径

中国式现代化进程中的财产保险

一、中国式现代化与中国财产保险业

党的二十大报告共十六次提及风险，包括"风险挑战""重大风险""系统性风险底线""系统性安全风险"等，涉及"环境风险""金融风险""安全生产风险"等，并指出要提高"防范风险""化解风险""风险监测预警""风险专项整治"的"风险能力"和"风险本领"。随后发布的《中共中央关于认真学习宣传贯彻党的二十大精神的决定》贯彻强调了四个方面的内容，其中之一就是"防范化解风险挑战"。因此，必须正视中国式现代化进程中的风险，并积极化解中国式现代化进程中的风险。

"开创保险服务中国式现代化新局面"指出："中国保险业要助推中国多层次风险管理体系建设，包括多层次灾害治理体系、多层次养老保障体系、多层次医疗保障体系、多层次扶贫救助体系等，为中国式现代化发展贡献力量。"具体到财产保险，其重心要放在构筑中国多层次灾害治理体系上。

二、中国多层次灾害治理体系初探

我国是世界上自然灾害最为严重的国家之一，灾害种类多，分布地域广，发生频率高，造成损失重。近年来，在党中央、国务院的坚强领导下，我国自然灾害防治工作取得重大成就，积累了应对重特大自然灾害的宝贵经验。但是尚未建立健全自然灾害治理体系，特别是保险的作用尚未得到有效发挥，亟须探讨建立多层次灾害治理体系。

多层次灾害治理体系，即多层次巨灾风险分散机制，是指构建包含巨灾保险、传统巨灾再保险、巨灾债券等特种风险分散机制的多层次、跨区域防灾减损治理体系。

保险参与自然灾害治理是经济社会发展的必然趋势，"巨灾风险一国承保—巨灾风险区域分散—巨灾风险国际承保—巨灾风险全球分散"已经成为全球自然灾害风险治理的主要手段。瑞再研究院发布的数据显示，2021年，自然灾害造成的全球经济损失为2700亿美元，其中保险业承担了1110亿美元经济损失，占比41.11%。中国应急管理部发布的数据显示，2021年，自然灾害造成的中国经济损失为3340亿元，其中保险业承担了186亿元（因灾赔付金额，其中财产险赔付金额184.8亿元，人身险业务赔付金额1.2亿元；财产险业务中，车险赔付84.6亿元、农险赔付17亿元），占比5.57%。另外，中国应急管理部发布的"2021年全国十大自然灾害"造成的直接经济损失为1837亿元，其中保险业赔付176.2亿元（财产险赔付175.3亿元，人身险赔付0.9亿元），占比9.59%。可见，中国保险业参与自然灾害治理的能力远低于全球平均水平，保险的作用尚未得到有效发挥。

巨灾风险是指因重大自然灾害、疾病传播、恐怖主义袭击或人为事故而造成巨大损失的风险。目前，地震风险、洪水风险、核电风险、恐怖主义风险等已有巨灾保险相应对。巨灾保险通过跨期积累，能够有效缓冲对当期（财政）的压力，有利于政府更好地行使管理职责，确保可持续发展。

我们回顾一下四川汶川地震。汶川大地震直接经济损失是8451亿元，保险只赔了20多亿元，占比是0.2%，还不到1%。在国际上，巨灾保险赔款一般占灾害损失的30%~40%，但在我国还不到1%。"唐山大地震若重演，损失将达到20万亿元"，显然，地震等重大自然灾害风险的影响已经超过了中国保险业所能承保的能力，也超过了地方政府所能承受的范围。如果说四川汶川地震后，我们举全国之力进行灾难恢复；显然，"唐山大地震重演"的损失预估已超过全国财政收入，寄希望于国家来解决重大自然灾害风险已经不现实。

面对"我国70%以上的城市位于地震区""未来50年，我国东部经济发达、人口稠密的地区发生一次七级以上的大地震，几乎是一个必然的事件"等，中国亟须建立多层次灾害治理体系，其中包括巨灾保险、巨灾债券等巨灾风险制度。

第一，制度设计。发挥好政府和市场两个方面的作用，以商业保险为平台，构建多层次的巨灾风险分散机制。

第二，推进试点。总结前期城乡居民住宅地震巨灾保险制度试点的经验，由以农房为主的地震保险试点向以城市商品房为主的地震保险试点过渡，同时由地震保险试点向地震、台风、海啸等一般性的巨灾及特殊性风险试点过渡。

第三，积极推动立法。协调相关部门及早出台巨灾保险条例，争取国家对巨灾保险的支持。

巨灾风险只是人类面临的生存性风险（Existential Risk）的一种。"在未来的一百年内，人类所面临的生存性灾难的概率是六分之一。"澳大利亚哲学家托比·奥德（Toby Ord）在他的新著《危崖：生存性风险与人类的未来》(*The Precipice: Existential Risk and the Future of Humanity*)中预测，核战争、气候变化、基因工程、人工智能……无论哪一项出现问题，都足以给人类带来灭顶之灾（如图3-4所示）。

三、生存性风险对中国多层次灾害治理体系的冲击

2002年，英国牛津大学人类未来研究所所长尼克·博斯特罗姆（Nick Bostrom）提出了生存性风险（Existential Risk）概念，又称存在性风险或全

生存性灾难	未来100年的发生概率
小行星或彗星撞击	约1/1 000 000
超级火山喷发	约1/10 000
恒星爆炸	约1/1 000 000 000
整体自然风险	约1/10 000
核战争	约1/1 000
气候变化	约1/1 000
其他环境破坏	约1/1 000
"自然"大流行病	约1/10 000
基因工程大流行病	约1/30
价值未对齐的人工智能	约1/10
不可预见的人为风险	约1/30
其他人为风险	约1/50
整体人为风险	约1/6
整体生存性风险	约1/6

《危崖：生存性风险与人类的未来》
著者：[澳]托比·奥德
译者：韦斯琳

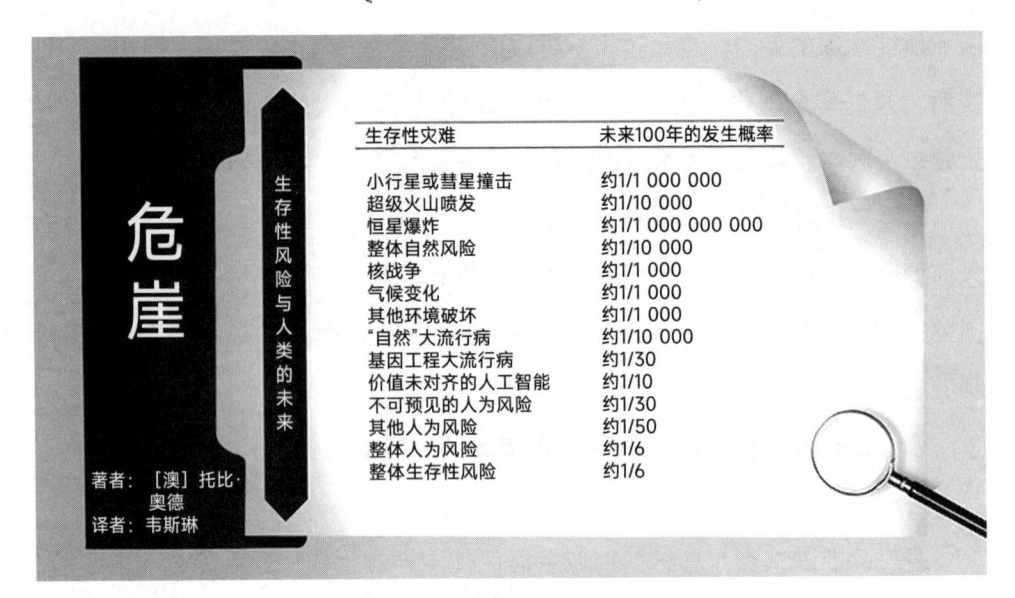

图 3-4　生存性风险与人类的未来

球灾难性风险（Global Catastrophic Risk），是指一种可能消灭起源于地球的智慧生命或永久性大幅降低其潜力的风险。根据风险评估的三个方面：影响范围、严重程度和发生概率，显然生存性风险属于影响范围最广泛、程度最严重的风险之一。

2017年，英国牛津大学人类未来研究所发布了《生存风险：外交与治理》（*Existential Risks: Diplomacy and Governance*），报告指出人类面临最迫切的三项生存性风险是重大流行病、极端气候变化和核战争，并呼吁各国领导人采取更多措施控制全球风险。2020年暴发的新冠病毒疫情、2022年俄乌冲突导致的核战风险等正在逐一验证报告的预测。

《危崖：生存性风险与人类的未来》中写道："若将人类历史比作一次穿越荒野的壮游，行程中必有误入歧路和艰难跋涉的时候，但也会有突飞猛进和邂逅美景的时候。20世纪，我们已翻越崇山峻岭，并且发现前面只有一条崖边小道：紧临摇摇欲坠的险境边缘。在人类历史中，这段相对短暂的时期构成了特殊的挑战。我们的应对方式将定义我们的故事，未来的历史学家将为这个时期命名，学童们将学习这段过往。但我想我们现在就该给它一个名字，我称之为'危崖时期'。"

在"危崖时期"，我们面临的生存性风险，早已不局限于超级火山喷发、小行星或彗星碰撞地球、恒星爆炸等发生概率不太高的自然风险，更要面对核武器、气候变化、其他环境破坏、"自然"大流行病、价值未对齐的人工智能等"人造风险"。

显然，生存性风险已经超出了传统保险的研究范围，传统保险更多地以"客观"危险为承保对象，但随着科技的发展，"客观"危险正在降低，如随着自动驾驶技术的发展，车辆事故发生率将下降90%以上。瑞再研究院2021年发布的《风险挑战：到2040年财产和意外险的机遇演变》报告显示，预计到2040年，车险在财产和意外险业务中的占比将从2020年的42%缩减至32%。另外，毕马威（KPMG）2015年在一份报告中预测，车险市场的份额将会在2040年缩水60%；2021年发布的《混沌进行时：自动驾驶汽车以及车险市场所面临的变革》报告中，KPMG修正了2015年预期数据，预计车险市场份额将在2050年缩水70%。

为此，保险需要从传统的"客观"危险转向新兴风险（Emerging Risk），瑞再研究院发布的《SONAR 2022：新兴风险洞察》（*SONAR 2022: New Emerging Risk Insights*）概述了十四大新兴风险：对健康与医疗的不信任、生育服务的风险、为新的流行病做准备、建筑原料短缺、商业太空时代的保险、永久冻土融化、使用新燃料的低碳航运、量子计算、生物技术的发展、核保加密资产、外来入侵物种、可持续农业、法律实践中的人工智能、自动承保等，其中多项风险都属于生存性风险的范畴。

生存性风险源于多种因素，根据损失原因可分为自然原因、人为原因和经济原因（如图 3-5 所示），根据风险特征可分为传统风险和新兴风险。为此，为应对生存性风险对中国多层次灾害治理体系的冲击，财产保险业至少要必备六大要素：①准确揭示生存性风险的严峻性与紧迫性，这是先决条件；②明确生存性风险与传统风险的区别；③确定生存性风险的基本假设、概念、问题等，这为理论研究所必备；④明确生存性风险的研究重点与难点；⑤开展相关试点并进行总结推广；⑥评估保险对策的有效性、可行性和时限性。

损失原因一般分类

损失的自然原因——自然活动，不受人类干涉

地陷	闪电	极端温度
干旱	大气现象	海啸
地震	霉变	潮汐
腐蚀	霉菌	疯长的植物
蒸发	空中灾害（如结冰、晴空乱流）	害虫
火灾	火山爆发	洪水
冰雹	杂草	极端湿度
腐烂	风（如龙卷风、飓风、台风）	冰
生锈	山崩/泥石流	海洋灾害（如冰山、海浪、沙洲和暗礁）

损失的人为原因——个人或小团体行为

纵火	人为过失	音爆
化学泄漏	工业污染	恐怖行为
倒塌	工会罢工（直接影响）	偷盗、伪造、欺诈
歧视	熔化的材料	堆物倒塌
超电荷	污染（烟、雾、水、气味）	贪污
停电	故意破坏、恶意损坏	没收（充公）
暴乱	震动	颠覆活动
水锤	人为烟火	收缩

损失的经济原因——大的群体对特定条件的反应行为

消费者偏好的变化	通货膨胀	罢工
过时	技术进步	币值波动
股市下跌	战争	萧条（衰退）

图 3-5　风险损失原因的一般分类

综上，为应对生存性风险对中国多层次灾害治理体系的冲击，中国财产保险业需要从以下四个方面开展工作：一是研判生存性风险的严峻性与紧迫性，这是首要前提，为此需要远见能力；二是确定开展生存性风险管理的内容，这是研究主体，为此需要预防能力；三是探讨新型决策机制，这是治理对策的切入点和启动方案，为此需要治理能力；四是创新开展生存性风险的承保，这是最终目标，为此需要保障能力。概括来说，中国财产保险业面对生存性风险，要打造源头预防、监测预警、治理恢复、健全保障的保险体系，向"危崖"说"不"。

四、财产保险如何助力中国多层次灾害治理体系建设

中国式现代化进程中的财产保险，要针对种种风险（包括生存性风险）挑战建构中国特色的风险源头分析、风险监测预警、风险评估控制、风险融资恢复等风险治理体系，立足源头消减风险，最小化风险因素给社会整体造成的负面影响，这就要求中国财产保险业具备远见、预防、治理、保障四项能力，这将是中国财产保险业的一个新的时代命题（如图3-6所示）。

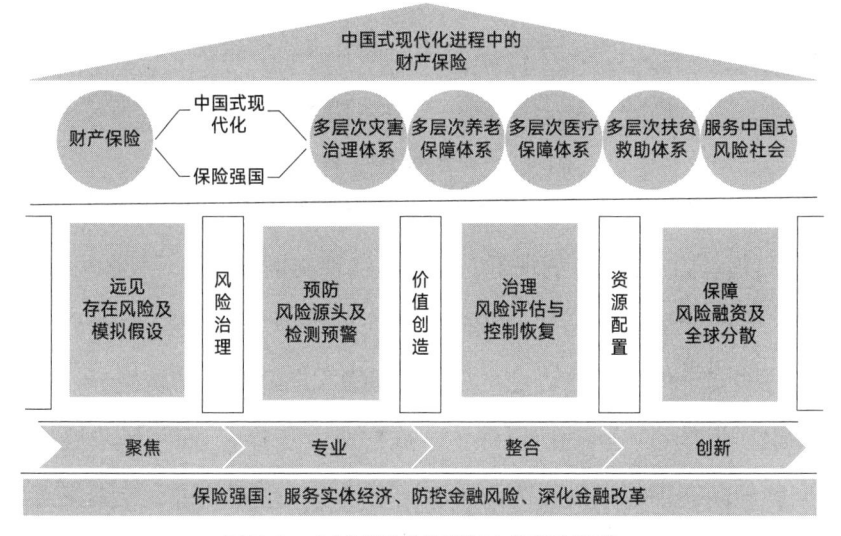

图3-6 中国式现代化进程中的财产保险

（1）远见。远见是时间上的视野，即我们选择展望多久远的未来。

党的二十大报告指出："我国发展进入战略机遇和风险挑战并存、不确定难预料因素增多的时期，各种'黑天鹅''灰犀牛'事件随时可能发生。"在瞬息万变的风险环境下，中国财产保险业应运用自己的全局观和知识储备提前制定风险解决战略和思路，引导风险向可保风险进行转换，成为对未来风险的"预言家"。

世界经济论坛（WEF）与威达信（MMC）联合发布的《2022年全球风险报告》预测，到2030年，气候行动失败、极端天气、生物多样性破坏、社会凝聚力侵蚀、生计危机、传染性疾病、人为环境破坏、自然资源危机、债务危机及地缘经济对抗将成为全球主要风险（如图3-7所示）。中国财产保险业应进行相应调整，以面对上述风险性质的转变。

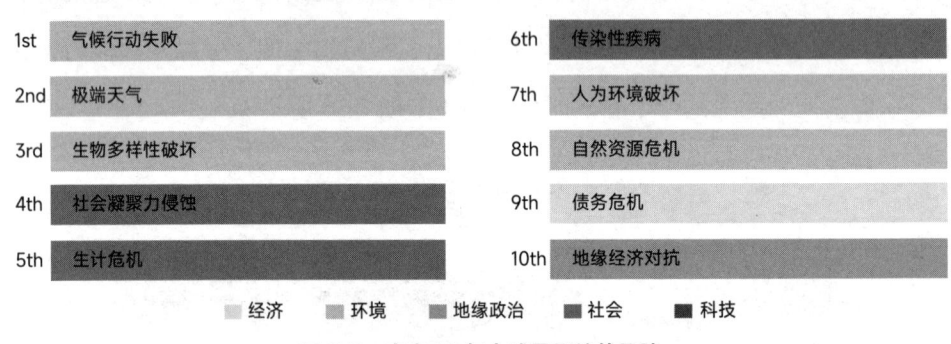

排名	风险	排名	风险
1st	气候行动失败	6th	传染性疾病
2nd	极端天气	7th	人为环境破坏
3rd	生物多样性破坏	8th	自然资源危机
4th	社会凝聚力侵蚀	9th	债务危机
5th	生计危机	10th	地缘经济对抗

■ 经济　■ 环境　■ 地缘政治　■ 社会　■ 科技

图3-7　未来10年全球最严峻的风险

（2）预防。预防是思考的视野，即如何在现实世界中进行长远思考。

党的二十大报告指出："坚持安全第一、预防为主，建立大安全大应急框架，完善公共安全体系，推动公共安全治理模式向事前预防转型。""思危所以求安，虑退所以能进，惧乱所以保治，戒亡所以获存。"面对风险挑战，关键是突出问题导向，不忽视风险苗头和小概率风险，也不放过风险聚集点和大概率事件，既防"黑天鹅"，又防"灰犀牛"。知危图安，要靠主动作为。既要有防范风险的先手，也要有应对和化解风险挑战的高招；既要打好防范和抵御风险的有准备之战，也要打好化险为夷、转危为机的战略主动战。守住底线，盯住问题，奋发有为，才能做到"任凭风浪起，稳坐钓鱼船"。

通过分析风险源头，我们就可以选择和实施风险控制的措施以预防未来事故的发生或减轻将要发生的事故的严重程度。目前，关于事故原因的理论或方法主要包括多米诺理论（Domino Theory）、一般控制理论（General Methods of Control）、能量破坏性释放理论（Energy Transfer Theory）、TOR方法（Technique of Operations Review）、系统安全方法（System Safety Approach）等。这些理论或方法从不同的角度阐述了如何对事故进行分析，没有一种理论或方法是最优的或处处可用的。然而，我们可以把这些理论或方法作为一种工具来分析事故发生的原因，并相应地采取风险避免，损失预防，损失减少，分离、复制和分散等风险控制技术。

（3）治理。治理是行动上的视野，即如何长远保证预防得到落地。

党的二十大报告提出要推进国家治理体系和治理能力现代化，风险既有全球化时代的共性特征，也受中国特定发展阶段、独特国情和治理体系的影响。为此，中国财产保险业面对生存性风险要增强机遇意识和风险意识，科学预测风险，精准预防风险，自动治理风险，以此实现财产保险业更高质量、更有效率、更可持续、更为安全的发展。

回顾中国风险应对体系建设，先后经历了行政管控、风险管理、应急管理、应急治理和风险治理五个阶段，每个阶段的治理主体、治理对象、治理工具和治理理念等都存在差异（见表3-1），从这五个阶段来看，中国财产保险业要把握风险治理的四大发展趋势，即治理主体从单中心走向一核多元，治理对象从单一风险走向综合风险，治理工具从简单走向丰富，治理理念从以"个案事件"为中心走向以"系统风险"为中心。

表 3-1　中国风险应对体系建设五个不同阶段的特征比较分析

分类	行政管控 （1949—1977 年）	风险管理 （1978—2002 年）	应急管理 （2003—2012 年）	应急治理 （2013—2016 年）	风险治理 （2017 年至今）
主体	单中心垄断	非国家主体的非制度化参与		一核多元	
对象	政治风险	经济风险	社会风险		综合性风险
工具	政治运动行政指令	经济、法律和行政监管工具		经济、法律、行政监管、社会协同、公众参与和科技工具	
理念	个案事件	局部专业风险	应对系统化的多事件		防范系统风险
关键事件	1960 年山西平陆县民工集体食物中毒事件	1997 年成功应对亚洲金融危机	2003 年非典型肺炎疫情应对	2015 年民政部印发《关于支持和引导社会力量参与救灾工作的指导意见》	2020 年至今新冠病毒疫情应对

资料来源：笔者根据《从行政管控走向风险治理：中国风险应对体系建设的发展历程与逻辑》一文整理。

为此，中国财产保险业要大力开发风险治理技术工具，构建风险识别、风险评估、风险控制等风险治理体系，提高风险治理效率。通过对风险源的分析，准确摸清"风险存量"；严把"风险预防"，减少"风险存量"并遏制"风险增量"；推行全面风险治理，实现风险治理的"无遗漏"和"无缝隙"。

（4）保障。保障是交易上的视野，即财产保险如何成为风险的最后一道防线。

党的二十大报告指出："提高防灾减灾救灾和重大突发公共事件处置保障能力，加强国家区域应急力量建设。""完善基本养老保险全国统筹制度，发展多层次、多支柱养老保险体系。""促进多层次医疗保障有序衔接，完善大病保险和医疗救助制度，落实异地就医结算，建立长期护理保险制度，积极发展商业医疗保险。"为此，中国财产保险业要创新保险经营模式，从目前的"保险保障"（Insurance Protection）转向"保险交易"（Insurance Exchange），逐步转向"风险定价"，如此才能实现中国风险与全球保险市场的对接，才能实现中国保险与全球风险市场的对接。

中国式现代化进程中的人身保险

一、中国式现代化与中国人身保险业

党的二十大报告提出："完善基本养老保险全国统筹制度，发展多层次、多支柱养老保险体系。""促进多层次医疗保障有序衔接，完善大病保险和医疗救助制度，落实异地就医结算，建立长期护理保险制度，积极发展商业医疗保险。"明确了人身保险业要积极助推中国多层次养老保障体系和多层次医疗保障体系建设，为中国式现代化发展贡献力量。

二、中国多层次养老保障体系

党的二十大报告指出："建成世界上规模最大的教育体系、社会保障体系、医疗卫生体系，教育普及水平实现历史性跨越，基本养老保险覆盖十亿四千万人，基本医疗保险参保率稳定在百分之九十五。"经过20多年的发展，我国初步建立起多层次、多支柱养老保险体系。

我国多层次的养老保险体系分三个层次（支柱）：第一层次是政府主导的公共养老金；第二层次是以就业为基础，用人单位和参保人共同缴费的补充养老保险制度；第三层次则是建立在个人缴费和市场运行基础上的第三支柱养老金。目前，个人养老金和个人养老金融产品（包括养老储蓄存款、养老理财和养老基金、专属养老保险、商业养老保险等）刚刚开始建立，还处于起步阶段。个人养老金制度的建立标志着我国多层次的养老金制度体系框架初步建成。

从我国初步建立的多层次、多支柱养老保险体系来看，第一支柱里有个人账户，第二支柱和第三支柱是完全积累的账户养老金制度。因此，我国多层次养老保险体系建设在某种意义上就是要大力发展账户养老金，即第二支柱、第三支柱养老金。2022年12月23日，中国社会科学院发布的《中国养老金发展报告2022》指出，到2035年我国账户养老金缺口至少是80万亿元，并认为只有通过对第二支柱和第三支柱的改革才能逐渐接近2035年的目标。从我国第二支柱和第三支柱的实际状况及国际经验来看，个人养老金和个人养老金融产品才是未来发展的重点，特别是个人养老金融产品。

国家统计局发布的《养老产业统计分类（2020）》将养老产业的范围确定为养老照护服务、老年医疗卫生服务、老年健康促进与社会参与、老年社会保障、养老教育培训和人力资源服务、养老金融服务、养老科技和智慧养老服务、养老公共管理、其他养老服务、老年用品及相关产品制造、老年用品及相关产品销售和租赁、养老设施建设十二大类。从保险业的角度来看，养老产业可以分为三大类：养老金融、养老机构和养老服务（如图3-8所示）。

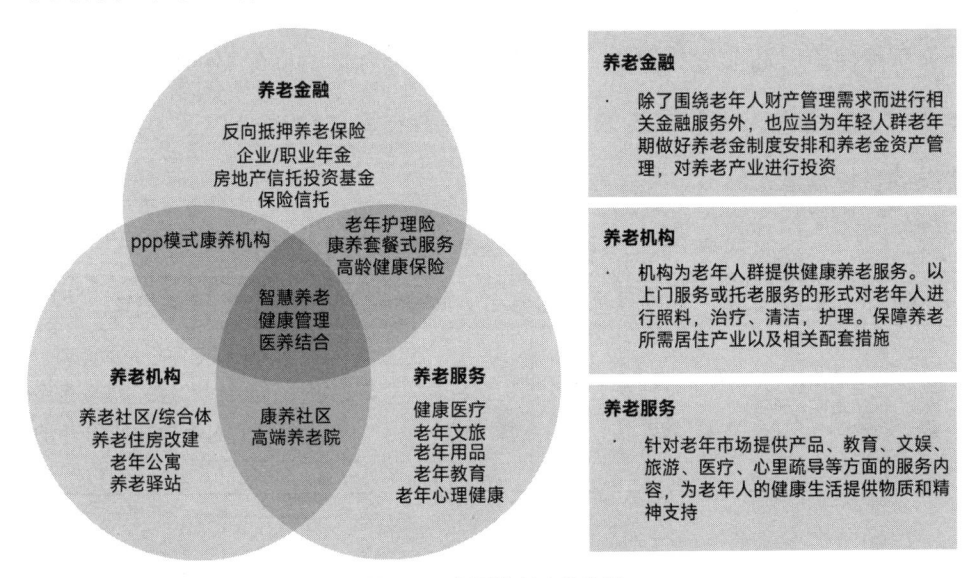

养老金融
- 除了围绕老年人财产管理需求而进行相关金融服务外，也应当为年轻人群老年期做好养老金制度安排和养老金资产管理，对养老产业进行投资

养老机构
- 机构为老年人群提供健康养老服务。以上门服务或托老服务的形式对老年人进行照料、治疗、清洁、护理。保障养老所需居住产业以及相关配套措施

养老服务
- 针对老年市场提供产品、教育、文娱、旅游、医疗、心里疏导等方面的服务内容，为老年人的健康生活提供物质和精神支持

养老金融：反向抵押养老保险、企业/职业年金、房地产信托投资基金、保险信托

养老机构：养老社区/综合体、养老住房改建、老年公寓、养老驿站

养老服务：健康医疗、老年文旅、老年用品、老年教育、老年心理健康

ppp模式康养机构

老年护理险、康养套餐式服务、高龄健康保险

智慧养老、健康管理、医养结合

康养社区、高端养老院

图 3-8 中国养老产业分类

目前，我国商业养老保险已从单纯的养老保险产品（养老金融）扩展到养老机构、养老服务，逐步建立起"三位一体"的养老保险业发展模式，除了在"生"和"老"上帮助客户"保值增值"或"积蓄养老"之外，还在"病、死、残"上帮助客户"健康管理"或"提升生命质量"。通过"三位一体"的发展模式，帮助寿险公司在"生、老、病、死、残"上建立起养老保险边界，以此形成与银行、证券的竞争边界，真正成为养老金融的专家。

三、中国多层次医疗保障体系

经过 20 余年的发展，我国医疗保障经历了制度从无到有、覆盖面从小到大、保障能力从低到高、管理服务从粗到精、改革路径从孤立到协同的发展历程，初步建成了以基本医疗保险为主体、医疗救助为托底、其他多种形式保障为补充的多层次医疗保障体系，在保障国民公平就医权方面发挥了重要作用。2020 年 2 月 25 日，《中共中央　国务院关于深化医疗保障制度改革的意见》明确提出："到 2030 年，全面建成以基本医疗保险为主体，医疗救助为托底，补充医疗保险、商业健康保险、慈善捐赠、医疗互助共同发展的医疗保障制度体系……"这将成为我国未来一定时期内多层次医疗保障体系（见表 3-2）建设的目标模式。

表 3-2　我国多层次医疗保障体系基本框架

层次	医保制度	保障对象	保障内容	筹资方式
主体层	基本医疗保险	城镇职工城乡居民	医保目录内规定的报销范围	城镇职工保险为单位和个人按比例缴费，城乡居民为个人缴费和政府补助结合

续表

层次	医保制度		保障对象	保障内容	筹资方式
补充层	补充医疗保险	城乡居民大病保险	城乡居民	城乡居民医保报销后需个人负担的合规医疗费用	城乡居民医保基金划拨
		职工大额医疗费用补助	城镇职工	基本医疗保险报销后需个人负担的合规医疗费用	企业和个人缴费、政府支持鼓励
		公务员医疗补助	公务员及部分事业单位人员	基本医疗保险报销后需个人负担的合规医疗费用	财政
		企业补充医疗保险	企业职工	职工基本医疗保险支付以外由职工个人负担的合规医药费用	企业自主建立，政府鼓励支持
	商业健康保险		被保险人	承保范围内的医疗费用	参保人自愿购买
	其他补充医疗保障	慈善	全社会	属于慈善捐赠救助的标准和情形	社会各界募集
		医疗互助	职工医疗互助参与职工；网络医疗互助参与公众	疾病和意外伤害等风险互助保障	职工医疗互助是工会组织实施、职工自愿缴费参加，网络医疗互助是社会公众自愿参加
保底层	医疗救助		困难人口	资助参加城乡居民保险；发放医疗救助金；减免医疗费用	财政补助、社会捐赠等

总体而言，由政府主导的"基本医疗保险＋大病保险＋医疗救助"三重保障制度建设已经比较完善，而且制度间的衔接相对系统。但商业健康保险、医疗互助、医疗慈善、职工互助等其他保障措施的制度建设较为零散，因此需要将商业保险纳入多层次医疗保障体系的范围进行系统化研究。《"十四五"全民医疗保障规划》对包括商业健康保险、医疗互助、医疗慈善等的发展提出了明

确要求和具体任务，以促进多层次医疗保障体系发展。

目前，我国商业健康险发展相对滞后，尚未厘清其与基本医疗保险的责任边界，在多层次医疗保障制度体系中的作用有限；普惠型健康险产品受益门槛偏高，极低的受益率会影响人们持续参保的积极性，同时，产品开发缺乏医疗数据支撑，财务可持续性面临潜在风险。为此，第一，要支持商业保险机构开发与基本医疗保险相衔接的商业健康保险产品（替代型/待遇补充型/渠道补充型），更好覆盖基本医疗保险不予支付的费用；第二，要找到"惠民保"在国家多层次医疗保障体系中的定位及突破口；第三，要探索推进医疗保障信息平台与商业健康保险信息平台实现信息共享。

四、人身保险如何助力中国多层次养老和医疗保障体系建设

中国式现代化进程中的人身保险，要深度融合到中国多层次养老保障体系和多层次医疗保障体系建设之中，这就要求中国人身保险业具备远见、智识、连接、投资四项能力，这将是中国人身保险业的一个新的时代命题（如图 3-9 所示）。

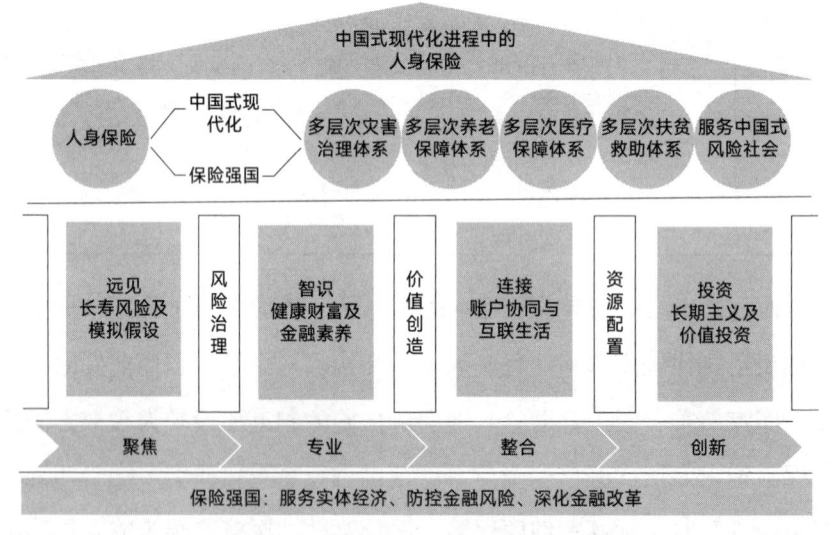

图 3-9　中国式现代化进程中的人身保险

（1）远见。远见是时间上的视野，即我们选择展望多久远的未来。

当前，中国人身保险业所暴露的战略定位模糊、发展模式粗放等问题，基本上都是因保险机构的"短视思维"而导致的"短期行为"结果，即保险机构对人身保险业的经营规律缺乏深刻认知。因此，人身保险公司应当清醒地认识到"长期主义"才是人身保险业需要坚持的价值观和方法论。只有以"长期主义"的思维和原则，才能对中国人身保险业当前存在的问题、矛盾和风险保持足够的警觉，才能采取合适的处置策略来保证人身保险业的长期稳定发展。

长寿时代（Long-life Time）的到来，使长期主义（Long-termism）成为我们为长期目标或结果而进行决策的基本准则。因此，中国人身保险业要重新思考和秉持长期主义，科学地迈入"扩面提质时代"。

（2）智识。智识是思考上的视野，即如何在现实世界中进行长远思考。

当今世界，随着经济的迅速发展，财经理论和实践的不断演进，世界各国创造了数不胜数的金融思想、金融工具和市场规则。这就要求我们每个人、每个家庭、每个组织甚至政府，都必须具备一定的金融素养和财经智慧，也就是必须有"智识"，这样才能更好地应对日益复杂的经济金融环境，才能更好地实现"超级不确定时代"的健康财富管理。

阿尔伯特·爱因斯坦曾言："信息不是知识。关于'是什么'的知识无法打开'应该是什么'的大门。"要想打开智慧之门，关键还是要提高智识。那么，究竟什么是智识呢？智识是高于知识、能够统领知识的智慧。具体来说，智识是能够正确理解、判断各种复杂事物，理解人与人、人与自然、人与社会之间基本关系的能力。

根据人民银行发布的《消费者金融素养调查分析报告（2021）》，2021年全国消费者金融素养指数为66.81，与2019年相比提高了2.04。尽管消费者在金融态度上的表现较好，但是在金融行为和技能方面体现出较大的差异性，还需进一步提升基础金融知识水平。为此，中国人身保险业需要致力于提升消费者的金融素养和财经智慧，这正是笔者一直倡导的健康财富智慧家（Healthy Wealthy and Wise，HWiser）理念，即帮助消费者构建健康、财富与智慧的知识图谱，实现"健康+财富+智慧=自由"的目标。

综上，中国人身保险业要拓宽保险的概念，把保险扩展到健康、财富、智识等维度，帮助消费者厘清物质财富、健康财富和精神财富的关系，帮助消费者重新思考生命价值（Value of Life）及生命质量（Quality of Life），帮助消费者提升健康金融素养（Health Finance Literacy）、养老金融素养（Ageing Finance Literacy）及数字金融素养（Digital Finance Literacy）、可持续金融素养（Sustainable Finance Literacy）等。

（3）连接。连接是行动上的视野，即如何长远实现保险产品服务与生活的互联。

连接人与人、连接人与物、连接物与物，连接一切的背后是互联网、物联网、智能网，人身保险要在适应未来社会复杂性和群体多样性的基础上，构建面向未来的金融网——金融互联网（Internet of Finance，FinNet），其中人身保险要成为重要"账户"，包括健康账户、养老账户、财富账户、智识账户等。

随着人身保险扩展到健康账户、养老账户、财富账户、智识账户等，相应的人身保险也扩展到了健康金融、养老金融、财富管理等生命经济（Life Economics）、生命金融（Life Finance）领域，显然保险已经变成了连接的"桥梁"，或者支付的"通道"。

①健康金融。健康金融是指以直接或间接促进个体或国民健康为目的的金融，包括三层内涵：第一层是对象维度，即个体健康与群体健康；第二层是时间维度，包括短期健康与全生命周期健康；第三层是时空维度，指基于知识经济的时空规律。

②养老金融。随着中国老龄化的加速，养老金融也从传统强调养老金管理的养老金融（Pension Finance）转变为包括养老金融、养老服务、养老机构等在内的养老金融（Ageing Finance）。从狭义的养老金融变为广义的养老金融，其概念更加广泛。

③财富管理。财富管理主要是指以客户为中心，设计出一套全面的财务规划，通过向客户提供现金、信用、保险、投资组合等金融服务，将客户的资产、负债、流动性进行综合管理，以满足客户不同阶段的财务需求，帮助客户达到降低风险，实现财富保值、增值和传承等目的。财富管理包含的范围很广：现金储蓄及管理、债务管理、个人风险管理、保险计划、投资组合管理、退休计划及遗产安排等。财富管理市场的要素主要包括资金端、财富管理机构、资产管理机构和资产端。

因此，中国人身保险业要在"聚焦、专业、整合、创新"理念的框架下做好"连接"工作。为此，要在科技、内容、人文、工程的四岔路口进行思想革命、精神革命和维度革命，全面强化连接思维，导入共享经济和平台经济理念，通过体制机制和商业模式创新，全面整合内外部资源，将公司打造为高素质和强能力的"集成商"；通过集成和融合创新，为客户提供最"物美价廉"的产品和服务。同时，打造"轻结构"的组织和运营体系，有效整合和协调内部资源，实现高质量发展。

（4）投资。投资是交易上的视野，即人身保险如何打造驱动发展的长期动能。

国家统计局公布的数据显示，2022年，全国居民人均可支配收入36883元，比2021年名义增长5.0%，扣除价格因素，实际增长2.9%。居民人均可支配收入的持续增加为私人财富的积累奠定了稳定的基础，同时为财富管理业务的开展带来了旺盛的需求和充足的流动性。综合来看，当前我国居民收入增

读懂未来中国保险
>>> 从保险大国到保险强国

速持续领跑全球，财富的积累必然会提升对财富管理的需求；另外，家庭资产配置由房地产转向金融资产是长期趋势，对金融投资专业性的需求给财富管理市场的发展提供了契机；再加上老龄化背景下，"老有所养"的美好愿景将孕育出新的资产配置需求。这些映射到人身保险业是健康金融、养老金融和财富管理，但背后却要靠"投资"来驱动发展。

投资，就是了解资产、了解自己、了解组合、了解变化的过程。一是筛选资产（了解资产）：了解各类资产的属性和特征，筛选出自己的核心/非核心资产。二是匹配资产（了解自己）：依据自己的投资目标和能力，依据特征匹配合适的资产。三是分散组合（了解组合）：在适合自身的备选资产中，分散组合合适的资产。四是动态轮动（了解变化）：根据市场变化和核心因子轮动，动态调整组合比例。

随着中国经济社会的发展，居民财富配置重心向金融资产（包括人身保险）倾斜，中国人身保险业如何取胜未来，关键是在投资端是否具备远见、周期、配置、均衡四项能力。投资就像一场同时间和机遇的赛跑，始终不变的核心命题是"寻找优质资产"。

中国式现代化进程中的保险投资

一、中国式现代化与中国保险资金运用

党的二十大报告提出,到 2035 年我国将基本实现社会主义现代化,经济实力、科技实力、综合国力大幅跃升,实现高水平科技自立自强,迈入创新型国家前列,成为制造强国、质量强国、航天强国、交通强国、网络强国、数字中国。2035 年的远景目标为保险投资指明了新的方向,那就是围绕国家战略(国之大者)凸显保险资金的长期配置价值。

二、中国式现代化的新变化

中国式现代化是一个开放复杂巨系统,涉及经济的高质量、可持续、自适应发展。其中,高质量发展的着力点在实体经济,可持续发展的切入点在科技创新,自适应发展的落脚点在对外开放。具体到保险投资,首先要理解中国式现代化背后的十大思想、十大远景与十大机遇等。

(1)中国式现代化的十大思想。党的二十大报告回应了新时代命题,传递了新发展理念、新发展格局、新发展阶段的重大信号,从经济思想的角度来看主要有十项内容:习近平新时代中国特色社会主义思想是中国经济思想的基础;中国式现代化是全面推进中华民族伟大复兴的基础;新发展格局要求推动高质量、可持续、自适应发展;高水平社会主义市场经济体制由公有制经济和非公有制经济组成;科技是第一生产力、人才是第一资源、创新是第一动力;

推进共同富裕，完善分配制度，促进机会公平，规范财富积累机制；建立多主体供给、多渠道保障、租购并举的住房制度；建立生育支持政策体系，实施积极应对人口老龄化国家战略；推动绿色发展，促进人与自然和谐共生，加快规划建设新型能源体系；以新安全格局保障新发展格局。

（2）中国式现代化的十大远景。2035年远景目标，立足2035年基本实现社会主义现代化的主客观条件，既充分考虑我国发展具有多方面优势和有利条件，也充分考虑各种风险和挑战，从十个方面对未来中国进行了展望和顶层设计：一是经济实力、科技实力、综合国力大幅跃升，进入创新型国家前列；二是基本实现新型工业化、信息化、城镇化、农业现代化；三是基本实现国家治理体系和治理能力现代化；四是建成文化强国、教育强国、人才强国、体育强国、健康中国；五是广泛形成绿色生产生活方式，美丽中国建设目标基本实现；六是形成对外开放新格局；七是人均国内生产总值达到中等发达国家水平，基本公共服务实现均等化；八是平安中国建设达到更高水平；九是人民生活更加美好，人的全面发展、全体人民共同富裕取得更为明显的实质性进展；十是中国式现代化更清晰，是中国共产党领导的社会主义现代化，既有各国现代化的共同特征，更有基于自己国情的中国特色。

（3）中国式现代化的十大机遇。党的二十大报告所勾画的未来方向，将使我们脚下之路走得更为坚定，以后天的视角思考明天的格局，以明天的格局做出今天的决策。展望未来，保险投资要从中国企业面临的十大机遇中找到优质资产：双循环新发展格局下增强国内大循环内生动力，各地区将趋向于形成以"主体功能区"为特征、优势互补的区域经济布局，企业需要围绕各区域具备比较优势的产业做长期布局；企业市场边界扩大，但区域品牌价值会不断下降；"线上数据"与"线下物流"作为双循环的"基础设施"将迎来发展机遇；双循环新发展格局下提升国际循环质量和水平，中高端产品出口竞争力将得到提升；资本市场将更好地支持创新型企业实现融资发展，提升投资者资产配置效率；现代化基础设施的重点方向与其所涉及的行业，不仅具备"适度超前"的短期机遇，也具备"事关根本和长远"的长期机遇；数字化转型是企业实现创新发展的"基础设施"；专精特新是企业实现创新发展的"指路明灯"；企业的低碳绿色化转型已成为实现长期价值化发展的"标尺"；新兴产业迎来与"双碳"融合发展机遇。

三、中国式现代化的新要求

（一）中国式现代化的新要求，以赋能科技成果转化为例

党的二十大报告对金融服务中国式现代化新局面进行了有关部署，其中"金融能赋能科技成果转化"对于"加快建设现代化产业体系"具有重要的作用。为此，保险投资要从七个方面赋能科技成果的转化，助力国家现代化产业体系建设（详见《中国式现代化进程中的保险实践》一文）。另外，党的二十大报告就金融保险服务中国式现代化新局面共作了九大部署，"金融能赋能科技成果转化"要结合其他八项战略部署，在实现保险业高质量、可持续、自适应发展的基础上，开创保险投资服务中国式现代化新局面。

（二）中国式现代化的新要求，以赋能共同富裕进程为例

党的二十大报告强调，中国式现代化是全体人民共同富裕的现代化，"坚持把实现人民对美好生活的向往作为现代化建设的出发点和落脚点"。共同富裕的核心要务从宏观角度来看就是要解决发展不充分、不平衡问题，推动整体经济的高质量发展；从微观角度来看就是要打破资源配置不均衡对共建共享的制约，让所有社会成员平等地拥有追求富裕的权利，并平等地享有社会经济高质量发展的成果。

共同富裕包括做大"蛋糕"与分好"蛋糕"两大相互交织的路径。这实际上为保险投资促进共同富裕提供了基本思路。从做大"蛋糕"的角度出发，就是要加大保险投资对实体经济的支持力度，从不同维度推动经济结构的优化和

社会经济高质量发展，夯实共同富裕的物质基础。从分好"蛋糕"的角度出发，就是要通过保险投资的资源配置功能，为社会成员合法合规致富提供资金支持，缩小社会贫富差距。

中国实现共同富裕是一项极为复杂的历史任务，保险在某种程度上是实现和保障社会共同富裕的"底座"。在促进共同富裕的过程中，保险业发挥着风险保障、资金融通和社会管理的功能作用。促进共同富裕，资金支持是重要条件。随着共同富裕的扎实推进，欠发达地区经济社会发展对资金的需求随之增大，迫切需要更多保险资金参与到帮扶开发中来。

四、保险投资如何凸显长期配置价值

中国式现代化进程中的保险投资，要深度融合到国家战略（国之大者）中凸显保险资金的长期配置价值，这就要求中国保险投资具备远见、周期、配置、均衡四项能力，这将是中国保险投资的一个新的时代命题（如图3-10所示）。

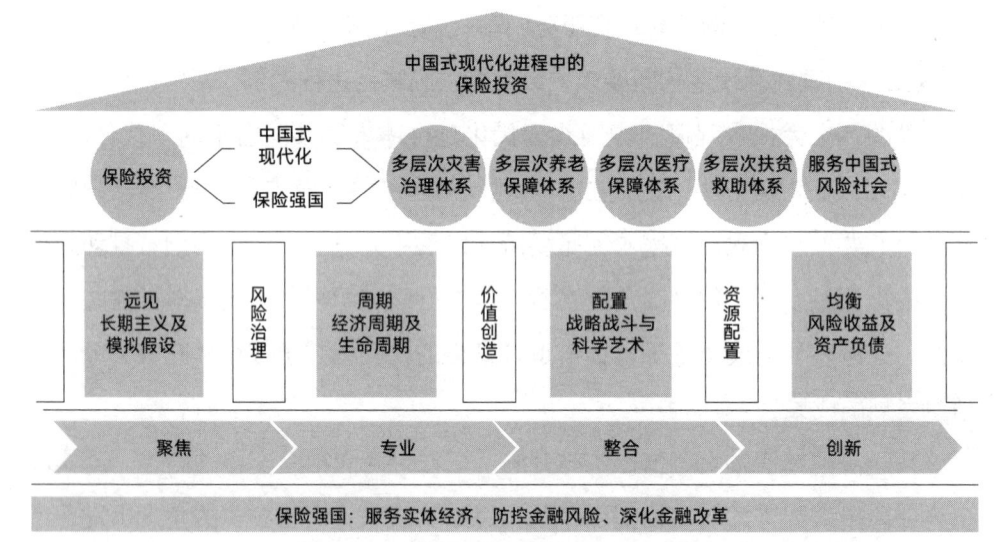

图3-10 中国式现代化进程中的保险投资

（1）远见。远见是时间上的视野，即我们选择展望多久远的未来。

2020年以来，我们开始明白自己所处的"不确定时代"，其实已经是"超级不确定时代"，整个时代出现了系统的不确定性；这个时代更像一个"动荡时代"，在俄乌冲突、中美经贸摩擦等多重因素叠加影响下，全球金融市场剧烈动荡，国内经济形势日趋严峻，加剧了金融市场的动荡。

面对这个"动荡时代"，如何进行保险投资？又该如何进行资产配置？身处这个时代的保险业，需要厘清趋势脉络，提升周期认知，改变配置思维，升华均衡智慧。重新审视我们的时代，保险投资就是揭开"资产配置"神秘面纱的过程，就是通过"资产配置"驱动保险业发展的过程。

（2）周期。周期是思考上的视野，即如何在现实世界中进行长远思考。

周期分为经济周期和社会周期，其中经济周期是指经济活动沿着经济发展的总体趋势所经历的有规律的扩张和收缩，社会周期是指人类社会发展呈周期性。以经济周期为例，猪周期是3~4年一轮的农业短周期，库存周期是3年一轮的存货调整短周期，产能周期是7~10年一轮的设备更新中周期，房地产周期是由人口和金融等因素带来的20年一轮的销售投资周期，创新周期是由创新带来的产业投资浪潮及其退潮引发的30~50年一轮的周期波动。每个人的一生都会经历10轮产能周期、30轮存货周期、30轮猪周期，但是对于以百年计的社会大周期而言，一个人的一生只能经历其中的一个片段，现在我们就处在大周期的转折点上，旧秩序开始瓦解，新秩序正在重建，动荡和摩擦在加剧。

万物皆周期。"忽视周期，简单地外推趋势，是投资人所做的最危险的事情。"霍华德·马克斯（Howard Marks）在《投资最重要的事》（*The most Important Thing: Uncommon Sense for the Thoughtful Investor*）中说道，"投资人的行为经常建立在一厢情愿的想法上：公司现在做得好，投资人就倾向于认为将来会一直这样好下去；投资的资产现在跑赢了市场，投资人就容易认为将来会一直跑赢市场。"这段话道出了宏观环境和经济周期对投资的重要性。

（3）配置。配置是行动上的视野，即如何长远实现保险投资的保值增值。

资产配置是指根据投资需求将可投资金在不同资产类别之间进行分配。从全球资产配置方法论来看，主要聚焦在大类资产配置上。大类资产配置，首先就要明确用于投资的资产类别，也就是将具有同质投资机会的资产集合起来。一般而言，大类资产类别的划分，要满足以下特征：①同质性，同一类别资产具有类似的描述和统计特征；②排他性，一项资产不能同时归属两个类别；③相关性，同一类别资产相关性高，不同类别资产的相关性不能太高。Greer（1997）将大类资产划分为三类：①资本资产，通过未来现金流的资本化产生价值，如权益、固定收益和房地产；②消费或转化类资产，通过消费或转化产生价值，如谷物、能源等大宗商品；③价值储藏类资产，在交换和出售时体现价值，如货币、珠宝、艺术品等。

有效的大类资产配置被认为是获取投资收益的关键，《投资组合表现的决定因素》（Determinants of Portfolio Performance）一文指出，美国共同基金的主要收益来源就是大类资产配置的投资策略。大类资产配置策略自诞生以来不断发展，与经济学理论的发展相比，其目标导向更偏向实操。通俗点讲，大类资产配置理论发展的目标和动力，就是怎样通过大类资产配置更快、更安全的"赚钱"策略。在其发展的历史中，这一实用性的导向也十分突出，资本市场的发展、资产类型的丰富，以及对于投资收益的追求不断成为大类资产理论的发展动力（见表3-3）。

表 3-3　主要的大类资产配置方法及分类

策略风格		名称	提出者	提出时间	特点
恒定混合策略		等权重投资组合	—	早期	实质上的恒定混合策略、反转策略
		60/40 投资组合	—	20世纪30年代	起源于美国、恒定混合策略
量化大类资产配置	基于收益与风险	均值—方差模型	Markowitz	1952 年	现代投资理论基础
		市场投资组合	Sharpe, Lintner	1964 年	测算难度较高
		Black-Litterman 模型	Black-Litterman	1992 年	纳入投资者主观因素
	仅基于收益	GEYR 模型	Mills	1991 年	利用股票收益率与长期国债利率相关关系
		动量策略	Jegadeesh, Titman	1993 年	源自行为金融学理论
	仅基于风险	风险平价模型	Bridgewater	1996 年	追求投资组合风险敞口的均衡
融入经济周期和主观判断的配置策略		大学捐赠基金模型	Swensen	1985 年	多样化资产、股权投资为主导
		美林投资时钟模型	Greet Ham, Hattnet	2004 年	将实体经济与资产配置相联系

（4）均衡。均衡是交易上的视野，即保险投资如何实现风险与收益均衡、资产与负债匹配等。

风险与收益的均衡、资产与负债的匹配等，这一切都是为了实现"时间、风险、收益的均衡"。"时间、风险、收益"是金融产品的三个重要属性，也是现代金融学的研究对象，"高流动性、低波动率和高收益"在一个成熟的金融市场里是不存在的，保险投资也不可能背离这个"三元悖论"，这对于保险投资在当前市场环境下进行资产配置具有重要的意义。

①风险与收益的均衡。风险与收益的基本关系是风险越大则要求的报酬率

越高。风险与收益是一种对称关系，它要求等量风险带来等量收益，即风险收益均衡。传统的资产配置模型，比如均值方差模型，将"风险"和"收益"挂钩，揭示了把不同类型的资产组合在一起可以有效降低波动风险。

②资产与负债的匹配。资产负债匹配是保险经营的重要基础之一，也是保险业防范风险的重要措施之一，目的是控制保险企业的资产与负债持续的匹配。资产负债管理是以资产负债表各科目之间的"对称原则"为基础，来缓解流动性、波动性和收益性之间的矛盾，达到三性的协调平衡。所谓对称原则，主要是指资产与负债之间时间（期限）、风险、收益的对称，以期限对称和收益对称的要求来不断调整资产结构和负债结构，以实现风险最小化和收益最大化。资产与负债的"对称原则"主要包括规模对称原则、结构对称原则（又称偿还期对称原则）、目标互补原则、资产分散化原则。

中国式现代化进程中的保险中介

一、中国式现代化与中国保险中介业

中国式现代化要求实现高质量发展，经济高质量发展的着力点在实体经济，包括加快建设现代化产业体系，全面推进乡村振兴，促进区域协调发展，调整优化产业结构、能源结构，促进经济绿色发展等。因此，金融（保险）高质量发展的着力点也在实体经济，金融（保险）服务经济高质量发展的落脚点就在实体经济。

2020年以来，中国保险业坚持以习近平新时代中国特色社会主义思想为指导，深入贯彻落实党中央"疫情要防住、经济要稳住、发展要安全"的部署要求，在服务实体经济方面取得了积极成效。银保监会公布的数据显示，2022年保险业为社会提供风险保障金额13678.65万亿元，截至2022年末保险资金通过多种方式为实体经济融资超过22万亿元，可见保险业服务实体经济的主要形式为保险产品和保险资金，更多的是保险公司在发挥作用，保险中介机构在这个过程中一直没有找到合适的定位。

二、保险中介如何更好地服务实体经济

如何发挥保险中介专业优势更好服务实体经济？从保险概念上来看，保险是风险管理者、风险承担者和投资者的统一体，保险中介的优势更多地体现为风险管理者，因此，保险中介机构要在"风险管理者"上下功夫，以更好地服务实体经济。

（1）保险中介机构要成为"风险管理者"，应积极寻求商业模式的变化和革新。随着中国经济社会的发展，风险社会的四种风控模式决定了保险中介的未来发展方向：数字化的风险管理者、生态圈的风险管理者、专业领域的风险管理者、细分市场的风险管理者（如图3-11所示）。

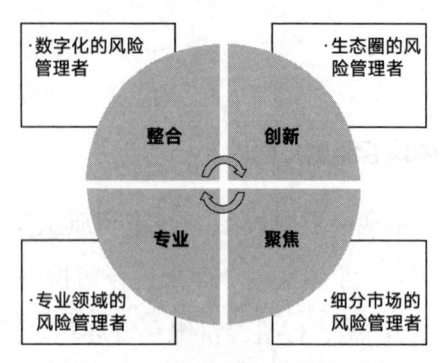

图 3-11 风险社会的四种风控模式

（2）保险中介机构要锻造"风险管理能力"，成为合格的"风险管理者"。风险管理是将意外损失对组织或个人的不利影响降到最低的制定决策和实施决策的过程，包括六个步骤：识别损失风险、分析损失风险、审核风险管理技术的可行性、选择适当的风险管理技术、实施选定的风险管理技术、监控结果并修正风险管理方案。保险中介机构可使用的风险管理技术包括风险控制技术（包括风险避免、损失预防、损失减少、分离、复制和分散等）和风险融资技术（如图3-12所示），而保险只是风险融资的一种工具，因此保险中介需要具备"风险管理能力"。

（3）保险中介机构要发挥"风险管理者"的作用，促进保险职能从"保险保障、资金融通和社会管理"向"风险治理、价值创造和资源配置"转变（如图3-13所示），进而推进保险业的变革与发展。在风险治理上，保险中介机构要参与到数字化、生态圈、专业领域、细分市场等行业的风险管理中，实现风险的减量管理，重构这些行业的风险管理总效率，为社会、企业和家庭的风险管理带来全新的体验，改变保险服务实体经济的商业模式；在价值创造上，保

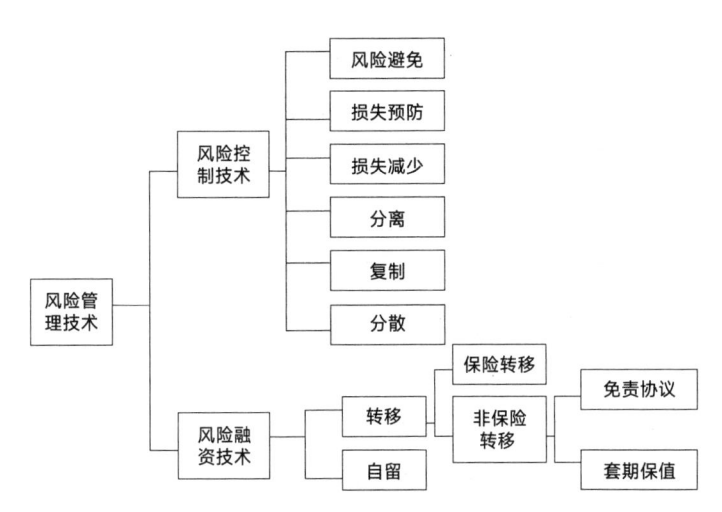

图 3-12　保险中介可使用的风险管理技术

险中介机构要在可持续发展、城市韧性、业务连续性管理等领域普及风险管理的理念、模式和技术，助力实体经济的可持续、高质量发展。在资源配置上，保险中介作为保险产业的四要素之一，连接着保险供给方、保险需求方和保险产品及服务，其发展理念直接影响了保险业服务的效率。因此，保险中介机构作为"风险管理者"，服务实体经济的主战场在于"风险治理、价值创造和资源配置"职能的发挥。

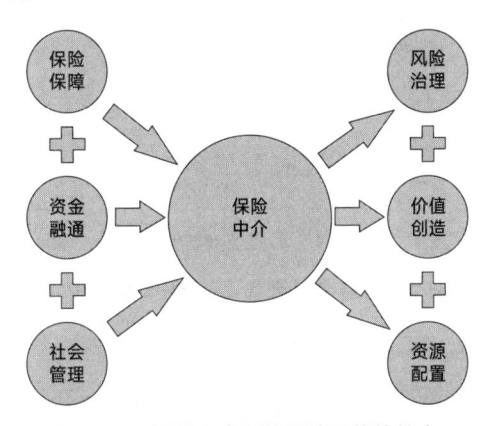

图 3-13　保险中介促进保险职能的转变

（4）保险中介机构要发挥"风险管理者"的风险管理作用，实现风险管理与保险保障的融合,进而提升保险服务实体经济的质效。一是作为数字化的风险管理者,要通过"保险+科技+服务"来服务产业数字化和数字产业化的发展,如网络安全保险、数字资产保险、虚拟数字人保险等;二是作为生态圈的风险管理者,要聚焦产业链、供应链等,发展绿色保险、持续经营保险等;三是作为专业领域的风险管理者,要围绕创新、协调、绿色、开放、共享的新发展理念推动保险服务的全覆盖;四是作为细分市场的风险管理者,要聚焦"国之大者""国之未来"等领域,突破保险边界,重塑美好保险。

(5)保险中介机构作为风险管理者要融入国家发展大局,助推中国多层次风险管理体系的建立,包括多层次灾害治理体系、多层次养老保障体系、多层次医疗保障体系、多层次扶贫救助体系等,为中国式现代化发展贡献力量(如图 3-14 所示)。

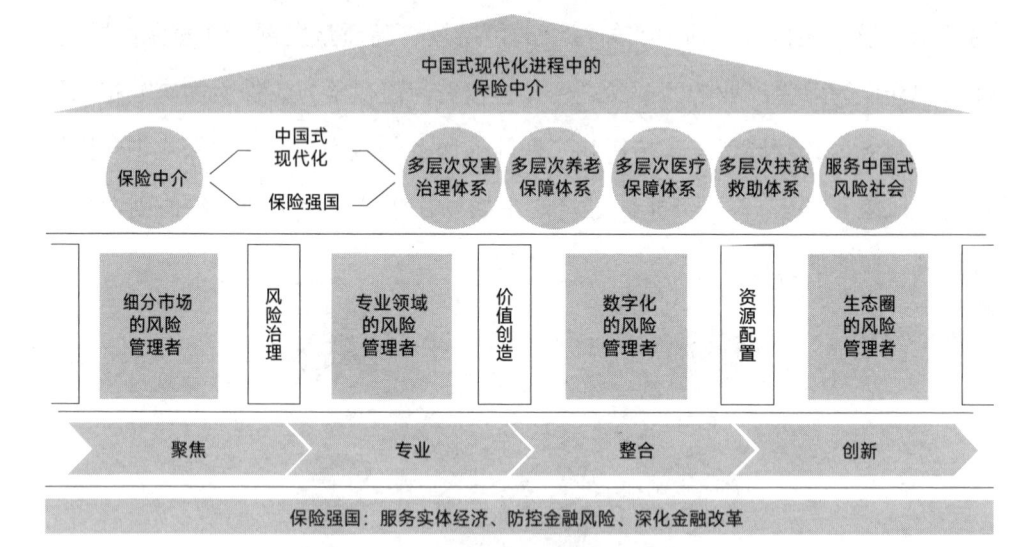

图 3-14 中国式现代化进程中的保险中介

中国式现代化进程中,保险中介面临的核心问题是:如何发挥保险中介专业优势更好服务实体经济?这一问题的背后是保险中介机构的发展问题,关键是如何在保险产业链中找到自己的位置,如何从保险业为社会提供风险保障的职能中实现自身的价值。

中国式现代化进程中的保险坐标

一、中国式现代化进程中的保险坐标

2022年，党的二十大报告擘画了以中国式现代化全面推进中华民族伟大复兴的宏伟蓝图，对中国式现代化做出了系统全面的战略部署。

2023年，中央金融工作会议指出，金融是国民经济的血脉，是国家核心竞争力的重要组成部分，要加快建设金融强国，全面加强金融监管，完善金融体制，优化金融服务，防范化解风险，坚定不移走中国特色金融发展之路，推动我国金融高质量发展，为以中国式现代化全面推进强国建设、民族复兴伟业提供有力支撑。

另外，中央金融工作会议明确要求金融系统要着力做好"科技金融、绿色金融、普惠金融、养老金融、数字金融"五篇大文章，对发挥保险业的经济减震器和社会稳定器功能、推动重点险种发展提出了要求。

从党的二十大到中央金融工作会议，中国式现代化进程中的保险坐标逐步形成，宏观上是建设金融强国（如图3-15所示），中观上是建设保险强国（如图3-16所示），微观上是做好五篇大文章（如图3-17所示）。

读懂未来中国保险

>>> 从保险大国到保险强国

```
                            金融强国
            金融稳定                      人民金融
```

以防范风险、维护金融稳定、服务实体经济为目标，实施审慎监管　　　以促进市场行为规范、防止投机行为、保护消费者权益为目标，实施行为监管

| 服务实体经济 | 防控金融风险 | 深化金融改革 |

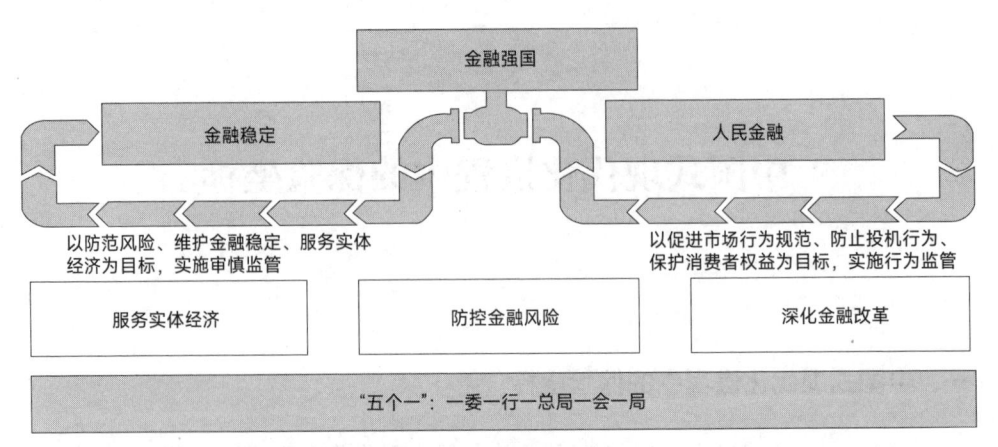

"五个一"：一委一行一总局一会一局

图 3-15　中国式现代化进程中的保险坐标（宏观坐标）

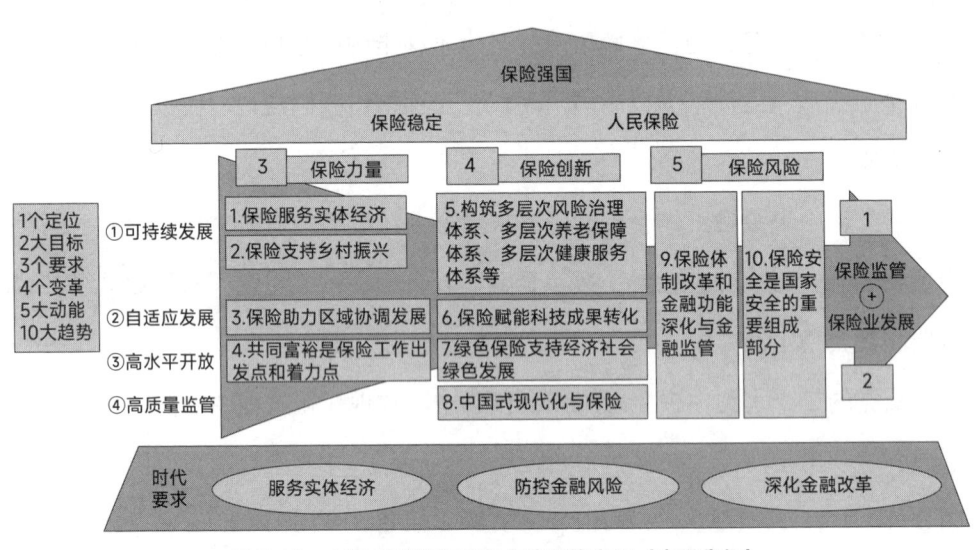

保险强国
保险稳定　　人民保险

1个定位
2大目标
3个要求
4个变革
5大动能
10大趋势

① 可持续发展
② 自适应发展
③ 高水平开放
④ 高质量监管

3 保险力量
1. 保险服务实体经济
2. 保险支持乡村振兴
3. 保险助力区域协调发展
4. 共同富裕是保险工作出发点和着力点

4 保险创新
5. 构筑多层次风险治理体系、多层次养老保障体系、多层次健康服务体系等
6. 保险赋能科技成果转化
7. 绿色保险支持经济社会绿色发展
8. 中国式现代化与保险

5 保险风险
9. 保险体制改革和金融功能深化与金融监管
10. 保险安全是国家安全的重要组成部分

1　保险监管 ＋ 保险业发展　2

时代要求：服务实体经济　　防控金融风险　　深化金融改革

图 3-16　中国式现代化进程中的保险坐标（中观坐标）

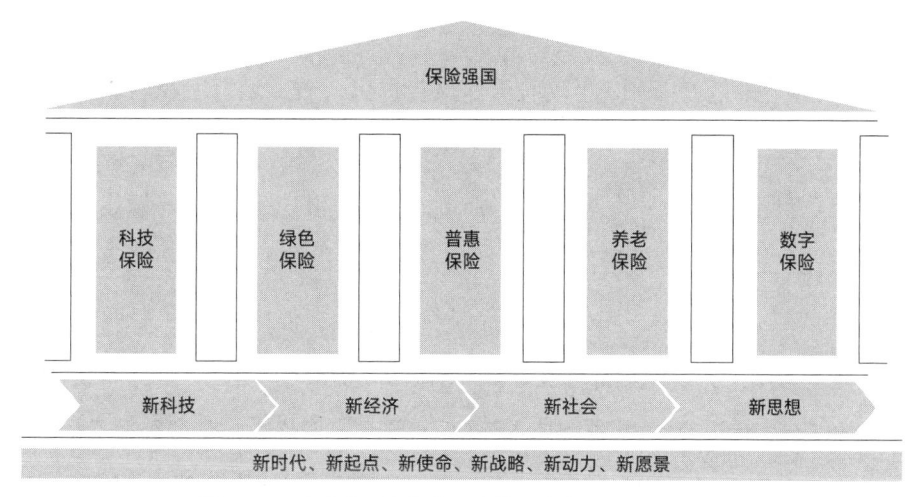

图 3-17　中国式现代化进程中的保险坐标（微观坐标）

二、做好科技金融大文章，护航中国式现代化的关键环节

中国式现代化关键在科技现代化，对标我国科技创新的迫切需求，保险业可从承保和投资两端，为科技型企业提供全链条、全生命周期的保险金融服务。总体上看，目前科技保险已经得到了长足发展，但保障水平和程度与高水平科技自立自强的需求还有差距。面向未来，中国保险业需要完善机制、把握重点、优化产品，着力打造科技保险产品服务体系。一是服务科技研发与科技创新，推广科技项目研发费用损失保险等险种，支持科技企业加大研发投入力度；为专精特新"小巨人"企业、科技龙头企业提供企财险、设备保险、产品质量保险、科研人员保险、营业中断保险等，形成综合化保障方案。二是服务知识产权保障，完善知识产权保险体系，优化保障方案设计，争取政策支持，扩大知识产权保险覆盖面。三是服务科技企业融资需求，加强政府、银行合作，构建多方参与的科技企业融资增信模式，积极推动以科创基金等形式，加大保险资金对科创领域的直接融资支持力度。四是服务科技安全和供应链稳定，复制推广"集共体"模式，向更多科技创新领域延伸，深度融入"科技—

产业—金融"良性循环。

"十四五"规划及 2022 年政府工作报告提出，着力培育专精特新企业；另外，中央金融工作会议等要求金融业（保险业）补链、强链、延链、控链、稳链。在此背景下，保险中介要强化"强链、补链"的生态定位，如乐信保险代理有限公司（以下简称乐信保险），其成立于 2015 年 11 月，是经原中国银保监会批准成立，集寿险、产险等综合保险服务于一体的全国性专业保险代理机构，也是国内为数不多拥有互联网保险经营资质的保险代理公司之一。乐信保险总部位于北京，注册资本金 6000 万元，下设 14 家省级分公司及 20 多个营业网点，营业范围包括北京、河北、山东、河南、安徽、福建、广东、深圳、江西、甘肃、新疆、黑龙江、吉林、辽宁等。乐信保险致力于打造引领强链生态并具备专精特新服务能力的保险新中介（如图 3-18 所示）。

图 3-18　乐信保险强链生态定位

三、做好绿色金融大文章，护航人与自然和谐共生的现代化

绿色发展，是中国式现代化的显著特征。国家提出"双碳"目标和战略，将会给我国经济社会发展带来深远影响。与西方国家相比，我国依然处于碳

排放增长期，从"碳达峰"到"碳中和"过渡期仅有 30 年，远短于西方国家 60~70 年的过渡期，必须在更短时间内，更大力度地减少温室气体排放、推进能源结构乃至经济结构转型升级。保险业在这一过程中，可以利用自身风险管理功能，发挥积极作用。一是大力发展环境污染保险，加强环境风险管理能力建设，在发挥传统保险赔偿功能之外，运用"保险＋风险减量服务＋科技"新模式，为投保环责险的企业提供有效的环境风险防范和防灾防损服务。二是大力发展绿色产业保险，积极服务清洁能源体系建设和能源企业转型，为能源结构调整优化贡献力量；持续发展新能源车险，保障绿色交通与绿色出行；探索绿色投资新路径，为低碳节能产业、清洁能源和可再生能源产业等提供长期稳定的资金支持。三是积极探索创新碳保险，大力发展森林草原保险，推动林业、湿地等碳汇保险产品发展；开发推广碳排放权交易保险等碳保险，为我国碳市场建设提供有力保障。

四、做好普惠金融大文章，护航全体人民共同富裕的现代化

共同富裕是社会主义的本质要求，也是中国式现代化的本质特征。中央金融工作会议提出要做好普惠金融大文章，正是金融服务共同富裕的应尽职责。其中，重点难点在困难群众、在农村，重要着力点在新市民，关键是发挥保险的互助共济、扶危济困作用，为群众提供更加适配、更加精准的保险保障。对于困难群众，保险业可通过推出防返贫保险等，发挥赔款精准到户到人的优势，为脱贫不稳定户、边缘易致贫户等，提供精准保险保障服务，防止出现规模性返贫。对于普通农户，保险业可通过农业保险"扩面、增品、提标"，积极开发三大主粮作物完全成本与收入保险，丰富特色农产品收入保险、价格指数保险等品类，逐步推动农险保障范围与水平从"保成本、保自然风险"向"保收入、保市场风险"升级，让广大农民跟上共同富裕的步伐。对于新市民

群体，保险业可围绕其创业就业、居住、健康、养老等场景开发专属产品，补齐保障短板，助力广大新市民在城市安居乐业，用自己的奋斗实现共同富裕。

五、做好养老金融大文章，护航人口规模巨大的现代化

党的二十大报告在阐述"人口规模巨大的现代化"时，强调其"艰巨性和复杂性前所未有"。其中，老龄化带来的挑战尤为严峻。我国老龄人口规模巨大，如何科学筹措养老资金、构建具有中国特色的"9073"基本养老服务体系（90%左右的老人居家养老，7%左右的老人依托社区养老，3%左右的老人在养老机构养老），事关我国经济长期增长和社会民生稳定，是当前我国要处理好的最重大问题之一，也是保险业义不容辞的责任所在。中央金融工作会议明确提出发展养老金融，是对保险业的重要部署。为此，保险业要按照中央金融工作会议部署安排，从养老资金、养老服务两个方面入手，做细做实养老金融大文章。一是积极发展商业养老保险产品，助力养老保险第三支柱体系建设，既要持续大力发展传统寿险产品，又要积极创新研发适应各层次养老人群的养老保险新产品。二是积极参与管理养老保险基金，主要是第二支柱企业年金、职业年金，发挥养老资产保值增值作用。三是积极承办长期护理保险，服务解决高龄、失能、失智老人的护理难题。四是积极推进大养老大健康生态建设，充分发挥保险长期资金优势，践行"保险+养老健康服务+科技"商业模式，为广大银发人群提供多样化、多层次康养服务。

六、做好数字金融大文章，护航中国式现代化的新引擎

党的二十大报告指出："加快发展数字经济，促进数字经济和实体经济深度融合，打造具有国际竞争力的数字产业集群。"1994年4月20日，中国实现了与互联网的全功能连接，5月15日推出中国第一套网页，开始融入全球

数字经济发展浪潮。2000—2002年，互联网泡沫在美国破灭，给欧美互联网行业造成严重打击。与此同时，中国互联网企业兴起，经过不到20年的努力，中国在数字经济领域成功赶超部分先发国家，成为规模位居全球第二的数字经济领先国家。中国的数字经济发展大致经历了技术孕育阶段、爆发增长阶段，当前正处于深化应用、规范发展、普惠共享的融合协同阶段。这三个阶段与全球数字经济发展逻辑大致相似，但由于自身技术储备、商业模式、具体国情等一系列原因，中国与数字技术发达国家在时序上存在一定滞后性。数字经济高质量发展要求其中的风险得到控制、所致损失得到处理；保险是最为重要的一种风险管理方法，提供以财务补偿为主的解决方案，支持经济和社会的恢复。数字经济重塑经济社会的发展生态，深刻影响了保险业的运行基础。经济社会活动的场景、模式和关系结构不断向数字空间迁移，传统保险业有必要通过数字化转型增强适应性，获得可持续发展。然而，保险业具有特殊性，不能视同传统行业数字化并被简单地纳入数字经济范围，而是有分离出来进行重点研究的理论与现实意义。数字经济健康发展，亟须数字保险助力，即产品设计、定价、销售、理赔、服务、运营等全环节数字化。

除此之外，还要做好巨灾保险保障体系建设，护航中国式现代化的安全与稳定。党的二十大对推进国家安全体系和能力现代化做出重要部署，明确提出提高防灾减灾救灾和重大突发公共事件处置保障能力，中央金融工作会议对保险业也提出了具体要求。我国是世界上自然灾害最为严重的国家之一，灾害种类多，发生频率高，分布地域广，造成损失大。运用保险参与防灾减损及灾后补偿，守护人民群众生命财产安全，是治理现代化的重要标志。从国际经验来看，自然灾害的保险赔付金额占灾害直接经济损失的比重可达30%~40%，而我国长期以来采取的是灾后损失以国家财政和社会捐赠为主导的救济方式，保险赔偿占比还比较低，需要在这方面付出更大努力。近年来，中国保险业积极

读懂未来中国保险
>>> 从保险大国到保险强国

与各级政府合作，发展各类巨灾保险业务，加强风险减量服务，参与国家应急管理体系建设，取得了一定成效。面向未来，保险业需要从服务中国式现代化的高度深入推动巨灾保险业发展，加强与国家财政、应急管理部门的协同，推动构建中央财政支持的国家巨灾保险保障体系，完善多层次巨灾风险分散机制，提升运用资本市场分散巨灾风险的能力，为巨灾保险业发展提供有力保障。

中国式现代化进程中的保险实践

一、中国式现代化进程中的保险实践

近年来,中国保险业以习近平新时代中国特色社会主义思想为指导,全面贯彻落实习近平总书记关于金融工作重要指示批示精神,加强和完善现代金融监管,守住不发生系统性风险底线,持续推动保险公司向高质量发展转型,在以下六个方面取得积极成效:一是保险公司持续回归主业。保障属性强的普通寿险、健康险、意外险的保费收入占比逐年上升,从 2018 年的 54.5% 上升至 2022 年的 72.9%。二是人民群众获得感明显增强。2022 年每 1 元保费对应的保障金额为 2924 元,较 2018 年提高了 54%。三是有力支持了实体经济发展。截至 2022 年末,保险资金为实体经济融资超过 21 万亿元,保险资金投向"碳中和""碳达峰"等绿色产业超过 1 万亿元,投向制造业、战略性新兴产业领域超过 4 万亿元。四是经营效率不断提升。2022 年业务及管理费和手续费及佣金支出占营业收入比重为 17.2%,较 2018 年下降了 6.2 个百分点。五是承保盈利能力稳步提高。2022 年保险业承保利润 410 亿元,是 2018 年的 2.71 倍,为近 5 年来最高值。六是经营性现金流保持充足。2022 年经营活动现金流净流入 1.79 万亿元,是 2018 年的 4 倍。

总体来看,党的二十大以来,中国保险业坚持以人民为中心,开创了保险服务中国式现代化新篇章,特别是在农业保险、普惠保险、绿色保险、养老保险、数字保险等方面,契合了中央金融工作会议提出的"做好科技金融、绿色金融、普惠金融、养老金融、数字金融五篇大文章"新要求。

二、做好科技金融大文章

（一）金融赋能科技成果转化

党的二十大报告提出，到 2035 年我国将基本实现社会主义现代化。根据党的二十大报告的有关部署，金融业要从七个方面赋能科技成果的转化，助力国家现代化产业体系建设。

一是根据"实施产业基础再造工程和重大技术装备攻关工程，支持专精特新企业发展，推动制造业高端化、智能化、绿色化发展"的要求，发挥金融的资源配置功能。金融业要心怀"国之大者"，围绕"国之利器"，潜心研究，大胆创新，构建服务于专精特新等先进制造业的金融配套服务体系，发挥金融的资源配置功能：①找准着力点，用金融杠杆撬动"中国制造"；②抓准创新点，以金融科技助推"中国智造"；③寻找突破口，用金融力量建设"制造强国"。

二是根据"巩固优势产业领先地位，在关系安全发展的领域加快补齐短板，提升战略性资源供应保障能力"的要求，构建面向未来的金融网。连接人与人、连接人与物、连接物与物，连接一切的背后是互联网、物联网、智能网，新的金融体系要在适应未来社会复杂性和群体多样性的基础上，构建面向未来的金融网。通过金融网来实现供应链、产业链、价值链和生态链的连接，实现市场资源的有效配置，构建稳定开放的资源保障体系。例如，抗击新冠病毒疫情，保险能做什么？保险能做的，不是把保险置于金融，而是要把保险置于对外贸易、农业、物流、生命科学等领域；关键是用好已有保险支持政策，适时出台新的政策措施。

三是根据"推动战略性新兴产业融合集群发展，构建新一代信息技术、人工智能、生物技术、新能源、新材料、高端装备、绿色环保等一批新的增长引擎"的要求，创新推动专业金融集约化发展。金融业要借鉴国际经验，重点发展科技金融、创业金融、创意金融、创新金融、新兴产业金融、绿色金融等，通过转化打造具有国内外竞争力的创新型专业金融产业集群，通过专业金融的集聚来推动战略性新兴产业融合集群的发展，为战略性新兴产业提供全方位金融服务。

四是根据"构建优质高效的服务业新体系，推动现代服务业同先进制造业、现代农业深度融合"的要求，提升金融服务中国式现代化的能力。金融作为现代服务业的一种，要加快与科技、旅游、文化创意、分享经济、跨境电商、农村电商等现代服务业的融合，助力中国现代服务业的发展；另外，保险业要发挥"风险治理、价值创造和资源配置"职能，助力国家多层次风险治理体系、多层次养老保障体系、多层次健康服务体系建设。因此，要坚持创新发展，建设一个创新驱动、充满活力、具有较强核心竞争力的现代金融服务业；要坚持协调发展，建设一个跨界融合、区域协同、与经济社会发展相适应的现代金融服务业。

五是根据"加快发展物联网，建设高效顺畅的流通体系，降低物流成本"的要求，加快推进物流金融创新式发展。从我国物流成本与发达国家的数据对比来看，2021年我国社会物流总费用为17.8万亿元，约为GDP的14.7%，远高于许多发达国家，如美国这一数据比例仅为8%。这也意味着如果我国每降低1%的物流费用，就相当于可以节约1800多亿元的物流成本。因此，要创新发展物流金融，为物流产业提供资金融通、资金结算、保险保障等服务，通过金融的约束机制来降低物流成本。例如，物流保险要借助保险科技，将保险保障与物流的运输、储存、装卸、包装、流通加工、配送、信息处理等环节有机结合起来。

六是根据"加快发展数字经济，促进数字经济和实体经济深度融合，打造具有国际竞争力的数字产业集群"的要求,加快推进金融业数字化转型。金融业要按照《金融科技发展规划(2022—2025年)》的要求,充分发挥"科技+数据"双轮驱动作用,深化金融供给侧结构性改革,将数字思维、数字元素持续注入金融服务流程,实现金融风险流量化而不是存量化,让现代金融从"蓄水池"走向"流量蓄水池",乃至"流量池"的未来金融。

七是根据"优化基础设施布局、结构、功能和系统集成,构建现代化基础设施体系"的要求,积极推进金融业负责任投资。现代化基础设施包括农业农村基础设施、交通基础设施、水利基础设施建设、能源基础设施、重大科技基础设施、城市基础设施等,金融业特别是保险业,要发挥保险资金的长期优势,按照《国务院关于印发扎实稳住经济一揽子政策措施的通知》的要求,加大对基础设施建设和重大项目的支持力度。

另外,党的二十大报告就金融(保险)服务中国式现代化新局面共作了九大部署,"金融赋能科技成果转化"要结合其他八项战略部署,在实现金融业高质量、可持续、自适应发展的基础上,为我国构建现代化产业体系贡献金融力量,开创金融服务中国式现代化新局面。

(二)科技赋能保险之外更需保险助力科技

中央金融工作会议提出做好科技金融,具体到保险业就是要加快发展科技保险,将科技保险纳入创新驱动发展战略的政策工具箱,在相关政策中明确需要重点推广的具体险种和配套措施,适时出台《关于发展科技保险支持加快建设科技强国的指导意见》。

如何通过保险赋能国家科技战略?2006年以来,保险监管部门联合科技部门相继出台了《关于加强和改善对高新技术企业保险服务有关问题的通知》《关于进一步支持出口信用保险为高新技术企业提供服务的通知》《关于首台(套)重大技术装备保险补偿机制试点工作有关事宜的通知》《关于进一步深入推进首台（套）重大技术装备保险补偿机制试点工作的通知》《关于开展重点新材料首批次应用保险补偿机制试点工作的通知》等政策，为科技创新提供风险保障。2022年，科技保险保费收入突破100亿元，国家给予科技保险的保费补贴仅次于农业保险。

为什么科技需要保险的赋能？因为科技与风险是相伴而生的，美国物理学家刘易斯（H.W. Lewis）在《技术与风险》（*Technology and Risk*）一书中形象地写道："技术的风险是真实的，而技术的好处也是真实的。我们在现代化学奇迹的包围中度过我们的一生，但我们念念不忘化学污染。我们使用来自核电站的清洁电力，却又害怕核事故的发生。我们因接种疫苗战胜了许多过去的病害，而使生命得以大大延长，但少数几种疫苗弊大于利的例子被广泛宣传，忧心忡忡的父母常常拒绝给他们的子女注射疫苗以预防已知的疾病。……技术真的像我们许多人所想的那么危险吗？"显然，科技、风险与保险之间的关系不仅具有经济学的理论意义，而且对于加快科技的发展具有重要的现实意义。

道理很简单，由于风险与发展有关，而科技是发展的原动力，所以科技当然也就是当代重大风险的总根源。问题还不止于此，风险种类中更有一类直接与科技相关，也就是由科技活动直接潜蕴和引发的重大风险，可称为科技重大风险，包括核能问题、全球环境污染问题、全球变暖问题、生态链断裂问题等。除了科技重大风险之外，对于保险业来说，科技产生的风险已经开始显现，除了系统稳定、数据安全等技术风险之外，还包括大数据隐私、大数据杀熟、机器干预人类决策等伦理风险。

人类进化与文明演进发展出许多重要智慧和体制机制，扬长避短就是其中之一。在科技发展问题上的扬长避短，就是解决"在科技发展与应用的过程中，如何发挥科技的正面效应而避免其负面效应？能否防范化解风险？"这一问题。保险作为风险管理者、风险承担者和投资者的统一体，其三大职能是风险治理、价值创造和资源配置。因此，通过保险赋能，科技发展不仅可以扬长（科技继续发展、应用以增强正面效应），还可以避短（通过保险防范化解伴随而来的科技负面效应与风险）。

随着科技保险的发展，我们必须进一步厘清科技、风险与保险三者的关系，通过出台《关于发展科技保险支持加快建设科技强国的指导意见》等政策，在科技赋能保险之外，进一步找到保险助能科技的有效途径。

三、做好绿色金融大文章

（一）发挥可持续保险和负责任投资的协同作用

2015年12月《巴黎协定》中提出要把全球平均气温较工业化前水平升高控制在2摄氏度以内，并向着1.5摄氏度努力。要实现这一目标，全球温室气体排放需在2030年前减少一半，并在2050年前后尽量达成净零排放，即"碳中和"。

2020年9月，国家主席习近平在联合国大会上首次表示"中国将提高国家自主贡献力度，采取更加有力的政策和措施，二氧化碳排放力争于2030年前达到峰值，努力争取2060年前实现碳中和"，这也被称为中国"碳达峰、碳中和"的"30·60目标"。为实现"碳中和"目标，金融支持手段不可或缺，其中可持续保险和负责任投资作为最主要的绿色金融工具之一，对支持社会经济绿色转型和可持续发展具有重要的作用。

（1）落实可持续保险原则。联合国环境署金融倡议组织（UNEP FI）是第一批推动将可持续金融纳入政治议程的国际组织。30多年来，UNEP FI 一直致力于界定可持续保险的内涵。在其看来，可持续保险可定义为包含保险机构所有层面的可持续发展实践——从简单的提高能效，到嵌入更高决策层的环境、社会和治理问题。

环境、社会和治理问题是一系列与可持续发展相关的问题，每个问题都涉及若干子议题。与保险行业相关的 ESG 问题主要包括气候变化和极端天气事件、自然灾害风险、减少灾害风险、资源枯竭、生物多样性丧失和生态系统退化、水资源管理和水资源短缺、食品不安全、污染、人权和劳工标准、社会和金融排斥（Social and Financial Exclusion）、新出现的健康风险和流行病、人口老龄化、监管（建筑规范、工作场所和产品安全标准、环境法规）、信息披露、透明度和问责制、商业原则和道德、利益联盟等。

根据 UNEP FI 发布的《可持续保险原则》（PSI），可持续保险是一项战略方针，这个方针要求通过识别、测量、管理及监督与 ESG 有关的风险与机会，使得保险价值链中的全部活动（包括与股东的互动）以一种负责任的、前瞻性的方式进行。可持续保险行动，就是在保险业务全生命周期中贯彻落实 UNEP FI 的 PSI，包括：将与保险业务相关的环境、社会和治理问题纳入决策中；与客户和业务伙伴合作，以提高环境、社会和治理问题意识，减少风险，并制定解决方案；与政府、监管机构和其他主要利益相关者合作，以促进全社会对环境、社会和治理问题的普遍行动；定期公开披露在实施这些原则中取得的进展，以体现问责制和透明度。

（2）实施负责任投资行动。2021 年 3 月 20 日，人民银行原行长易纲出席中国发展高层论坛时表示，实现"碳中和"需要巨量投资，要以市场化的方式，引导金融体系提供所需要的投融资支持。对于实现"碳达峰"和"碳中和"的资金需求，各方面有不少测算，规模都是百万亿元人民币级别的。这样巨大的资金需求，政府资金只能覆盖很小一部分，缺口要靠市场资金弥补。这就需要建立、完善绿色金融政策体系，引导和激励金融体系以市场化的方式支持绿色投融资活动。

保险公司作为风险管理者、风险承担者和投资者，除了可持续保险行动以外，作为机构投资者有责任使保单受益人获得最大化的长期收益。在履行保险人职责时，相信ESG因素会影响投资组合的回报。负责任投资行动，就是在保险业务投资管理期中贯彻落实UNEP FI的PRI，包括将ESG问题纳入投资分析和投资决策过程中；做积极的资产所有者，将ESG问题纳入所有权的政策和实践中；对于投资的对象寻求适度的关于ESG问题的披露；在投资领域提高对这些原则的认可度并加大实施力度；共同携手，加大这些原则的执行力度；分享贯彻和执行这些原则的活动和进程的报告。

（二）推动绿色保险与转型保险协同发展

党的二十大报告提出"推动绿色发展，促进人与自然和谐共生"，在全球绿色经济复苏、"双碳"目标提出的双重机遇推动下，中国保险业积极推进绿色保险（Green Insurance）发展，赋能绿色低碳循环发展经济体系建立，促进经济社会发展全面绿色转型，助力中国乃至全球实现可持续发展目标。

近年来，我国绿色保险业发展取得了举世瞩目的成就，为推进绿色产业发展贡献了力量。2022年11月11日，银保监会发布《绿色保险业务统计制度》，给出了绿色保险的定义："绿色保险，是指保险业在环境资源保护与社会治理、绿色产业运行和绿色生活消费等方面提供风险保障和资金支持等经济行为的统称。负债端包括保险机构围绕绿色低碳、可持续发展提供的保险产品和服务；资产端包括保险资金在绿色产业进行的投资。"与此同时，实现经济高质量发展同样需要关注高碳行业的转型发展。在推动绿色低碳循环发展的新时代新征程下，除了促进绿色金融、绿色保险业发展之外，转型金融（Transition Finance）、转型保险（Transition Insurance）亦被提上日程。

2022年11月16日，二十国集团（G20）领导人峰会批准通过了G20可持续金融工作组提交的《G20转型金融框架》（以下简称《框架》），成员国就转型金融达成了高级别、原则性的共识。《框架》指出："转型金融是指在可持续发展目标（SDG）的范围内以符合《巴黎协定》目标的方式，为整体经济向低碳零碳以及气候适应方向转型而提供的金融支持服务。"根据《框架》内容，转型保险主要指风险缓解产品，包括旨在对冲与转型相关风险的保险产品，如与使用新设备或技术相关的保险产品；以及作为风险缓解工具的保险产品，如信用保险、保证保险或其他信贷增强保险产品。

我国绿色保险体系的建立为引导保险产品和保险资金服务绿色领域提供了便利渠道，而转型保险的应用可有效补充绿色保险所无法完全覆盖的高碳领域范围。绿色保险体系侧重对"绿色"项目提供保险产品服务和资金支持，而转型保险则会针对"棕色"领域转型提供保险产品组合和资金支持，覆盖钢铁、水泥、煤炭等碳密集行业，引导和督促"棕色"领域转型发展，与绿色保险形成合力，加快全社会实现"双碳"目标的进程，助力经济社会高质量发展。

绿色应当是经济社会高质量发展的底色。在新的发展阶段，转型保险可通过以下多方面的发展与完善，与绿色保险形成合力，推动经济社会发展全面绿色转型，推进"双碳"目标的如期实现。

一是转型保险与绿色保险可协力丰富保险产品和服务的供给。人民银行确立了"三大功能、五大支柱"的绿色金融发展思路，其中"三大功能"是指金融资源配置、风险管理与市场定价，与保险的风险治理、价值创造和资源配置"三大功能"基本一致。为此，保险业要构建、完善针对高碳行业转型的转型保险体系，即通过精准、科学、高效支持高碳领域及尚无最优替代技术的传统领域发展，摆脱绿色保险对转型领域覆盖不足、难以全面落实转型发展需求的困境，推动绿色保险业发展提质扩面。

二是转型保险与绿色保险可协作创新保险资金支持工具。2020年10月26日，生态环境部、国家发展改革委、人民银行、银保监会、证监会五部门联合发布《关于促进应对气候变化投融资的指导意见》，首次从国家政策层面将应对气候变化投融资提上议程，对气候变化领域的建设投资、资金筹措和风险管控进行了全面部署。近年来，保险业更多地关注"绿色"领域的投资，而对可持续转型的关注较少，这可以从联合国发布的《2023年可持续发展筹资报告：为可持续转型筹资》中得到验证，该报告呼吁全球进行可持续的工业转型，缩小各国之间不断扩大的发展差距，以实现全球气候目标和可持续发展目标。

三是转型保险与绿色保险可协同提升保险业应对气候风险的能力。转型保险与绿色保险协同发展，一方面，可推动保险机构全面重视因气候变化带来的物理风险与转型风险，完善环境压力测试方法学、有效强化保险应对风险的能力，提升环境、社会与治理风险及漂绿、洗绿风险的识别、预警与处置能力。另一方面，可提升保险机构对气候变化风险对保险业影响传导机制的认知，加快制定绿色转型战略，推动减缓气候变化及适应气候变化保险产品服务创新及资金运用工具创新，为碳密集行业提供更优质的综合保险服务，促进社会绿色低碳转型。

四是转型保险与绿色保险可协调推进保险业可持续发展。转型保险与绿色保险协调发展，可以促进保险机构将ESG理念嵌入保险业务中，以负责任和前瞻性的方式完成保险价值链的绿色转型升级，在保险产品的开发设计和承保过程中充分考虑ESG有关因素，降低承保风险；同时，通过开发创新解决方案，将保险业务与联合国2030年可持续发展目标进行对标与融合，为环境、社会和经济可持续发展做出贡献，推动中国及全球实现可持续发展。

综上，中国保险业围绕可持续发展积极推进可持续保险和负责任投资的创新，绿色保险正在如火如荼地进行着，转型保险又成为新焦点。为此，中国保险业要构建转型保险与绿色保险高效协同体系，推动绿色保险与转型保险协同发展。

四、做好普惠金融大文章

（一）构建"五位一体"普惠保险的体系

2022年2月28日，中央全面深化改革委员会第二十四次会议审议通过了《推进普惠金融高质量发展的实施意见》，明确我国下阶段普惠金融发展方向和目标，提出将金融资源向重点领域和薄弱环节倾斜，促进金融服务在普惠、绿色、科创三方面融合发展，推进数字化普惠金融进程。2023年10月11日，国务院发布《关于推进普惠金融高质量发展的实施意见》（国发〔2023〕15号，以下简称《实施意见》），提出38条举措，明确了推动普惠金融高质量发展的具体路径，更好满足人民群众和实体经济多样化的金融需求。具体到保险方面，2022年12月10日，银保监会印发《关于推进普惠保险高质量发展的指导意见（征求意见稿）》（以下简称《指导意见》），首次明确普惠保险的保障范围，同时提出丰富普惠保险产品体系，引导保险机构加大对老年人、新市民等七类特定风险群体的保障力度。为推进普惠保险的高质量发展，亟须构建"五位一体"的普惠保险体系。

（1）普惠保险概述。为修正现有金融体制的弊端，许多国家、机构乃至个人已经积极开展新型金融实验，相关学者也从理论上对金融回归"全社会财富托管人"的理念进行了探讨；其中，最引人注目的是普惠金融实践和金融民主化尝试。《指导意见》指出，普惠保险是我国普惠金融的重要组成部分，是保险业为广大人民群众提供的公平可得、保障适度、覆盖广泛的保险产品和服务。

普惠保险，是指将保险普遍惠及所有群体，特别强调对贫困地区、少数民族地区、偏远地区以及残疾人和其他弱势群体提供保险服务，让更多群体享受到惠而不费的优质保险服务，使保险业在促进脱贫、防止返贫，完善中低收入人群健康养老保障方面发挥更大作用。国际上，普惠保险着重强调发展中国家和贫困国家的保险服务，其强调的另一点是要使各个阶层跟上社会进步和现代化的步伐。

普惠保险包含的理念、功能、性质如下：①普惠保险的理念。普惠保险强调的是不排斥、包容的理念，即人人应有平等地享受保险服务机会的权利。普惠保险是保险的一种类型，本质上属于市场而非财政范畴，它不是馈赠、恩惠，也不是慈善。②普惠保险的功能。普惠保险的功能，是为所有有劳动能力和生产能力、有获得保险服务愿望、信誉良好的居民及中小微经济体提供方便、快捷、公平且价格合理的保险服务。③普惠保险的性质。普惠保险是政府引导、市场化运作、商业或财务可持续的保险，是保险公司、消费者双方互信、互助、合作、共赢的大众性、普遍性保险。

（2）普惠保险的"五位一体"体系。普惠保险是"五位一体"的完整体系，它是由机构、产品或服务、监管、基础设施和政策支持五部分组成的市场体系。

一是构建众多、分层、全覆盖的普惠保险机构体系，为此需要加快推进保险机构的数字化转型。《指导意见》指出，保险机构要围绕普惠保险服务对象，加大科技应用力度，切实提高数字化、信息化服务水平，提升线下柜面和网络平台服务效率。普惠保险是保险机构数字化转型应用的重要领域和工作重点，数字化转型将推动普惠保险的获客渠道、营销方式、客户服务、风控手段等的创新。保险业数字化转型可分为狭义的数字化转型和广义的数字化转型。狭义的数字化转型主要是利用数字技术，对具体保险业务、保险场景的数字化改造，更关注数字技术本身对保险业务的降本增效作用。广义的数字化转型，则是利用数字技术，对保险机构的业务模式、运营方式进行系统化、整体性的变革，更关注数字技术对保险机构的整个体系的赋能和重塑。

数字化概念的场景、语境不同，其含义也不同，对具体保险业务的数字化，多为狭义的数字化，对保险机构的数字化变革，多为广义的数字化。广义的数字化包含狭义的数字化。如果抛开数字化的概念，从普惠保险产品运营要素的角度去谈数字化转型，大概可以从以下几个维度展开：产品和服务数字化、运营平台数字化、解决方案数字化、用户信息数字化、用户体验数字化、价值获取数字化、运营流程数字化、经营组织数字化、供应链数字化、销售渠道数字化、经营网络数字化、保险品牌数字化。

二是构建创新、多样、适用的普惠保险产品服务体系，为此需要积极推进普惠保险产品与服务的创新。《指导意见》指出，普惠保险包括普惠性质的保险和专属普惠保险两种保障形式。普惠保险主要服务于长尾市场（包括弱势群体和中小微经济体，以下统称用户），因而在围绕这一维度进行创新时，普惠保险更要以用户需求为中心，综合普惠保险自身的特点和优势，向用户提供有价值的保险产品和服务，并依据市场环境和保险需求，对产品进行重新设计和定位，不断优化和提升产品服务水平，体现出"多、快、好、省"四个方面的优势，以此形成差异化的竞争优势。

三是构建协同、分层级、统分结合的普惠保险监管服务体系，为此需要协同地方金融监管机构、地方政府等部门的能动性。《指导意见》指出，银保监会及派出机构要积极推动普惠保险高质量发展，加大普惠保险业务监督检查力度，对发现的违法违规问题，依法严肃处理。同时，银保监会及派出机构要高度重视普惠保险业发展，各尽其责，协同配合，建立完善推进普惠保险业发展的工作机制。各派出机构及保险公司应积极与地方政府沟通协调，争取地方政府将发展普惠保险纳入当地民生保障工程，给予政策和资金支持。

四是构建配套、健全、社会化的普惠保险基础设施公共服务体系，为此需要完善普惠保险的经营基础。《指导意见》指出，依托银行保险行业基础设施，协调推进保险行业数据与民政、医疗卫生、社保等政府部门及相关机构数据的互联互通，拓展普惠保险相关信息和数据来源，提升普惠保险服务的覆盖面和精准度，增强普惠保险风险控制能力。

五是构建多元、梯次、协调配合的普惠保险政策支持体系，为此需要积极完善普惠保险的顶层设计和制度建设。普惠金融发展受到国家高度重视和政策鼓励，保险机构大力发展普惠保险业务不仅是落实自身社会责任，更可以看作发展机遇和转型方向。

《指导意见》进一步提出："贯彻新发展理念，着力扩大普惠保险覆盖面，提升普惠保险服务水平，助力织密筑牢社会民生保障网，不断提高人民群众的获得感、幸福感和安全感。"普惠保险是国家多层次、多类型整体保险体系中重要的、基础性的组成部分。建设中国特色分层次、多类型"五位一体"的普惠保险体系是全社会的共同责任，需要社会各方共同参与。

（二）互联网保险是实现普惠保险最佳选择

为修正现有金融体制的弊端，世界各国都在积极开展新型金融实验，其中最引人注目的是普惠金融实践。从2013年党的十八届三中全会正式提出"发展普惠金融"，到2015年的《国务院关于印发推进普惠金融发展规划（2016—2020年）的通知》，再到《实施意见》，我国普惠金融体系逐步完善，普惠保险也成为普惠金融体系的重要组成部分。

根据普惠保险的概念、理念、功能、性质以及实现路径，互联网保险是推动普惠保险业发展的最佳选择。互联网保险作为普惠保险的最佳选择，源于普惠保险是"五位一体"的完整体系，而这需要加快互联网保险的发展。2013年以来，随着普惠金融的发展，我国互联网保险也取得了长足的发展（如图3-19所示）。

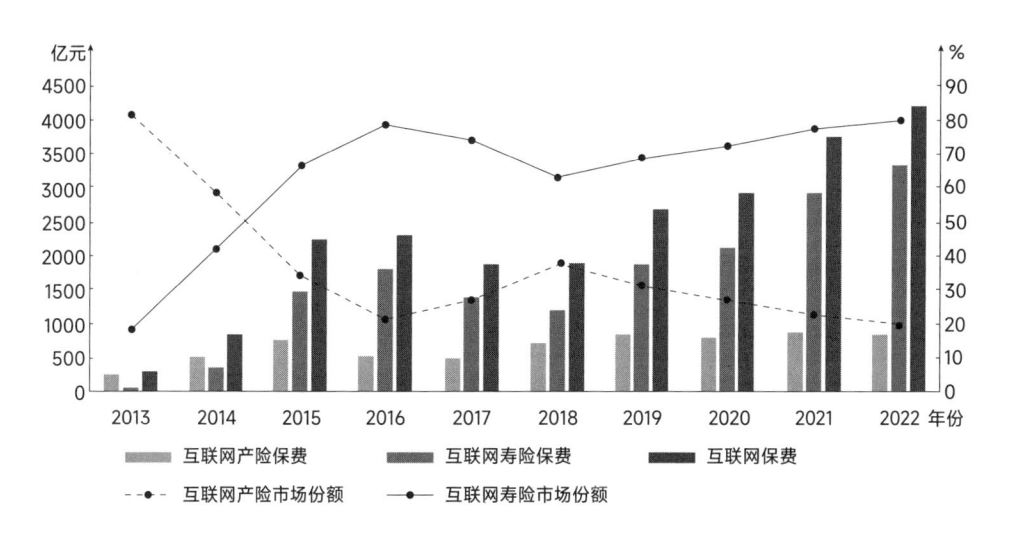

图 3-19　2013—2022 年中国互联网保险的发展状况

（1）构建众多、分层、全覆盖的普惠保险机构体系，需要加快推进互联网保险的发展。《实施意见》指出："强化科技赋能普惠金融，支持金融机构深化运用互联网、大数据、人工智能、区块链等科技手段，优化普惠金融服务模式……"互联网保险的发展有利于推动普惠保险获客渠道、营销方式、客户服务、风控手段等的创新。

（2）构建创新、多样、适用的普惠保险产品服务体系，需要加快推进互联网保险的发展。普惠保险主要服务于长尾市场（老年人、农民、新市民、低收入人口、残疾人等群体），因而在围绕这一维度进行创新时，互联网保险正好可以发挥"多、快、好、省"四个方面的优势："多"是指互联网保险借助数字化技术可集中服务大量用户，这一特征恰恰也是保险稳健经营的基础，大数法则可以得到更好利用；"快"是指互联网保险借助数字化技术可以在极短时间内完成承保、理赔等工作；"好"是指互联网保险更注重客户体验；"省"是指互联网保险借助数字化技术可以摆脱传统保险营销和管理的人海战术，以最少的人力、物力、财力服务更多的人群，运营成本可以大幅降低。

（3）构建协同、分层级、统分结合的普惠保险监管服务体系，需要加快推进互联网保险的发展。普惠保险的监管问题，即如何对海量、高频、细小、多样、专业、特殊的风险交易行为进行有效监管。对于监管部门而言，就要处理好长尾市场内部监管和长尾市场外部监管的关系。互联网保险在这些方面已经积累了充足的经验，比如，注重技术监管；注重行为监管和事实监管，弱化行政审批与硬性门槛；注重程序监管；注重规则监管；注重信息监管；注重投资者教育；监管方式的多元化。

（4）构建配套、健全、社会化的普惠保险基础设施公共服务体系，需要加快推进互联网保险的发展。移动互联网让"普"成为可能，云计算和大数据又做到了"惠"，让服务的效率更高，成本更低，风险更小；通过大数据甄别和计量风险，使缺乏历史数据的用户也能得到保险服务，也能实现"普"和"惠"。显然，互联网保险的发展推动了普惠保险经营基础设施的完善，互联网保险业发展所产生的技术红利正在推动普惠保险的快速发展。

（5）构建多元、梯次、协调配合的普惠保险政策支持体系，需要加快推进互联网保险的发展。《实施意见》指出："推动互联网保险规范发展，增强线上承保理赔能力，通过数字化、智能化经营提升保险服务水平。"

综上，互联网保险是推动普惠保险业发展的最佳选择，是保险业通过普惠保险推进普惠金融的最佳实践。在我国，加快互联网保险业发展的关键是通过明确互联网保险的研究态（认知—假说—理论）、科技派（科技—知识—文明）、数据观（引爆点—连接线—智能面）、未来体（陷阱—突围—思考），探索互联网保险新风口、洞悉互联网保险新风向、鉴观互联网保险新风色、掀起互联网保险新风暴，并推动互联网保险迈向互联网普惠保险。互联网普惠保险是基于互联网技术和生态，对保险产业链和内部价值链进行重塑和改造，从而形成的互联网普惠保险生态和形态。互联网普惠保险是一种新的经济形态，利用信息技术与互联网平台，充分发挥互联网在普惠保险要素配置中的优化和集成作用，实现互联网与普惠保险深度融合，将互联网的创新应用成果深化于普惠保险的各个环节，最终提升普惠保险的韧性。

五、做好养老金融大文章

（一）养老保险第三支柱的参与主体

我国进入老龄化社会已经 20 余年，近几年老龄化程度开始加深，因此必须尽快健全养老保险体系、不断夯实国民养老财富积累，保障人们晚年收入水平不断提升，共享经济发展成果，实现国家 2035 年远景目标。因此，2022 年 11 月我国个人养老金制度开始正式实施，补齐了我国多层次、多支柱养老保险体系的最后一块拼图。

党的二十大报告提出："完善基本养老保险全国统筹制度，发展多层次、多支柱养老保险体系。"我国养老保险体系由三个支柱组成：第一支柱是政府主导的公共养老金，即企业职工基本养老保险制度、机关事业单位基本养老保险制度和城乡居民基本养老保险制度；第二支柱是以就业为基础，用人单位和参保人共同缴费的补充养老保险制度，包括面向企业劳动者的企业年金制度和面向机关事业单位公职人员的职业年金制度；第三支柱则是建立在个人缴费和市场运作基础上的养老金，包括个人养老金制度和其他个人商业养老金融业务。总体来看，第一支柱基本养老保险覆盖人数最为广泛，立足于"保基本"；第二支柱企业（职业）年金制度持续稳健运行，但需要进一步扩大覆盖范围；第三支柱个人养老金制度刚刚开始建立，其他个人商业养老金融业务还处于起步阶段（如图 3-20 所示）。

（1）养老保险第三支柱的参与主体类型。为了应对人口老龄化带来的挑战，我国积极构建多支柱的养老金体系。2022 年 4 月 21 日，国务院办公厅印发《关于推动个人养老金发展的意见》（国办发〔2022〕7 号），初步搭建起个

```
                        中国三支柱养老保险体系

    ┌──────────────┬──────────────┬──────────────┐
    │  基本养老保险  │  补充养老保险  │  商业养老金融  │
    │   政府主导    │ 单位发起，商业运作│ 个人缴费，市场运作 │
补  ├──────────────┼──────────────┼──────────────┤
充  │企业职工基本养老保险│   企业年金    │   个人养老金   │
    ├──────────────┼──────────────┼──────────────┤
    │城乡居民基本养老保险│   职业年金    │其他个人商业养老金融业务│
    ├──────────────┼──────────────┴──────────────┘
    │机关事业单位基本养老保险│
    └──────────────┘
全国社会
保障基金    第一支柱        第二支柱         第三支柱
```

党的二十大报告提出："完善基本养老保险全国统筹制度，发展多层次、多支柱养老保险体系。"

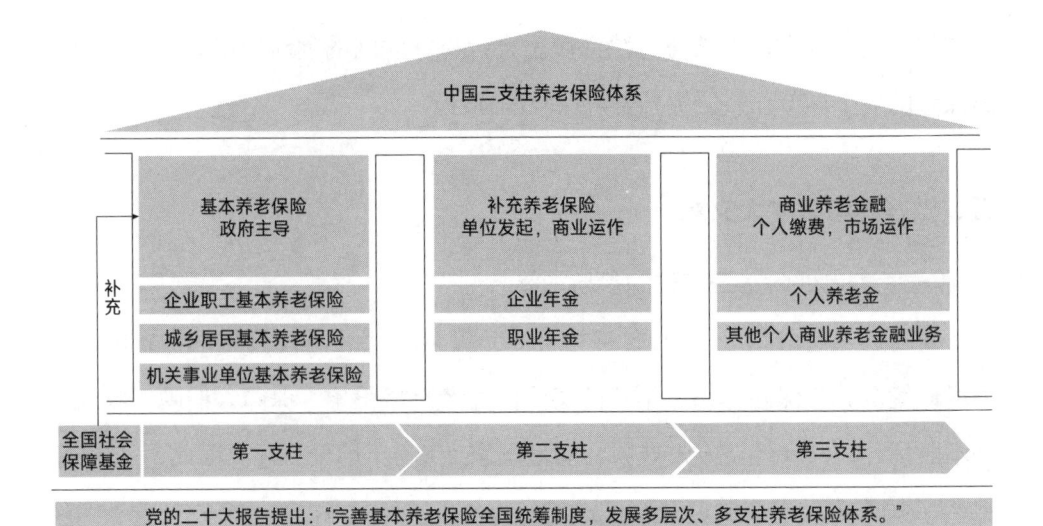

图 3-20　中国三支柱养老保险体系

人养老金运行的制度框架。此后相关部委陆续出台配套文件，按照职责分工制定和优化落实意见的具体政策措施。个人养老金制度的建立标志着我国多层次的养老金制度体系框架初步建成。

根据《关于印发〈个人养老金实施办法〉的通知》（人社部发〔2022〕70号），个人养老金产品是指符合金融监管机构要求，运作安全、成熟稳定、标的规范、侧重长期保值的金融产品，包括个人养老储蓄、个人养老金理财产品、个人养老金保险产品、个人养老金公募基金产品等。

由此，养老保险第三支柱参与主体主要包括商业银行、理财公司、保险公司和公募基金，参与形式主要包括个人养老金产品和其他个人商业养老金融业务。个人养老金产品中，商业银行和理财公司参与主体的资质由《中国银保监会关于印发商业银行和理财公司个人养老金业务管理暂行办法的通知》（银保监规〔2022〕16号）规定，保险公司参与主体的资质由《中国银保监会关于保险公司开展个人养老金业务有关事项的通知》（银保监规〔2022〕17号）规定，公募基金参与主体的资质由《个人养老金投资公开募集证券投资基金业务管理暂行规定》(证监会公告〔2022〕46号)规定;其他个人商业养老金融业务中,目前主要包括保险公司经营的专属商业养老保险和养老年金保险、基金公司经营的养老目标基金。

(2)养老保险第三支柱的参与主体形式。

一是个人养老金参与主体。随着个人养老金制度的建立,个人养老金产品涉及包括商业银行、理财公司、保险公司和公募基金等在内的符合监管要求的养老金融产品,参与主体包括商业银行、理财公司、保险公司和公募基金在内的各类金融机构(如图3-21所示)。

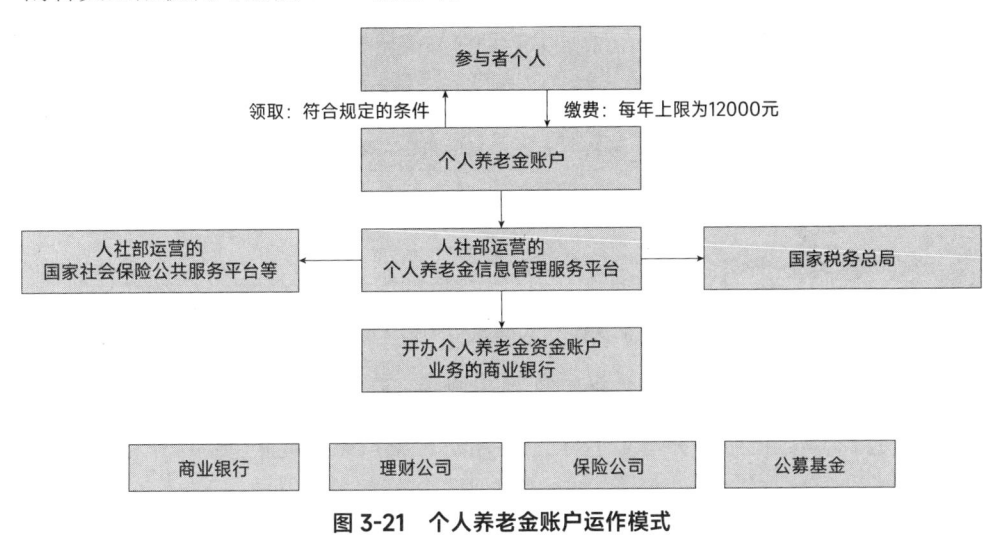

图 3-21　个人养老金账户运作模式

①商业银行。《中国银保监会关于印发商业银行和理财公司个人养老金业务管理暂行办法的通知》第9条规定:"商业银行个人养老金业务包括:(一)资金账户业务;(二)个人养老储蓄业务;(三)个人养老金产品代销业务,包括代销个人养老金理财产品、个人养老金保险产品、个人养老金公募基金产品等,国务院金融监管机构另有规定的除外;(四)个人养老金咨询业务;(五)银保监会规定的其他个人养老金业务。"

②理财公司。《中国银保监会关于印发商业银行和理财公司个人养老金业

务管理暂行办法的通知》第39条规定："个人养老金理财产品应当符合法律法规及相关监管规定，具备运作安全、成熟稳定、标的规范、侧重长期保值等特征，包括：（一）养老理财产品；（二）投资风格稳定、投资策略成熟、运作合规稳健，适合个人养老金长期投资或流动性管理需要的其他理财产品；（三）银保监会规定的其他理财产品。"

③保险公司。《中国银保监会关于保险公司开展个人养老金业务有关事项的通知》第三款规定："保险公司开展个人养老金业务，可提供年金保险、两全保险，以及银保监会认定的其他产品（以下统称个人养老金保险产品）。个人养老金保险产品应当符合以下要求：（一）保险期间不短于5年；（二）保险责任限于生存保险金给付、满期保险金给付、死亡、全残、达到失能或护理状态；（三）能够提供趸交、期交或不定期交费等方式满足个人养老金制度参加人（以下简称参加人）交费要求；（四）银保监会规定的其他要求。"

④公募基金。《个人养老金投资公开募集证券投资基金业务管理暂行规定》第10条规定："个人养老金可以投资的基金产品（以下简称个人养老金基金）应当具备运作安全、成熟稳定、标的规范、侧重长期保值等特征，且基金管理人具备《公开募集证券投资基金运作管理办法》第六条规定的条件。产品类型包括：（一）最近4个季度末规模不低于5000万元或者上一季度末规模不低于2亿元的养老目标基金；（二）投资风格稳定、投资策略清晰、运作合规稳健且适合个人养老金长期投资的股票基金、混合基金、债券基金、基金中基金和中国证监会规定的其他基金。"

个人养老金制度开创第三支柱新纪元，所有参与者不再受牌照的束缚，目的是充分引入市场参与者，形成竞争机制，提高个人养老金产品供给方的活跃度。商业银行、理财公司、保险公司和公募基金都推出了不同的个人养老金产品——具有税收优惠特性的第三支柱产品。

二是其他个人商业养老金融业务参与主体。《关于推动个人养老金发展的意见》确定了我国个人养老金的顶层设计，在此基础上银保监会发布了《关于规范和促进商业养老金融业务发展的通知》，在《关于开展个人税收递延型商业养老保险试点的通知》（财税〔2018〕22号）和《关于开展养老理财产品试点的通知》（银保监办发〔2021〕95号）的基础上归纳提炼，形成未来一段时间我国商业养老金融业务和商业养老金融产品的纲领性指引。

①商业银行和理财公司。《关于开展养老理财产品试点的通知》发布之后，中国银保监会随后又发布了《关于贝莱德建信理财有限责任公司开展养老理财产品试点的通知》（银保监办发〔2022〕8号）、《关于扩大养老理财产品试点范围的通知》（银保监办发〔2022〕19号），扩大了养老理财产品的试点范围。《中国银保监会关于印发商业银行和理财公司个人养老金业务管理暂行办法的通知》明确已纳入养老理财产品试点范围的理财公司可以开办个人养老金业务，因此商业银行和理财公司除个人养老金业务外，暂无其他个人商业养老金融业务。

②信托公司。《关于规范和促进商业养老金融业务发展的通知》列举支持和鼓励发展的商业养老金融业务，包括商业养老储蓄、商业养老理财、商业养老保险、商业养老金等，但没有提及商业养老信托产品，从发文对象来看，也没有包括信托公司。因此，其他个人商业养老金融业务参与主体暂时不包括信托公司，商业养老信托业务暂时被排除在商业养老金融业务之外。

③保险公司。《关于个人养老金有关个人所得税政策的公告》明确了个人税收递延型商业养老保险纳入个人养老金保险产品。根据《关于规范和促进商业养老金融业务发展的通知》，保险公司经营的其他个人商业养老金融业务目前主要包括专属商业养老保险和养老年金保险。根据《中国银保监会办公厅关于开展专属商业养老保险试点的通知》（银保监办发〔2021〕57号），专属商业养老保险是指以养老保障为目的，领取年龄在60周岁及以上的个人养老年

金保险产品。产品设计分为积累期和领取期两个阶段，领取期不得短于 10 年。产品采取账户式管理，账户价值计算和费用收取公开透明。根据《人身保险公司保险条款和保险费率管理办法》(保监会令 2015 年第 3 号)，养老年金保险是指以养老保障为目的的年金保险。养老年金保险应当符合下列条件：一是保险合同约定给付被保险人生存保险金的年龄不得小于国家规定的退休年龄；二是相邻两次给付的时间间隔不得超过一年。

④公募基金。2018 年 2 月 11 日，证监会印发《养老目标证券投资基金指引（试行）》(证监会公告〔2018〕2 号)，对养老目标基金的运作进行了规范。养老目标基金是指以追求养老资产的长期稳健增值为目的，鼓励投资人长期持有，采用成熟的资产配置策略，合理控制投资组合波动风险的公开募集证券投资基金。目前，《个人养老金投资公开募集证券投资基金业务管理暂行规定》未就"养老目标基金"进行规定，而是单独规定了"个人养老金基金"，因此养老目标基金也属于其他个人商业养老金融业务范畴。

⑤证券公司。《关于推动个人养老金发展的意见》规定了个人养老金资金账户可用于购买符合规定的金融产品的范围，证券公司可采用发行公募基金的方式参与其中，比如公募养老 FOF 产品，但仅适用于具有公募基金业务牌照的证券公司或资管子公司。此外，证券公司可以代销个人养老金产品，并可以发挥证券投资顾问优势，为客户提供一站式个人养老金资产配置建议。

综上，养老保险第三支柱的其他个人商业养老金融业务中，目前主要包括保险公司经营的专属商业养老保险和养老年金保险、基金公司经营的养老目标基金。

（二）保险业是养老保险第三支柱的重要参与主体

（1）国际经验。随着人口老龄化趋势的加快，人们对养老财富积累型金融产品的需求稳步增长，只有多元化的养老金融产品供给才可以适应不同偏好的消费者需求。从境外经验来看，OECD 国家私人养老金资产配置不仅包括现金和储蓄、票据和债券、股票、共同基金、保险，甚至还包括土地和建筑，并且在其他金融产品中包括了私募股权投资基金和对冲基金等。银行业、保险业、基金业和信托业可通过提供个性化、专业化的专属产品及产品组合，满足不同年龄层次、收入水平、家庭结构、投资目标、风险偏好的客群在养老财富积累与财富管理方面的需求，丰富养老金融产品线，形成差异化的养老金融产品特色，构建基于居民全生命周期的养老金融产品线（如图 3-22 所示）。

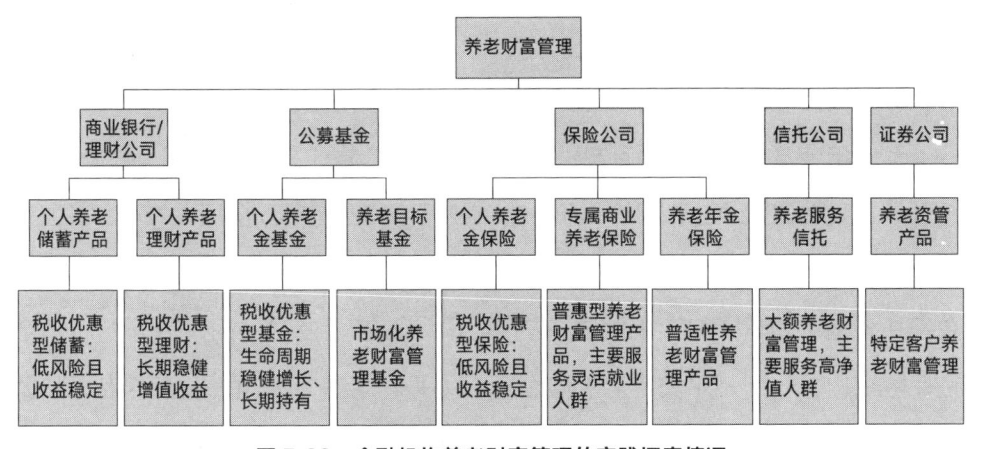

养老财富管理									
商业银行/理财公司		公募基金		保险公司			信托公司	证券公司	
个人养老储蓄产品	个人养老理财产品	个人养老金基金	养老目标基金	个人养老金保险	专属商业养老保险	养老年金保险	养老服务信托	养老资管产品	
税收优惠型储蓄：低风险且收益稳定	税收优惠型理财：长期稳健增值收益	税收优惠型基金：生命周期稳健增长、长期持有	市场化养老财富管理基金	税收优惠型保险：低风险且收益稳定	普惠型养老财富管理产品，主要服务灵活就业人群	普适性养老财富管理产品	大额养老财富管理，主要服务高净值人群	特定客户养老财富管理	

图 3-22　金融机构养老财富管理的实践探索情况

国际经验表明，保险业作为养老保险市场的最早参与者和主要推动者，在精算技术、资产负债管理、销售、多样化的产品和高品质的服务、养老金支付等方面具有明显的专业优势和丰富的管理经验，一直占据着养老保险市场的主导地位。美国保险公司参与养老服务的主要方式包括：一是以养老年金保险、健康保险（包括长期护理保险等）作为养老服务支付方式（保险给付或赔付）；二是通过居家健康服务机构直接提供养老服务（养老保障、健康保险等附加服务）；三是通过 REITs 间接投资养老社区（投资行为）。根据美国著名记者查克·苏多调查总结的美国 150 家最大的老年人生活服务商名单发现，超过 2/3 的服务商直接或间接由保险公司控制。另外，中国香港强积金制度 14 家核准受托人中，有7家由寿险公司发起成立；澳大利亚保险公司管理着1/3的超级年金计划资产；波兰10家经营养老金资产最多的公司中，8家具有保险背景，其中包括最大的3家公司。

（2）国内实践。我国养老保险第三支柱起步较晚，相较于第一支柱、第二支柱规模较小。截至2022年底，我国第一支柱基本养老保险覆盖人口10.53亿人，基金结余约6.99万亿元；第二支柱企业年金覆盖职工3010万人，积累基金2.87万亿元；第三支柱方面，个人养老金开户人数达4030万人，各类商业养老金融业务稳步发展。

①第二支柱经营实践。企业年金和职业年金是我国养老保险体系第二支柱，企业年金自2004年5月起试行，主要经营资格包括受托管理、账户管理、托管及投资管理。根据人社部的统计，截至2022年末，全国共有12家企业年金受托管理机构（不包括华宝信托，因人社部2021年对其不予延续企业年金受托资格），其中6席由银行、信托公司和养老金公司占据，另外6席则全是保险机构，分别是平安养老保险公司、太平养老保险公司、长江养老保险公司、国寿养老保险公司、人保养老保险公司和泰康养老保险公司。这6家保险公司中的前5家都拥有受托管理、账户管理和投资管理的年金"全牌照"；泰康集团旗下除泰康养老保险公司外，还有泰康资产参与企业年金业务，拥有投资管理资质，因此泰康集团也间接拥有"全牌照"；新华养老保险公司则拥有投资管理、账户管理资质。总体来看，在养老保险第二支柱年金市场上，养老保险公司占据了较大的优势，在过去近20年的实践中显示出专业机构在技术和服务方面的优势，已经成为企业年金市场的领导者和推动者。

②第三支柱经营实践。个人养老金制度落地之前，保险业已就第三支柱商业养老保险做了一定的探索。

一是个人税收递延型商业养老保险。2018年5月，中国银保监会联合其他部委启动个人税收递延型商业养老保险试点。2023 年 7 月 6 日，金融监管总局下发《关于个人税收递延型商业养老保险试点与个人养老金衔接有关事项的通知（征求意见稿）》，就个人税收递延型商业养老保险与个人养老金制度衔接方案等内容向行业征求意见。截至 2022 年底，个人税收递延型商业养老保险保费收入约 6 亿元，远低于预期。

二是个人养老保障产品。2015 年 7 月，保监会下发《养老保障管理业务管理办法》，至此养老保险公司开办了类似于公募基金的理财型业务，由于其存续期限与养老长期属性并不匹配，目前各家养老保险公司正面临监管整改压降要求，到 2023 年底该类业务全部清盘。截至 2022 年底，个人养老保障产品存量规模约 1 万亿元。

三是养老年金保险。养老年金保险是绝大多数人身险公司开展的保险业务，属于年金保险的一个子类别，相较于其他年金，这类产品要求被保险人达到规定的年龄才可领取养老年金。截至 2022 年底，养老年金保险存量准备金 6659 亿元，其中 2022 年新单保费收入 642 亿元。

四是专属商业养老保险。2021 年 6 月，中国银保监会开始试点专属商业养老保险，初期有 6 家头部寿险公司参与，仅限浙江和重庆两地，2022 年 3 月后试点资格开放给全部养老保险公司，区域也放开至全国。截至 2023 年 3 月底，专属商业养老保险累计保费规模 50.8 亿元，投保件数 42.9 万件，其中新产业、新业态就业人员和灵活就业人员投保超过 6 万件。

保险业对商业养老的探索起步较早，但由于全社会养老保险市场教育尚未完全启动，此外提供的保险产品本身的吸引力有限、投保流程烦琐，几个试点项目的成交保费与预期差距较大，并未达到政策设计的预期效果。

未来，保险公司在养老保险第三支柱的服务领域更加宽广，发展空间也更大，应当鼓励和支持保险业发挥技术和管理优势经营养老保险业务，尤其是要进一步给予专属商业养老保险税收优惠政策，弥补个人养老金制度未覆盖的人群（主要指在中国境内未参加城镇职工基本养老保险或者城乡居民基本养老保险的劳动者）。

六、做好数字金融大文章

（一）数字人民币也需要保险

根据人民银行 2021 年 7 月发布的《中国数字人民币的研发进展白皮书》，数字人民币（e-CNY）是人民银行发行的数字形式的法定货币，由指定运营机构参与运营，以广义账户体系为基础，支持银行账户松耦合功能，与实物人民币等价，具有价值特征和法偿性。

（1）数字人民币对保险的影响。数字人民币设计充分考虑了便捷性、安全性、普惠性、隐私性、合规性等，这些特性正在或即将对保险业产生深远影响。

在便捷性方面，数字人民币兼容账户和价值特征，具有可编程性，实现数字人民币线上线下全场景应用，满足用户多主体、多层次、多类别、多形态的差异化需求。基于数字人民币，保险的账户价值将得到发挥，保险将从产品经营逐步转向账户经营，这更有利于为消费者提供多方位、多险种、多层次的保险保障。

在安全性方面，数字人民币综合使用多种技术，具有不可重复花费、不可非法复制伪造、交易不可篡改及抗抵赖等特性，并已初步建成多层次安全防护体系，保障数字人民币全生命周期安全和风险可控。这一方面有利于提高保险的支付安全，另一方面也需要保险推出相应的保险产品，如数字人民币账户安全保险、数字人民币支付安全保险等，助力数字人民币的应用和推广。

在普惠性方面，数字人民币具有与银行账户松耦合、支付即结算、低成本等特性，有利于进一步降低公众获得金融服务的门槛，为更广泛群体和更丰富场景提供法定货币。基于数字人民币，小额保险、碎片化保险的经营成本将进一步下降，有利于保险业推出普惠保险。当前，中国保险业发展进入瓶颈期，中国保险业要实现高质量发展，在客观上需要更多便捷、普惠的应用场景，而这些应用场景需要安全、通用、普惠的新型零售支付基础设施作为公共产品，数字人民币的推出正好满足了这一需求，这将有利于保险业满足人民群众多样化的保险需求，并以此提升基础保险服务水平与效率。

在隐私性方面，数字人民币高度重视个人信息与隐私保护，遵循"小额匿名、大额依法可溯"原则，满足公众对小额匿名支付服务需求。基于数字人民币，可以解决保险业部分场景的保险经营问题，如景区的公众责任保险，因为这些场景的保单无法做到完全实名，但是借助数字人民币的"可溯"原则，可以解决保险事故发生后匿名保单的理赔问题。

在合规性方面，数字人民币适用现有反洗钱、反恐怖融资国际标准及国内法律要求，同时，还将在现有法律框架下制定专门的监管措施。基于数字人民币，保险业在反洗钱方面的投入将大幅下降，并大幅降低反洗钱风险。目前，保险业虽承担了重要的反洗钱职能，但对反洗钱的监控却没有技术手段可使用，数字人民币本身所具备的合规性弥补了保险业反洗钱职能的缺失。

当前，数字人民币还处于试点阶段，保险业要抓住数字人民币试点的机遇，推动保险科技创新和保险数字化变革，催生保险业新的发展动能，为数字保险营造有利发展环境，加强保险数据安全合作，加强数字保险基础设施建设，促进数字保险健康发展。

（2）数字人民币的风险。数字人民币的研发和应用，有利于高效地满足公众在数字经济条件下对法定货币的需求，提高零售支付的便捷性、安全性和防伪水平，助推中国数字经济加快发展。数字人民币作为非现金货币存在于市场中，属于电子货币的一种，但是与商业领域的"虚拟货币"和移动支付又不相同，数字人民币属于政策性货币，以央行做信用保障，其风险要小很多。

数字人民币可能面临的风险：冲击现行金融体系的利益格局，数字人民币发行在短期内可能会对商业银行和支付机构等造成一定冲击，如微信、支付宝等；增加了货币政策执行的复杂性和敏感性；扩大了金融监管边界，提高了金融监管难度；增加了金融系统的技术风险，如钱包的安全性等。这些风险中，从消费者的角度来看，最关心的是数字人民币钱包的安全性。针对盗用等行为，对于实名钱包，数字人民币提供了挂失功能。但是为了减少该风险导致的损失，保险可以发挥风险补偿作用。

（3）数字人民币的保险。保险业在发展过程中，针对现金、借记卡、信用卡、电子钱包（电子账户）等先后研发了不同的保险产品。

①现金保险，是一种特种财产保险，以家庭、商店、餐厅、会计部门、酒吧、娱乐场所等存放及运送的现钞、金银钱币、信用卡、支票等各种支付手段为承保标的的保险。现金保险一般为家庭财产保险、企业财产保险的附加险，保额一般不高，主要是应对小额流动现金被盗风险。

②银行卡保险，是一种主要保障银行卡因被盗刷、被盗用、被转账、被复制、被盗取而造成的财产损失保险。

③账户保险，是银行卡保险的扩展，主要保障个人名下所有借记卡、信用卡、网银账户、第三方支付账户等的资金安全，如果发生了盗用、盗刷等情况，保险公司按照约定赔偿。

随着数字货币试点的推进，为了避免试点期间的风险，数字人民币也需要保险，主要保障数字人民币钱包被盗刷、被盗用、被转账、被复制、被盗取而造成的损失。

（二）虚拟数字人也需要保险

1992年美国著名的科幻小说家尼奥·斯蒂文森（Neal Stephenson）在《雪

崩》(Snow Crash)一书中描述了一个平行于现实世界的网络世界——元宇宙或元界(Metaverse)。所有现实世界中的人在元宇宙中都有一个网络分身(Avatar)。斯蒂文森笔下的元宇宙是实现虚拟现实后的下一个阶段的互联网的新形态,小说预见了即将发生的事情,一个脱胎于现实世界,又与现实世界平行且始终在线的新世界在迭代中正慢慢显露出来。2009年好莱坞影片《阿凡达》(Avatar)描绘了另一个平行世界,但到底应该怎么理解元宇宙?它离我们到底有多远?去往元宇宙有哪些路径?

元宇宙是对未来的一种定义,这个概念将孕育出许多伟大的公司,保险业的伟大公司将出现在工程、科技、内容、人文的四岔路口,眼下还是影影绰绰,等待点火升空。显然,所有保险机构都不会放弃成为"伟大"的机会,纷纷试水元宇宙,并称之为金融元宇宙。目前,虚拟数字人成为保险机构进入元宇宙的最主要赛道。

虚拟数字人,又称虚拟人、数字人,是开启元宇宙的先锋,是通往元宇宙的船票。在元宇宙中,人们可以自由设定虚拟分身的名称和社会形象,通过虚拟分身进行生产、消费和投资,与元宇宙中其他的人和物进行交互,这必然涉及真人与虚拟分身之间的法律关系,该虚拟分身同样具备名称、肖像、荣誉和隐私等人格属性,该人格属性应当是依附于自然人的,且呈现出与现实世界中自然人人格权部分相同但不等同的人格形态。可见,虚拟数字人除享有如生命权、身体权和健康权等与自然人生命体有关的人格性权益之外,其人格权类同于法人的人格权,是一种准人格权,该人格权的权利需要借助现实世界的人们代为行使。因此,虚拟数字人的风险更多地属于非寿险承保范围。

根据《民法典》所赋予的自然人和法人的权利和义务,基于真人与虚拟数字人之间的法律关系,虚拟数字人可能面临的法律风险包括名誉权风险、名称权风险、肖像权风险、声音权风险、著作权风险、继承权风险、劳动权利保障风险、不当营销风险、数据权益与数据安全风险、人格权风险等。

（1）名誉权风险。网络用户采用注册虚拟网名的方式，以虚拟数字人格依法参与网络空间活动，可以为现实中的网络用户本人带来精神层面的愉悦感，有时也可以为其创造实实在在的物质财富，因此，在网络空间对虚拟数字人格的侵害亦能转化为对网络用户本人在现实中人身权利、财产权利等合法权益的侵害。为此，虚拟数字人需要一份"名誉保险"，在虚拟数字人及网络用户本人遭受名誉损失时，能得到相应的补偿。

（2）名称权风险。《民法典》第1012条规定自然人享有姓名权，第1013条规定法人和非法人组织享有名称权。虚拟数字人并非享有生命的自然人，只能参照法人、非法人组织享有名称权。虚拟数字人名称有可能侵害自然人姓名权，如虚拟数字人名称被他人冒用、抄袭，则可能因为导致混淆误认、淡化而构成不正当竞争。为此，虚拟数字人需要一份"个人责任保险"，规避因名称使用不当导致的侵权风险。

（3）肖像权风险。《民法典》第1018条规定："自然人享有肖像权，有权依法制作、使用、公开或者许可他人使用自己的肖像。肖像是通过影像、雕塑、绘画等方式在一定载体上所反映的特定自然人可以被识别的外部形象。"肖像权是一项人身权利，只有现实中的自然人才拥有该项人格权，而虚拟数字人本身并不享有肖像权。虚拟数字人使用他人肖像作为图像不符合《民法典》第1020条合理使用之规定，应当得到权利人许可，否则虚拟数字人的图像有可能侵害自然人的肖像权。由此看来，虚拟数字人需要一份"侵权责任保险"，规避因肖像权使用不当导致的侵权责任。

（4）声音权风险。《民法典》第1023条第二款规定："对自然人声音的保护，参照适用肖像权保护的有关规定。"该条明确对自然人声音进行保护，虽然并没有明确自然人享有声音权这一独立、具体人格权，但明确了自然人享有声音权益，并参照适用肖像权保护。虚拟数字人可能因为模仿声音或丑化、污损他人声音而构成侵害声音权或声音权益。因此，虚拟数字人的"侵权责任保险"还需要扩展到声音侵权风险。

（5）著作权风险。虚拟数字人物的形象通常可以作为美术作品获得保护，《著作权法》规定的作品要求具有独创性，虚拟数字人的名称由于只是文字的简单构成而不具有独创性，无法得到《著作权法》的保护，但如果构成混淆误认可能得到《反不正当竞争法》的保护。随着虚拟数字人的发展，将来也许会迎来"知识产权保险"的春天。

（6）继承权风险。虚拟身份成为人们在虚拟世界的身份标识，当虚拟身份所对应的现实世界中的自然人死亡时，就涉及虚拟财产的继承等相关法律问题。《民法典》第127条确认了对数据、网络虚拟财产的保护，第1122条规定"遗产是自然人死亡时遗留的个人合法财产"。因此，虚拟数字人身份所对应的相应数字资产，可以按照《民法典》继承篇继承。现行《保险法》需要根据《民法典》所赋予的虚拟数字人的权利和义务进行相应修改。

（7）劳动权利保障风险。虚拟数字人虽然不是"人"，但其背后之人可是活生生的员工。与隐藏于代码背后，常年加班的员工不同，虚拟数字人作为具有较大社会影响力，且承载了更多用户情感投射的特殊人物，对企业运营和企业社会声誉都具有重大的影响。虚拟数字人也许应该为自己背后的网络用户本人购买一份"雇主责任保险"。

（8）不当营销风险。因虚拟数字人高昂的运营成本，在虚拟数字人身上附加品牌内涵、与品牌进行商业合作、带货直播流量变现也是目前的常规操作。但是，在虚拟数字人的营销中依然存在法律风险。为了规避和降低虚拟数字人的不当营销风险，也许虚拟数字人也需要给自己买一份保险，如"职业责任保险"，就像保险代理人、保险经纪人的职业责任保险。

（9）数据权益与数据安全风险。虚拟数字人与其他传统虚拟形象最大的区别在于虚拟数字人高度依赖网络空间，以数据的形态存在，所以虚拟数字人的数据权益几乎等同于自然人的人身权，是虚拟数字人赖以存在的法律基础。《民法典》中对数据权益的保护着墨不多，仅在第127条中规定"法律对数据、网络虚拟财产的保护有规定的，依照其规定"。而《数据安全法》更多是从安全的角度对数据进行了原则性的规定："任何组织、个人收集数据，应当采取合法、正当的方式，不得窃取或者以其他非法方式获取数据。"虚拟数字人的权益保护机制尚处于探索中，为此可考虑通过"网络安全保险、数字资产保险"等产品保障其数据权益与避免数据安全风险。

（10）人格权风险。尽管虚拟数字人并不直接具有人格权，很多场景下虚拟数字人也不由真人直接扮演，但在虚拟数字人背后仍可能由自然人提供动态捕捉的素材或配音，依旧涉及个人信息与声音保护的问题。看来，虚拟数字人放大了网络用户本人的风险，为此需要同时为网络用户本人购买一份"个人责任保险"，在保障网络用户本人风险的同时，也可以化解虚拟数字人的风险。

综上，虚拟数字人面临的十大风险正是保险数字化转型的方向，更是保险数字化创新的领域。

挺膺担当，方能解码中国保险

一、挺膺担当

习近平总书记在中央金融工作会议上的重要讲话，站在历史和时代的高度，全面总结了党的十八大以来金融理论发展和实践成果，首次系统阐述了中国特色金融发展之路的基本要义和中国特色现代金融体系的主要内涵，着眼于以中国式现代化全面推进中华民族伟大复兴，以宏阔战略视野和深邃历史洞察为金融工作举旗定向、谋篇布局，是做好新时代新征程金融工作的根本遵循和行动指南。我们要深入学习贯彻习近平总书记重要讲话精神，强化使命担当，锚定金融强国建设目标，推动金融高质量发展，助力强国建设、民族复兴伟业。

曾国藩曾言："天下事，在局外呐喊议论，总是无益，必须躬身入局，挺膺负责，方有成事之可冀。""挺膺"指的是身体挺直、姿态端正，表现出自信、坚定的样子；"担当"则是承担责任、使命的能力。

国家兴衰，金融有责。金融是"国之重器"，在中国式现代化建设全局中发挥着重要作用。这一份寄托既是压力的传导，更是精神的激励，唯有奋斗不息，凝志气、强骨气、筑底气，才能挺膺担当书写中国保险奋斗答卷。为此，新时代保险人要发扬"挺膺担当"的精神，凡事"躬身入局"，坚定不移走中国特色金融发展之路。

一是要深刻领悟习近平总书记重要讲话的重大意义。习近平总书记的重要讲话是关于金融工作重要论述的重大创新和理论升华，是习近平经济思想的重要组成部分,是马克思主义政治经济学关于金融问题的重要创新成果,把中国共产党对金融本质规律和发展道路的认识提升到前所未有的新高度,具有十分重大的理论意义和现实意义。

二是要深刻把握中国特色金融发展之路的基本要义。中国特色金融发展之路是一条前无古人的开创之路,既遵循现代金融发展的客观规律,更具有适合自身国情的鲜明特色,其基本要义是:坚持党中央对金融工作的集中统一领导,坚持以人民为中心的价值取向,坚持把金融服务实体经济作为根本宗旨,坚持把防控风险作为金融工作的永恒主题,坚持在市场化法治化轨道上推进金融创新发展,坚持深化金融供给侧结构性改革,坚持统筹金融开放和安全,坚持稳中求进工作总基调。这"八个坚持"是管总体、管方向、管根本的,明确了金融工作怎么看、怎么干,既有世界观又有方法论,构成了一个辩证统一的有机整体,必须长期坚持。关于中国特色金融发展之路,我们必须从历史逻辑、理论逻辑和现实逻辑三个层次,完整、准确、全面把握其丰富内涵和本质要求。

三是把党中央决策部署落实到金融工作各领域各方面各环节。当前,我们党正团结带领全国各族人民,奋力向全面建成社会主义现代化强国、实现第二个百年奋斗目标迈进,以中国式现代化全面推进中华民族伟大复兴。党的二十大报告指出,我国发展进入战略机遇和风险挑战并存、不确定难预料因素增多的时期,各种"黑天鹅""灰犀牛"事件随时可能发生。面对新形势、新任务、新挑战,做好新时代新征程金融工作必须坚持和加强党的全面领导,以习近平新时代中国特色社会主义思想为指导,全面贯彻党的二十大、中央金融工作会议精神,完整、准确、全面贯彻新发展理念,深刻把握金融工作的政治性、人民性,以加快建设金融强国为目标,以推进金融高质量发展为主题,以深化金融供给侧结构性改革为主线,以金融队伍的纯洁性、专业性、战斗力为重要支撑，以全面加强监管、防范化解风险为重点，坚持稳中求进工作总基调，统筹发展和安全，牢牢守住不发生系统性金融风险的底线，坚定不移走中国特色金融发展之路，加快建设中国特色现代金融体系，不断满足经济社会发展和人民群众日益增长的金融需求，不断开创新时代金融工作新局面。

二、挺膺担当，方能解码中国保险

中央金融工作会议提出"做好科技金融、绿色金融、普惠金融、养老金融、数字金融五篇大文章"，为保险的蝶变提供了契机。在这个背景下，保险的形态和角色也需要发生变化，"新保险"（中国式保险现代化）应时而生，呈现出新理念、新要素、新范式、新生态、新体制五个特点，以及科技、绿色、普惠、养老、数字五项属性。新时代呼唤新保险，新保险必然产生并服务于新时代，即做好"科技保险、绿色保险、普惠保险、养老保险、数字保险"五篇大文章。

创新驱动发展，有赖于更加完善的科技保险体系；绿色发展和"双碳"目标的实现，离不开绿色保险作为坚实后盾；推进共同富裕，需要进一步增强保险服务的普惠性；实现老有所养、老有所依，发展养老保险势在必行；数字经济蓬勃发展，数字保险业发展也要不断推进……

五篇大文章，进一步明确了未来保险业在助力经济结构优化过程中的发力点，是提高保险服务实体经济质效的针对性部署，对于切实增强对重大战略、重点领域和薄弱环节的优质保险服务意识，着力为经济社会发展提供高质量保险服务，具有重要意义。

做好五篇大文章，要胸怀"国之大者"，强化使命担当，直击当前保险领域薄弱点，不断强化以人民为中心的价值取向和保险服务实体经济的根本宗旨。一方面，要做好对中小企业、"三农"等领域的支持，推动养老产业升级，服务经济社会发展，补齐民生领域短板；另一方面，要构建保险有效支持实体经济的体制机制，加大对科技创新、先进制造业、绿色低碳等领域的支持力度，推动产业智能化、绿色化、数字化转型，服务经济高质量发展。

做好五篇大文章，要坚持深化保险供给侧结构性改革。完善保险机构体系、市场体系、产品体系，合理配置保险资源。提供与科技、绿色、普惠等领域需求更相适应、业务更可持续的保险服务，以市场需求为导向，积极开发个性化、差异化、定制化保险产品，满足各类主体需求。

新时代新征程，要牢牢把握高质量、可持续、自适应发展这个首要任务，把中央金融工作会议精神落到实处，锚定保险强国目标，做好五篇大文章，为以中国式现代化全面推进强国建设、民族复兴伟业提供有力支撑。

中国保险肩负"国之重者"之使命，唯有挺膺担当、躬身入局，方能解码中国保险、重塑中国保险（Rebuild China's Insurance，RCins）。当前，中国保险最缺少的就是"挺膺担当"，牢记保险使命，呼唤挺膺担当；激扬保险梦想，呼唤挺膺担当；践行保险责任，呼唤挺膺担当；谱写保险华章，呼唤挺膺担当；汇聚保险力量，呼唤挺膺担当。

中国保险肩负"国之重者"之使命，唯有恪尽职守、挺膺担当，方能不负众望、不负重托。要以时时放心不下的责任感、积极担当作为的精气神，笃行不怠守初心，踔厉奋发担使命，交出"保险人有为、保险业有位"的新答卷，书写中国保险新华章。

第四篇

躬身入局，
重塑中国保险

纸上得来终觉浅，绝知此事要躬行。

——陆游

我们所创造的世界是我们思考的过程。要改变世界，必须改变我们的思维方式。

——阿尔伯特·爱因斯坦

读懂未来中国保险

>>> 从保险大国到保险强国

人类迄今繁衍了不过 300 万年，而有记载的人类历史甚至不到 1 万年，在这个过程中先后有 1000 亿人在地球上生生死死。相较于浩瀚的宇宙和已经有 45 亿年寿命的地球，我们对这个赖以生存的世界知道的和能留下的少之又少。上下 5000 年，人类经历了多少个黄金时代或是黑暗时代？我们的所作所为又将如何定义我们所处的这个时代？

同样，我们的所作所为又将如何重塑我们这个时代的保险？《世界保险史话》一书根据世界史分期，将世界保险史依次划分为世界上古时期保险的萌芽（人类起源至公元 500 年）、世界中古时期保险的成长（500—1500 年）、世界近代保险的确立（1501—1900 年）、世界现代保险的演变（1901—1945 年）与世界当代保险的现状与趋势（1946 年至今），总计五个时期。未来岁月里，中国保险要专注于识别并解决那些必需但又难以改进的第一性问题——它们是形成超越思想的前提，也是探寻中国特色保险业发展之路的关键。

2023 年，中央金融工作会议为中国保险业发展指明了方向，明确了目标，厘清了思路，明晰了重点，值此关键之时，中国保险业和保险企业如何"改革、进化、突围"成为重中之重。面向未来，走好中国特色保险业发展之路，中国保险需要坚定理想信念、矢志拼搏奋斗，勇于创新的姿态。信念、行动、创新铸就中国保险未来。

心有所信，方能行远。中国保险要想走得更远、更持久，走得更实、更笃定，就一定要有所坚守、永葆初心、勇担使命。信念看似无形，关键时刻却能彰显磅礴的力量。历史已证明，中国保险取得的一个个成就、超越的一个个极限、突破的一个个"不可能"，靠的都是刻在骨子里的"相信"。

路虽远，行则将至；事虽难，做则必成。新时代的保险人，生逢伟大时代，当以探索中国特色保险之路为己任，勇做"保险强国"建设的奋进者、开拓者、奉献者，争做"保险报国"排头兵，不断提升专业素养、丰富专业知识、提高专业能力、增强专业本领，不辜负国家期望、人民期待、时代呼唤。

展望未来，中国保险依然会在接续奋斗中挺膺担当、躬身入局，将"保险强国"的"小目标"融入"金融强国"的"大目标"，助力国家发展的"大蓝图"，为以中国式现代化全面推进强国建设、民族复兴伟业提供有力支撑。

如何重塑中国保险？

一、引言

《读懂中国保险》一书指出，回顾过去70多年、40多年、20多年中国保险业的发展，中国保险也许无法用"好保险"来形容，所以我们要重塑美好保险，要重塑我们这个时代的保险。重塑美好保险，其主旨是如何才能实现"中国好保险"，解决中国保险面临的信任危机，更解决中国保险作为"金融中介"存在的价值。

回顾过去70多年、40多年、20多年中国保险业的发展，特别是2001年中国加入WTO之后，中国保险已经完成了由小变大的过程，现在急需由大变强。中央金融工作会议提出建设"金融强国"，保险业作为我国金融业的重要组成部分，相应保险工作的发展定位也需要从"保险大国"迈向"保险强国"。从保险大国到保险强国，这需要重塑中国保险。

重塑中国保险，重塑我们这个时代的中国保险，这需要解决中国保险的"第一性问题"，需要修复中国保险体系的"断裂点"，需要转变中国保险业发展理念，需要打造中国保险"第二增长曲线"，需要寻找中国保险的改革新动力，并以此来塑造新一代中国保险体系。

重塑中国保险，重塑我们这个时代的中国保险，这需要加快建设保险强国，全面加强保险监管，完善保险体制，优化保险服务，防范化解风险，坚定不移走中国特色保险业发展之路，推动我国保险高质量、可持续、自适应发展，为以中国式现代化全面推进强国建设、民族复兴伟业提供有力支撑。

重塑中国保险，重塑我们这个时代的中国保险，是在看清中国保险、理解中国保险、解码中国保险基础之上，探索中国保险改革、创新和监管之路，寻找中国保险突围的方向、路径和策略之集。

二、如何重塑中国保险？

（一）长期、中期、短期之路

如何重塑中国保险？是为了回答"中国保险如何突围"。有长期、中期、短期三个不同的突围方案。

从长期来看，要靠发展来解决，只有发展才是终极解决方案。2000年，因自1996年开始的快速降息，导致中国寿险业出现了巨额利差损，《中国寿险业利差损规模测算与分析》等估计2000年以前保单的利差损约为1300亿元。"1300亿元的利差损"对于2000年的中国保险业来说是一个天文数字，但对于今天的中国保险业来说不值一提，其与2022年保险业利润总额基本相当，相当于保险业2021年利润总额的一半，2020年利润总额的1/3。

中国保险业面临的问题如同中国经济面临的问题，都需要在发展中解决，这是中国保险业发展的长期目标。当前，想从长期解决中国保险业发展问题，就要树立"发展＝资本＋增长"的理念。保险业的发展需要大量的资本以满足风险准备需要，而保险增长是保险业发展的基础，因此资本和增长是保险业发展的两个"轮子"，"有资本加持的增长"才能促进中国保险业的健康发展，才能防范系统性风险，才能维护国家金融安全。

从中期来看，要靠制度改革来解决，通过放开市场主体准入吸引资本的流入。长期需要树立"发展＝资本＋增长"的理念，而中期就要优化保险政策，吸引资本的流入。从资本的属性来看，其一关注保险业所能带来的ROE；其二关注保险公司的价值，包括牌照价值和衍生价值等。

2001年，中国保险业总资产为2591亿元，净资产为-128亿元，实收资本为262亿元，此时的保险业处于破产边缘。2022年，中国保险业总资产为27.15万亿元，净资产为2.70万亿元，实收资本约为8000亿元。2001—2022年，中国保险业累计实现利润2.28万亿元，年化ROE为10.99%，高于银行业的10.28%、证券业的5.28%，低于信托业的12.17%。

综合来看，过去20多年约8000亿元的资本注入了中国保险业，获取了接近11%的年化收益；但11%的年化收益低于同期名义GDP年化增长率（12.17%）、低于同期M2年化增长率（14.27%），高于同期沪深300指数年化收益率（6.48%）。显然，保险业所能给予资本的ROE低于其预期，保险业为了实现"有资本加持的增长"，需要进一步放开市场主体准入，进一步优化资本流向保险主体的约束条件。

从短期来看，要靠提振信心来解决，要进一步释放保险市场发展的积极信号。长期靠"发展＝资本＋增长"的理念，中期靠资本，短期只能靠信心。"信心比黄金更重要""信心是经济发展的晴雨表"，同样，信心是保险业发展的"晴雨表"，对于当前保险业发展来说信心比黄金（资本）更重要。

路虽远，行则将至；事虽难，做则必成。中央金融工作会议明确了做好保险工作的总体要求、主要任务和政策举措。保险人要坚定信心、踔厉奋发，以奋发有为的精神状态贯彻落实国家建设"金融强国"的决策部署，以求真务实的工作态度推进"保险强国"的高质量建设。

（二）宏观、中观、微观之路

如何重塑中国保险？同样回答了"中国保险如何建立产业主导权"。产业主导权（Industrial Dominance）是指产业主体对产业发展和运行具有强大的影响力、控制力和应变力，集中体现为对技术、市场或资本等客体要素的主导权。具体到保险产业，有宏观、中观、微观三个不同层面的理解。

（1）从宏观层面来看，保险产业主导权指一国保险业对本国保险产业发展具有自由的产业规制能力、对世界保险规则的制定与执行具有话语权。

（2）从中观层面来看，一国保险产业（如科技保险、绿色保险、普惠保险、养老保险、数字保险等）具有免受外来干扰威胁、能保持可持续发展的能力。

（3）从微观层面来看，保险产业内的相关保险企业能凭借其对产业高级要素（技术、人才、品牌、渠道、组织等）的掌控从而控制保险产业链的高端，取得所属价值网的领导地位。

从历史来看，各国保险产业发展都遵循基本的供需平衡规律，技术、市场、资本作为三个基本客体要素推动着保险产业发展与结构升级，保险企业和政府（包括保险监管部门）则是影响保险产业发展的关键主体要素（如图4-1所示）。

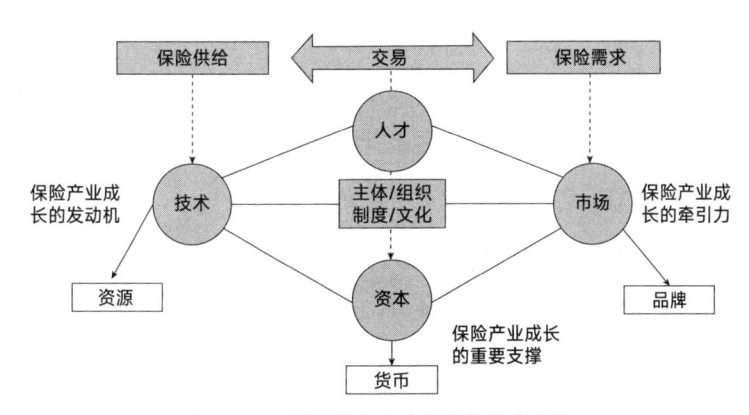

图 4-1　中国保险产业主导权的概念框架

从图4-1中可以看出，中国保险产业主导权的塑造离不开技术、市场、资本，也离不开保险企业、保险监管部门和保险专业人才，这些构成了中国保险的"市场+商业+监管"三元框架。基于此框架，中央金融工作会议提出着力打造现代金融机构（商业）、现代金融市场体系（市场）和现代金融监管体系

读懂未来中国保险
>>> 从保险大国到保险强国

（监管），坚定不移走中国特色金融发展之路，建设金融强国。

当下，金融成为国际竞争和国际关系中的关键力量，谁掌握了金融产业主导权，谁就掌握了世界话语权。金融是没有硝烟的战场，金融安全在国家总体安全观中处于重要地位，决定着国家兴衰，甚至民族存亡。

作为世界第二大经济体，我国银行业资产规模位居全球第一，股票、债券、保险规模位居全球第二，外汇储备规模稳居世界第一。从中国保险业来看，尚未建立与之相适应的国际话语权和影响力，当前需要通过优化保险监管、强化市场竞争、打破制度壁垒来构建保险产业主导权，发挥好保险产业政策作用：一是可以促进保险业适度、均衡、可持续发展，二是实现保险强国的重要支撑，三是提高保险产业竞争力的重要手段。总之，从我国保险业中长期发展实践来看，无论外部环境如何变化，保险产业政策的作用有三点没有变：一是矫正市场失灵的重要工具没有变，二是优化保险产业资源配置的目标没有变，三是提高保险产业竞争力的重要手段没有变。

通过对中国保险产业主导权的掌控，能更有效地优化保险产业结构、引导保险企业养成良好的市场行为，保障国家金融安全，不断地促进保险风险治理、价值创造、资源配置、价格发现等职能的发挥。

通过对中国保险产业主导权的掌握，保险企业能扩大保险产品在全球范围内的定价权和市场份额，控制世界范围内保险产业的规则变化，保持其在保险产业内可持续的竞争力，更好发挥保险业经济减震器和社会稳定器功能。

如何重塑中国保险？中国保险如何突围？桃花依旧笑春风，一个时代的逝去留下的并不仅仅是一曲悲歌。未来经年，以科学理性精神勇于面对中国保险业发展中第一性的问题，以乐观和不放弃的精神捕捉那些"破裂世界里透过缝隙照进来的光"，那么穿山越岭，我们会迎接一个新的更伟大时代的到来！

历史：中国保险未稳定的轮回

一、中国保险的历史经验

20多年来（除特别说明之外，本书专指2001—2022年），我国经济实力、科技实力、综合国力跃上新台阶，作为全球第二大经济体的地位得到巩固，人均GDP增加到8.57万元。与此同时，2001—2022年，全社会研发投入与GDP之比由1.10%提高到2.55%，城镇化率由37.70%上升到65.22%，城乡居民人均可支配收入差距由2.90∶1降至2.45∶1，人均预期寿命由71.80岁提高到77.93岁，中等收入群体逐步扩大，近亿农村贫困人口全部脱贫，建立起世界上规模最大的教育体系、社会保障体系、医疗卫生体系，生态环境发生历史性、转折性、全局性变化，积极主动防范化解各类风险。

北京大学国家发展研究院与美国布鲁金斯学会联合发布的《中国2049：走向世界经济强国》报告指出，改革开放40多年来，中国经济取得成功的原因可归纳为六条：第一，市场化改革改善了资源配置效率；第二，全球化发展使中国快速融入世界经济体系；第三，人口红利；第四，高储蓄率、高投资率；第五，宏观经济环境相对稳定；第六，改革之前30年打下的经济基础。纵观中国保险业的发展，《新中国保险业发展的经验》（孙祁祥、范娟娟，2019）一文总结了中国保险业取得成功的七条经验：国民经济的快速发展是行业发展的战略基石、保险理论的探索和指导是行业发展的重要保障、企业制度改革和市场化改革是行业发展的核心动能、政府的高度重视和支持是行业发展的推动力量、现代监管体系的建立和完善是行业发展的制度保障、人才培养和关键技术研发是行业发展的内生"推动器"、对外开放是行业发展的外部推动力。综上，中国保险业过去20多年的成功要素可归纳为六条：

第一，中国经济发展的红利。经济发展是保险业发展的基础和条件，国民经济的快速发展必然带动保险业的快速发展。1949—1978年，中国的人均GDP从新中国成立初期的27美元增长至156美元；改革开放以来，中国的人均GDP从改革开放初期的156美元快速提升至2022年的12741美元。人民群众生活水平从温饱步入全面小康，开始更多地追求安定和谐的生活品质，这直接激发了全社会巨大的保险需求，为保险业发展夯实了基础。

第二，中国保险业发展的政策红利。1980年以来，政府出台的有关保险业发展的政策文件达70余个。2006年国务院颁布《关于保险业改革发展的若干意见》，2014年国务院印发《关于加快发展现代保险服务业的若干意见》，明确提出保险是现代经济的重要产业和风险管理的基本手段，提出了我国商业保险业新的地位和要求，为保险业的长期发展做出了顶层制度设计。2019年12月30日，国务院常务会议审议通过了《关于促进社会服务领域商业保险业发展的意见》，这是继《关于保险业改革发展的若干意见》《关于加快发展现代保险服务业的若干意见》后再次对保险进行了定位，明确了新时代下保险业的历史责任。

第三，中国国民财富增长的红利。经过改革开放40多年的高速发展，我国居民财富实现了爆发式增长，已成为全球第二大财富管理市场。根据国家统计局公布的数据，2022年全国居民人均可支配收入36883元，比2021年名义增长5.0%，扣除价格因素，实际增长2.9%。居民人均可支配收入的持续增加为私人财富的积累奠定了稳定的基础，同时为保险业的发展带来了旺盛的需求。

第四，中国人口红利。过去20多年，中国的抚养比——劳动人口所支持的抚养人口数量不断下降，意味着总体劳动生产率在不断提高。从人口红利到人口老龄化，2025年，预计我国60岁以上人口占比将达到20.5%，65岁以上人口占比将接近14.0%，劳动年龄人口将继续减少2000万人左右，占比降至61.5%，"老有所养"的美好愿景将孕育出新的保险配置需求。

第五，中国金融业的对外开放。保险业是我国金融业中开放时间最早、力度最大、步伐最快的行业。1980年恢复国内保险业务后，我国开始允许一些外国保险公司设立代表处。作为当年中国加入WTO后对外开放的"排头兵"，保险业在中国整个对外开放战略布局中居于重要地位。

第六，中国保险业监管的"金融抑制"（Financial Repression）。随着中国保险业的发展，此保险已非彼保险，过去的一些成功经验正在成为风险的源头，比如金融抑制。金融抑制是指政府对金融活动和金融体系的过多干预抑制了金融体系的发展，而金融体系的发展滞后又阻碍了经济的发展，从而造成金融抑制和经济落后的恶性循环。金融抑制具体到保险业主要表现为保险机构抑制和保险创新抑制。中国抑制性保险政策，即保险监管部门对保险体系较多的干预，在过去给保险业发展带来正面影响，避免了保险业的无序竞争和保险业系统性金融风险的发生。但是，现在抑制性保险政策对保险业增长和效率的影响，已经变得负面，影响了保险的风险治理、价值创造和资源配置职能的发挥，另外也导致了保险业金融风险的上升。

回顾中国保险业的发展历程，重在探究这一历史发展的曲折过程，科学总结中国保险业发展的历史经验，揭示中国保险业发展的内在规律，前瞻中国保险业的未来进程，对于坚持和发展新时代中国特色金融（保险）发展之路有着重要的理论和实践意义。

二、中国保险未稳定的轮回

如今，大家都感觉中国保险形势不好，中国保险好像已进入漫长而痛苦的调整过程。但实际上核心问题是过去 20 年的经验无法应用于未来 20 年，过去 20 年的成功不等于未来 20 年的成功，过去无法引领未来，"新旧保险"急需转换。悲观还是乐观，取决于你身在新旧保险的哪一趟列车上，坐在新保险列车上的人也许不那么悲观，但坐在旧保险列车上的人这一次可能熬不过去。这在一定意义上就是中国保险的"轮回"（Circles）问题。

中国经济改革经历过"双轨"（Twin Tracks）和"轮回"，在"轨道"切换中实现了"螺旋上升"（Spiral Rise）；而反观中国保险，更多的是"轮回"——"单轨道上轮回"，没有可以借助的"轨道"进行发展模式的切换。这直接导致中国保险业更多表现为"原地打转"，而不是"螺旋上升"。

人类文明的进步和历史演变都是一个轮回，在轮回中螺旋上升，而每个轮回都是稳定的。显然，中国保险业的高质量发展所需要的正是"稳定的轮回"（Stable Cycle），同时在稳定的轮回中实现"螺旋上升"。

螺旋上升，又称螺旋形上升、螺旋式上升、波浪式前进等，是对否定之否定规律所揭示的事物发展形式的一种形象比喻。恩格斯在《自然辩证法》中说："由矛盾引起的发展或否定之否定——发展的螺旋形式。"事物发展总的方向和趋势是由低级到高级、由简单到复杂的前进运动。但前进的道路不是直线，而是迂回曲折的，会出现向出发点回复现象。

"需求增加—价格上涨—生产增加—就业（收入）增加—需求增加"，这是理想的经济增长螺旋。在正常情况下，如果经济循环顺畅，物质产品会增加，社会财富会积聚，人民福祉会增进，国家实力会增强，从而形成一个螺旋式上升的发展过程。如果经济循环过程中出现堵点、断点，循环就会受阻，在宏观上就会表现为增长速度下降、失业增加、风险积累、国际收支失衡等情况，在微观上就会表现为产能过剩、企业效益下降、居民收入下降等问题。为推动中国保险业的高质量发展，就需要确保中国保险处于"正常情况"——稳定的轮回。

经济发展是螺旋式上升的过程，也是分阶段的。不同阶段对应不同的需求结构、产业结构、技术体系和关联方式，要求发展方式与时俱进。同样，为了找到适合自己的保险业发展道路，中国进行了大胆的尝试，尝试过变革和停办，经历过成功和失败。中国保险业的发展经历可以简称为"一二四"，即10年的变革、20年的停办、40多年的发展。1949—1958年，中国用10年时间进行了新旧保险制度替换，形成了属于自己的国有保险制度体系。1959—1979年，由于特殊的国家政治背景，保险业停滞了20年。1980年至今是中国保险业发展的有效经验期，40多年的有效经验期又分为四个阶段："摸着行走"（1980—2000年）、"跟着行走"（2001—2008年）、"自个儿行走"（2009—2017年）和"与国同行"（2018年至今）。

总体来看，改革开放后中国保险所经历的四个阶段都不是一个稳定的轮回状态，"摸着行走"被2000年的利差损"吓停"，"跟着行走"被2008年金融危机"中停"，"自个儿行走"被2017年第五次全国金融工作会议"叫停"，这导致每个阶段不是承接过去的成绩，而是承接过去的问题。

从中国保险业发展的历程来看，中国保险业在一个增量市场中更多表现的是短缺经济，更多的是关注数量需求，现在则必须优先关注质量问题。从量转向质，就是一个螺旋式上升的过程；只不过这个过程比预期慢了许多，我们花了40多年时间进行量的积累。正常情况下，通过"摸着行走""跟着行走""自个儿行走"和"与国同行"四个阶段的轮回（小循环），中国保险应该已经进入一个稳定的轮回（大循环），但因每个阶段的轮回都未达到稳定状态，导致中国保险业一直未实现螺旋式上升。

轮回，尤其是稳定的轮回是推动中国保险业高质量发展的唯一动力。所以，中国保险业的高质量发展也是一个螺旋式上升的过程，我们需要从经济规律体系上加以认识和把握，需要抓住其中的核心要义和真谛，从而更好地推进"保险强国"建设。中国保险要"突围"，就要"螺旋上升"，而这又靠"稳定的轮回"。为此，中国保险业要学习贯彻中央金融工作会议精神，要基于"中国特色金融发展之路"的理论与实践来观察新保险、把握新保险、引领新保险……坚决防范系统性风险，切实维护国家金融安全。

回顾中国保险业的发展，保险业虽然经历了多个不稳定的轮回，但我们坚信40多年来所播撒的"轮回"种子，将会收获"稳定的轮回"的果实。过往可鉴，当下可为，未来可期，这就是对中国保险业的最好诠释。

未来：中国保险业发展前景可期

一、新时代保险业发展潜力巨大

金融监管总局局长李云泽曾表示："保险业发展潜力巨大……将进一步释放行业发展'红利'。"我们该如何理解？又该如何解读？

中国保险业未来的市场空间在哪里？中国保险业未来发展的"红利"又在哪里？显然，这不是"人有多大胆，地有多大产，不怕办不到，就怕想不到"的问题，这需要我们运用"需求—矛盾—拐点"的分析方法，探索中国保险新风口、洞悉中国保险新风向、鉴观中国保险新风色、掀起中国保险新风暴，并借助这股新风势推动中国保险从"保险大国"迈向"保险强国"。

中国保险消费者今天的"需求"未必等于明天的"需求"，中国保险业的"人民性"未必等于保险消费者的"人民性"……中国保险的"需求"产生了"矛盾"，并且这种"矛盾"已大于"供需矛盾"。

这些"需求"的实质又是什么，它们一定会被满足吗？哪些需求是"真痛点"，哪些需求只是"伪需求"？面对"需求"自身的"矛盾"，以及随之而来的资源争夺、语言腐败、跨界竞争……中国保险业未来的市场空间到底有多大？中国保险业未来发展的"红利"到底是什么？我们不妨先看看专家怎么说。

从中国 GDP 规模、人口规模、财富规模、风险保障缺口、养老储备缺口等指标的国际比较来看，我国保险业存在巨大的发展空间；另外，从中国保费收入规模、保险密度（人均保费）、保险深度（保费占 GDP 的百分比）等指标的国际比较来看，我国保险业存在巨大的发展空间。从国际经验来看，这也许是"客观规律性"；但从中国实践来看，这也许缺少"主观能动性"。

从保费收入规模来看，2022年，我国保费收入6978.06亿美元，占全球保费收入的10.3%，位列全球第二。当年，美国保费收入29598.08亿美元，占全球保费收入的43.6%，位列全球第一。可见，2022年，我国保费收入占美国的23.6%，而当年我国GDP（17.98万亿美元）占美国GDP（25.46万亿美元）的70.6%，中美保费收入规模差距远大于GDP规模差距，显示出我国保险业尚存在巨大的发展潜力和空间。

从保险密度来看，2022年我国保险密度为496美元，低于全球平均水平（853美元），更低于主要发达经济体（如美国为8565美元）。可见，我国保险密度有进一步提升的巨大空间。

从保险深度来看，2022年我国保险深度为3.9%，低于全球平均水平（6.8%），更低于主要发达经济体（如美国为11.6%）。可见，我国保险深度同样具有广阔的提升空间。

值得指出的是，较高的储蓄率可以支撑我国保险巨大的潜在需求向现实转化。近年来，中国居民储蓄率始终处于较高水平。2020年，中国储蓄率（总储蓄占GDP的比例）为44%，远高于26%的世界平均水平，也高于世界各个地区以及不同收入水平经济体的平均值。2019年，中国居民家庭储蓄占家庭可支配收入的比例为35%，远高于世界其他主要经济体的水平。中国总储蓄率以及居民部门储蓄率偏高的主要原因在于，风险保障体系不健全，预防性储蓄占较大比重。引导大量的短期储蓄转化为保险资产，可以促进保险市场的潜在需求向现实需求转化。

中国保险业未来的市场空间到底有多大？中国保险业未来发展的"红利"到底是什么？"让子弹飞一会儿"，一切自有定论。中国社科院大学政府管理学院教授、中国社科院世界社保研究中心主任郑秉文在《新时代保险业发展潜力巨大》中指出，可以从四层含义对中国保险业的发展潜力进行说明。

第一层含义，进入新时代以来，我国保险业发展迅速，发展潜能得到空前释放。2013年我国保费收入1.72万亿元，2022年达4.70万亿元，年均增长率高达10.6%，而同期全球主要国家和地区的保费收入年均增长率仅为3%左右，并且正是在这10年里，中国保险市场跃居世界第二，至今连续7年卫冕。在过去10年里，人身险保费收入从2013年的1.10万亿元提高到2022年的3.42万亿元，年均增长率达12.0%；健康险从1123亿元提高到8653亿元，年均增长率达22.7%；健康保险赔付支出占全国卫生总费用比例从2013年的1.3%提高到2022年的4.2%，在我国多层次医保制度中的地位日显重要。养老保险公司的数量在10年前只有5家，目前增加到10家，还有1家养老金管理公司，为积极应对人口老龄化社会财富储备贡献了"保险力量"。具有养老功能属性的商业养老保险长期责任准备金已超过6万亿元，而10年前只有0.88万亿元，年均增长率高达41%。10年来，保险深度从2013年的3.03%提高到2022年的3.88%，保险密度从1266元提高到3326元，提高了1.6倍（如图4-2所示）；保险资产总额从2013年的8.23万亿元，提高到2022年的27.15万亿元，占GDP的比重从14.9%提升至22.4%，成为我国资本市场中长期资金的主力军和活跃资本市场的中长期资金的重要源头活水。

第二层含义，进入新时代以来，具有中国特色的普惠型保险得到长足发展，成为多层次社保体系的重要补充。在我国多层次社保体系中，商业保险公司深度参与城乡居民大病保险的主办、长期护理保险的承办业务，并以独具一格的"惠民保"的产品创新形式主动"对接"多层次医保体系，成为极具中国特色的普惠型商业保险新形态，在世界各国保险业中成为一道难以复制的亮丽的风景线。首先，自2012年建立城乡居民大病保险制度以来，近20家保险公司开

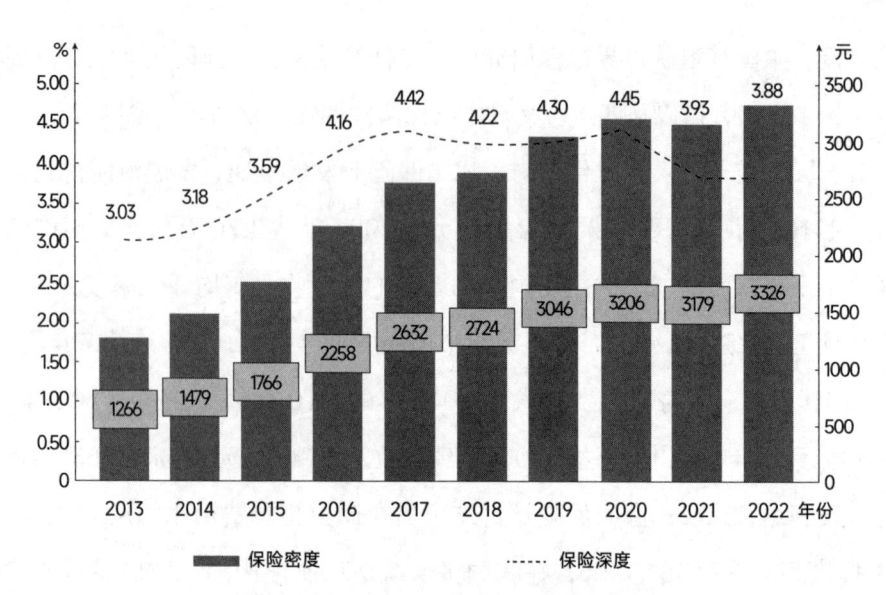

图 4-2 2013—2022 年我国保险密度与深度

展的大病保险业务覆盖全国 31 个省（区、市），参保人数已超过 12.2 亿城乡居民，累计赔付近 6000 万人，大病患者实际报销比例在基本医保基础之上平均提高了 10~15 个百分点；其次，长期护理保险试点 7 年来，已有 20 家保险公司深度参与经办业务，试点城市达 49 个，覆盖参保人数 1.7 亿人，累计享受待遇人数 214 万人，基金直接支出累计超 650 亿元，年人均减负 1.4 万元，拉动社会资金投资超 500 亿元，建立定点服务机构 7800 余家，创造就业机会 33 万个；最后，惠民保即"城市定制型商业医疗保险"在过去 4 年里异军突起，日益成为多层次医保体系的重要补充形式，超过 80 余家保险公司参与其中，覆盖的地域和人数逐年增加，累计参保人数已超过 3.4 亿人，2022 年触达 29 省 159 个地区和 289 个地级市，232 款产品覆盖 1.58 亿人，保费收入 180 亿元。

第三层含义，保险业提升空间很大，助力建设金融强国和助推中国式现代化大有可为。党的二十大报告指出，中国式现代化是人口规模巨大的现代化，是全体人民共同富裕的现代化。我国人口规模十四亿多人，超过现有发达国家人口的总和，是保险市场的蓝色海洋；促进全体人民共同富裕是中国式现代化的出发点和落脚点，发展普惠型保险大有可为。中央金融工作会议提出建设金融强国和"做好科技金融、绿色金融、普惠金融、养老金融、数字金融五篇大文章"，为未来保险业发展和"提升空间"指明了方向。在这五篇大文章中，科技、绿色、普惠、养老、数字，篇篇都是保险业转型与发展的发力点、助力金融强国的支撑点和实现中国式现代化的重头戏。可以说，中央金融工作会议提出的做好金融五篇大文章也是对作为金融体系重要组成部分的保险业提出的新要求，意味着这五篇大文章蕴藏着保险业的无限商机和巨大市场。欧美发达国家保险机构对中国保险市场纷纷看多，认为中国保险市场未来可期，潜力巨大。例如，保险巨头安联保险集团发布的《2023年安联全球保险业报告：动荡年代的锚》指出，中国保费收入将从2022年占全球保费收入总量的11.4%提高到2033年的15.2%，年均增长率为8.1%，而全球保险增长率为5.2%；到2033年，中国保险市场规模将达1.49万亿欧元（11.6万亿元，按1欧元=7.8元计算，下同），其中，健康险保费收入将达0.34万亿欧元（2.65万亿元），年均增长率约10.6%，届时，中国健康险市场将跃居全球第二。包括安联保险集团在内的很多国际保险机构或组织的预测均显示，未来中国保险市场增长率将高于发达国家。

第四层含义，展望未来，机遇与挑战并存，在第三支柱个人养老金的加持下商业保险业发展后劲十足。我国商业保险作为新农合与城乡居民医疗保险的有力承办者、城镇职工补充医疗和补充养老保险的积极运营者、城乡居民大病保险的唯一主办者、长期护理保险服务的重要提供者、养老基金受托投资的重要管理者，正在成为多层次社保体系的重要力量和有力补充。但是，与发达国家相比，我国保险还存在很多弱项。例如，2022年我国保险深度是3.88%，而世界平均水平是7.0%（2021年数据，下同），美国是12.0%，我国台湾地区高达

17.4%；再以保险密度为例，2022年我国是496美元（3326元），而OECD成员国平均是3650美元，美国高达8565美元。我国保险复业只有40多年的历史，包括三支柱养老金在内的社保体系制度框架正在搭建，大力发展保险业的机遇正在来临。目前正值第三支柱个人养老金36城先行先试一周年。从狭义上讲，税收政策支持的第三支柱个人养老金囊括了商业保险在内的银行储蓄、银行理财、公募基金等金融产品。从广义上讲，第三支柱个人养老金还包括其他个人商业养老金融业务，例如，包括2022年底专为养老保险公司开设的"商业养老金"业务的试点和试点刚结束并于10月扩大到全国范围的为人身保险公司开设的"专属商业养老保险"业务。在第三支柱个人养老金的加持下，保险业必将迎来下一个黄金十年发展期，为2035年基本实现社会主义现代化、人均GDP达到中等发达国家水平做出应有贡献。

二、新时代保险业发展面临的挑战

《中国2049：走向世界经济强国》报出，未来30年，中国将面对一些跟过去不一样的问题，特别突出的有三个大的新挑战：低成本优势丧失、人口快速老龄化、全球化政策的反转。这些挑战除了对保险业产生直接影响之外，还将对保险业产生间接影响，这些影响正是未来20年中国保险业所面临的挑战。

第一，"乌卡时代"的到来。乌卡时代是指我们正处于一个易变性、不确定性、复杂性、模糊性的世界里。乌卡时代的到来，将导致全球金融市场剧烈动荡，国内经济形势日趋严峻。"不确定性对于保险的影响大于风险"，如果再叠加易变性、复杂性、模糊性，可想而知，中国保险业过去的经验解决不了未来的问题，过去的经验也不足以支撑中国保险业未来的发展。

第二，"中国时代"（China Time）的到来。中国时代代表着中国未来发展新的开始，中国在国际体系中将有新的"自我认知"。可以预期，中国将在全球金融、保险体系中扮演更加重要的角色。同时，中国金融业（保险业）大概率会因"自我认知"问题，迷失在"中国经济学""中国金融学""中国保险学"之中，要付出巨额的"学费"。另外，中国时代的到来伴随着"逆全球化"的发展，中国是全球化的主要获益者之一，如果未来国际金融、国际经济体系变得不那么开放，中国保险业会遭遇新的压力和挑战。

第三，"老龄化时代"的到来。中国过去确实享有人口红利，改革开放以来，中国的抚养比不断下降，最低点出现在 2010 年前后，大概是 1/3。根据中国人口变动趋势，到 2049 年抚养比可能会升到 2/3，意味着每 3 个劳动人口需要养活两个老人或小孩。这将给经济社会发展带来很多新的挑战，包括消费、劳动力供给、储蓄和社会保障体系。这个问题在日本也出现了，但跟日本相比，我们的老龄化不太一样，就是所谓"未富先老"。这对中国保险业的第一个冲击就是保险代理人，其数量从 2020 年的接近 1000 万人锐减到 2023 年的不足 400 万人；第二个冲击就是"养老保险 + 养老服务"及长期护理保险解决方案的成本高企，最终导致商业模式的不可持续。

第四，"可持续发展时代"的到来。可持续发展离不开可持续金融（Sustainable Finance），其英文由 Sustainable 和 Finance 两个单词组成，融合了人类知识系统里两个重要领域，其本质是跨界整合。第一个领域是 Sustainable Development（可持续发展），涉及环境与社会的可持续发展；第二个领域是 Finance（金融），涉及资金的流向及效率。可持续金融将金融和可持续发展结合在一起，旨在将资金导入人类可持续发展的重要领域，如环境层面的污染防治、节能减碳，社会层面的平价住房、普惠金融等。可持续金融可以理解为一种与人类可持续发展目标与原则一致并能产生影响力的新的金融体系。

当然，中国保险业面临的挑战远不止以上四个，不过危中有机，中国经济正在走出衰退，金融业规范性正在显著加强，金融基础设施正在逐渐完善，中美关系正在趋于缓和……中国保险业正在"痛定思痛"、正在"踔厉奋发",这为中国保险业的发展提供了历史机遇。

三、新时代保险业发展潜力的挖掘

北京大学中国保险与社会保障研究中心专家委员会委员、国务院发展研究中心金融研究所保险研究室原副主任朱俊生在《挖掘保险业巨大发展潜力》中指出,当前需要进一步优化保险政策环境,促进保险业供给创新,深入挖掘产寿险的发展潜力。

(一)挖掘产险发展潜力

在产险领域,保险的经济补偿与风险减量管理功能都有待进一步发挥。

第一,巨灾保障仍然不足。由于产险业的渗透率不高,保险赔付占损失的比重较低,相对未承保损失而言,保障缺口非常大。例如,1990—2017年,我国经济最发达的大湾区受台风影响经济损失高达14亿美元,其中保险赔偿为0.7亿美元,仅占损失的5%。而2022年全球巨灾损失中,保险赔偿占比达46.5%。与国际平均水平相比,我国巨灾保障存在巨大的缺口。

第二,对中小企业的保障明显不足。中小企业在初创期、成长期和成熟期面临不同的风险,需要提高风险管理能力。但整体来看,保险对中小企业的风险保障程度较低。在需求端,中小企业风险意识不足,对保险的认知有待加强;在供给端,保险业面向中小企业的渠道成本与赔付成本较高,制约了中小企业保险的发展。

第三,风险减量管理服务有待加强。保险机制是损失补偿与风险控制的统一,其价值不仅体现为灾后补偿,还体现为事前防范,为企业提供风险管理和防灾减损服务。但目前风险减量管理服务才刚刚起步,难以满足经济和社会运行中对风险管理的大量需求。

为了挖掘产险发展潜力，使其成为经济补偿机制主要提供者与风险减量服务重要承担者，服务实体经济发展，关键是提升保险渗透率，发挥经济补偿功能。同时，做好防灾减损，加强风险管理功能。一是完善保险参与重大自然灾害救助体系的制度安排与产品设计，提高保险对灾害损失的补偿比例，分散和转移企业、家庭、个人的财产与责任风险。政府方面可加大巨灾保险基础设施建设，构建巨灾风险数据库，保险行业可完善巨灾模型及定价精算模型。二是以渠道为抓手，基于行业风险属性、个体风险需求开发相关保险产品，构建与渠道特性相符的业务模式与风控流程，探索中小企业保险业发展路径。三是探索"保险＋科技＋风险管理"，助力风险减量服务。为此，要强化产险的风险管理者功能，发挥其专业化优势，提升其风险管理水平；构建灾前预防与灾后赔偿并重的风险管理新体系，以专业的风险管理为社会创造价值。

（二）挖掘寿险发展潜力

从寿险角度来看，由于大多数家庭现有风险管理模式以社会保险为主，补充保障不足，家庭财富中房产占比偏高，金融资产中储蓄占比偏高，而保险配置比例较低，造成我国家庭死亡、健康、养老以及服务保障缺口巨大。同时，宏观经济与金融市场不确定性以及税收征管改革都增加了家庭财富安全风险。

第一，死亡保障缺口。瑞再研究院估计，2022年中国死亡保障缺口高达45万亿美元，2030年将增至63.6万亿美元。弥补死亡保障缺口每年将带来平均1604亿美元的寿险保费。

第二，健康保障缺口。2022年，全国卫生总费用84846.7亿元，其中个人卫生现金支出22914.5亿元，占比27.0%，比OECD国家个人现金卫生支出比例平均值高9个百分点。我国个人现金卫生支出比例较高，造成居民灾难性医疗支出的比例仍然较高，高于主要发达经济体与新兴经济体。因此，继续降低个人卫生现金支出比例是深化医改的重要目标。发展商业健康保险既可以运用互助共济机制分散疾病给个人和家庭带来的经济压力，又可以减少财政和基本医疗保险基金负担。目前，我国商业健康保险业发展水平不高，但发展潜力巨大，可成为降低个人现金卫生支出比例的重要选择。2022年，商业健康保险赔款支出为3600亿元，仅占直接医疗支出的7.19%。根据笔者测算，为使个人支付比例从2021年底的27.7%逐步降至2030年的22%，在维持财政和基本医保支出比例不变的情况下，2030年商业健康保险保费收入将达到近2万亿元，能够提供约1.6万亿元赔付，将大大减轻个人支付压力。

第三，养老保障缺口。由于养老金体系不健全，特别是商业养老金发展相对滞后，中国养老金体系积累的资产规模较为有限。根据笔者测算，2021年中国养老金体系三个支柱积累的养老资产约为10.97万亿元，仅占GDP的9.59%。当年美国三个支柱积累的养老金资产总量为42.3万亿美元，占GDP的183.39%。可见，中国养老储备占GDP比例不到美国的1/18，也低于绝大多数OECD国家，难以适应人口老龄化对养老保障的要求，亟须发展包括商业养老保险在内的多层次养老保障体系，增加养老金资产。

第四，服务保障缺口。人口老龄化与疾病谱改变提升了养老服务与健康管理服务需求。但我国优质康养服务资源稀缺，服务保障缺口大。例如，27%的病人集中在0.3%的优质医疗资源集中的三级医院，机构服务压力大。

第五，财富安全风险保障需求提升。近年来，全球宏观经济与金融市场不确定性增大，增加了家庭财富安全风险，家庭财富管理亟待提升防御性资产比例，在不确定的经济变局中提供确定性保障。随着税收征管不断深化，许多家庭越来越关注税务风险和税务合规。家庭需要优化财富配置，借助不同的金融工具、财富传承工具，并不断检视已有的财富架构，控制相关的税务风险，进而优化税务成本。同时，要构建合理的风险防火墙，保障家庭合法资产与企业高风险股权间的有效隔离。

为了挖掘寿险发展潜力，完善居民和家庭的风险保障体系，关键是行业要在政策支持下，充分发挥寿险的保障属性、保值属性和法律属性，依托"保险＋服务"综合解决方案，全方位动态提供家庭健康、养老与财富保障，成为养老金融重要提供者、商业健康保障主要承担者、康养产业发展有力促进者以及财富安全独特守护者。一是充分发挥保险的杠杆功能，以确定的保费支出获得较高的保障，应对未来的身故与健康不确定风险。发展意外伤害保险与定期寿险，有效弥补家庭死亡保障缺口。大力发展商业医疗保险，有效弥补家庭健康保障缺口。二是发挥保险确定性保障优势，积极应对经济不确定性带来的财富保值增值风险，帮助居民和家庭在经济变局中增加保值性的防御性资产配置，提高长期确定性保障资产比例，降低资产缩水风险。例如，配置万能型保险、增额终身寿险、两全保险等保值类保险，获取安全、稳定的被动收入及现金流资产。三是根据保险节税、风险隔离、定向传承等法律属性进行税务筹划、债务隔离、资产保全、资产传承，保护家庭财富安全。四是实现保险产品与康养服务相结合，将虚拟的保险支付与实体的医养服务相结合，通过覆盖全生命周期的产品和服务，提供高品质的综合康养解决方案。五是完善保险业参与多层次、多支柱社会保障体系建设的制度安排。例如，推动商业健康保险与基本医保协同发展的体制机制改革，包括厘清商保与基本医保边界、完善社商融合的制度设计、明确政府与市场边界。又如，优化个人养老金政策，为保险业参与第三支柱建设提供制度保障，包括拓宽参加范围、优化税收政策、提高享受税惠的缴费额度、建立养老金体系三支柱之间的对接机制。

理念：什么决定中国保险的未来？

一、什么决定中国的未来？

什么决定中国的未来？张维迎在《理念的力量：什么决定中国的未来？》一书中认为两个东西最重要：第一个是理念、观念，第二个是领导力。所谓理念、观念，就是我们相信什么、不相信什么，我们认为什么样的体制、什么样的制度有助于国家的发展，有助于人民的幸福。所谓领导力，是指什么样的人在领导着我们，他们有什么样的担当，他们是不是有足够的智慧、足够的勇气、足够的责任心。

什么决定中国的未来？或者说决定中国发展远景的关键变量是什么？今天，我们处于一个错综复杂、风云变幻、充满风险和不确定性的世界，全球范围内关于经济、政治和人类文明未来走向的大讨论一直热度不减。党的二十大报告指出："全面建设社会主义现代化国家，是一项伟大而艰巨的事业，前途光明，任重道远。"当前，我国发展进入战略机遇和风险挑战并存、不确定难预料因素增多的时期。面对新的形势任务，党的二十大报告进一步强调，从现在起，中国共产党的中心任务就是团结带领全国各族人民全面建成社会主义现代化强国、实现第二个百年奋斗目标，以中国式现代化全面推进中华民族伟大复兴。

中国式现代化会为中国发展带来什么？《读懂中国》纪录片"记录中国式现代化"讲道："中华文明如同一条波澜壮阔的长河，一路奔涌，从未断流。

这条文明之河浇灌的这片古老大地始终生机勃勃。中国式现代化从根本上扭转了中华民族的历史命运，深刻影响世界现代化进程……"在《读懂中国式现代化》一书中，林毅夫、黄奇帆、宁高宁、蔡昉、姚洋等经济学家、政治家和企业家从经济视角解读了中国式现代化，特别是对共同富裕、高质量发展、市场体系构建、"双碳"目标、人口趋势、现代企业治理等重要概念与现实议题进行了深度探讨和科学洞察。

中国式现代化会为中国发展带来什么？如何实现中国式现代化？这些问题又回到了"什么决定中国的未来"，因为只有回答好这个问题，我们才可以科学描绘"中国式现代化下中国的发展前景"。《理念的力量：什么决定中国的未来？》出版于2014年，指出"未来十年是改革的唯一窗口期"，显然我们已经错过了这个"窗口期"，今天改革已踩在了"时代尾巴"上。

从短期来看，"中国式现代化"的理念非常重要，但长期来看，是普通大众的理念决定着我们的未来。比如，2023年以来，消费信心一直处于低迷状态。为什么？因为老百姓的理念变了，消费自然而然地发生变化，整个社会也一定会变。

从短期和长期来看，从国家、企业和个人来看，我们明白了一个基本思想：理念是重要的，人的行为不仅受利益的支配，也受理念的支配；社会的变革和人类的进步基本上都是在新的理念推动下出现的，没有理念的变化就没有制度和政策的改变。

二、什么决定中国保险的未来？

中国保险过去20多年所取得的成就是理念变化的结果，中国保险的未来在很大程度上取决于我们能否走出错误的理念陷阱，而没有思想市场，就很难有新的理念出现和传播，从而整个保险业就会失去变革的源泉。

读懂未来中国保险
>>> 从保险大国到保险强国

（一）从保险业来说

从"保险大国"迈向"保险强国"，这要求中国保险业的发展理念从"又快又好"转换到"又好又快"，虽只是"好"与"快"顺序的调整，却体现了高质量、可持续、自适应发展的本质要求。

经过 20 多年的高速发展，我国保险业创造了举世瞩目的成就，已成为全球第二大保险市场，但由于强调"快"而忽视"好"，积累了许多矛盾，解决这些矛盾就要调整发展理念，把"好"放在突出的位置。从"快"到"又快又好"，再到"又好又快"，最后到"高质量、可持续、自适应"，表明我们对保险业发展规律的认识在不断深化。

从"保险大国"迈向"保险强国"，"大"之所以可能会变成"强"，关键在于理念的变化，而理念不是凭空产生的，其需要一个思想市场。保险思想市场，来自不同层面、不同背景、不同专业的人们，大家互相争论、辩论，产生化学反应，有化学反应，才会有保险新思想的出现、才会有保险新理念的诞生。

《变革中国：市场经济的中国之路》（*How China Became Capitalist*）一书作者罗纳德·哈里·科斯（Ronald Harry Coase）指出："如今的中国经济面临着一个重要问题，即缺乏思想市场，这是中国经济诸多弊端和险象丛生的根源。"同样，中国保险面临的一个重要问题也是缺乏思想市场，一个能产生新的保险理念的思想市场。

（二）从寿险业来说

1996 年 5 月 1 日至 1999 年 6 月 10 日，人民银行连续 7 次降息，一年期存款利率从降息前的 10.98% 降至 2.25%，即使现在看来 2.25% 好像也不是一个比较合理的水平。各家寿险公司在原中国保监会的全力支持下，为了有效防范和化解利差损，纷纷对已有产品进行创新。此次产品创新不仅是产品责任配置的创新，而且产品设计类型、产品功能也发生了重大变化。1999 年 10 月，平安人寿率先推出了世纪理财投资连结型保险；2000年4月，分红型保险产品面市；2000年8月，万能型保险产品面市。

2002年末，新型产品（分红型、万能型、投资连结型保险）保费收入首次超过传统型产品（普通型保险）保费收入，成为全行业销售的主要寿险产品。2022年，普通型寿险保费占比超过60%。20多年，我们又回到了原点，难道又要从头再来；同时，我们不禁要反问，普通型保险的存在是合理的吗？

20年前，面对"利差损"风险，中国保险业的经营理念进行了快速转换，推出了分红型、万能型、投资连结型保险；20年后，我们同样面临"利差损"风险，我们的经营理念能不能转换呢？

2023年，金融监管总局通过窗口指导，保险产品定价利率（预定利率）从3.5%降至3%；2024年，预定利率会不会从3%降至2.5%呢？我们无须对此进行判断，在保险费率市场化完成后，这些都是保险公司自己的经营行为。如今，中国寿险业的理念该转向何方呢？笔者想起了变额年金，也许是一个选择；再简单一点，预定利率参照存款利率浮动。2010年11年5月，中国保监会发布《关于开展变额年金保险试点的通知》，随后又发布了《变额年金保险管理暂行办法》，变额年金保险正式作为一种新的保险产品进入中国保险市场。

（三）从产险业来说

当前，产险最需要转换理念的是车险，以保护消费者权益之名行保护保险公司之实，以车险定价（NCD）之名行垄断之实，对此笔者不再展开。党的二十大报告共16次提及风险，这才是产险业存在的价值，因此，产险业要通过"保险保障＋风险减量服务"等解决中国式现代化进程中的风险，为中国式现代化发展贡献力量。

保险作为风险管理者、风险承担者和投资者的统一体，是集风险控制和风险融资于一体的风险管理者。长期以来，产险业主要聚焦风险融资及保险保障服务，忽视了风险控制服务。

风险管理过程一般包括六个步骤：识别损失风险，分析损失风险，研究各种风险管理技术的可行性，选择合适的风险管理技术，实施选定的风险管理技术，监控风险控制的结果并校对优化风险管理方案。其中，风险控制技术主要包括风险避免、损失预防、损失减少、分离、复制和分散等，目的是降低损失发生频率，减轻损失程度。

银保监会发布的《关于财产保险业积极开展风险减量服务的意见》指出，"风险减量服务是财险业服务实体经济发展的有效手段之一，对于提高社会抗风险能力、降低社会风险成本具有积极作用"。显然，风险减量服务正是风险管理中风险控制所涉及的内容。因此，通过开展风险减量服务，有助于推动财产保险业成为"保险保障（风险融资）+ 风险减量服务（风险控制）"的风险管理者。因此，保险机构要在"风险管理者"上下功夫，以更好的服务来满足中国式现代化建设的需要。

什么决定中国保险的未来？彼得·德鲁克有言："没有什么比正确地回答了错误的问题更加危险！"稻盛和夫又言："与其经营金钱，不如经营思想。"理念错了，"解决危机只会造成更大危机"，解决中国保险的问题只会造成更大的问题。

拐点：探寻中国保险"第二增长曲线"

一、从互联网说起

互联网，尽管我们对它已经习以为常，但它并不是自开天辟地以来就一直存在的，基于互联网的大部分需求，都是在这10年甚至一两年内被"创造"出来的，原因在于任何"需求"首先都需要有相应的技术"供给"。技术的快速发展，造成了互联网领域"需求"的跟随变化。可以说，如果技术发展得足够快，快到了用户不知道明天还可以用网络做什么，明天还可以上网干什么，那么一旦用户明天又想找些新乐子，新的产品可能立即就会出现。同时，一旦互联网技术上允许将一部分旧有的线下业务迁移到线上，旧有的需求也会立即跟随迁移。

回头看看中国保险，超过90%的保险产品20年前甚至更早就被"创造"出来了，20年来几乎没变。现在想想，这是一件多么可怕的事情，所以才造就了"中国保险未稳定的轮回"。李钧等在《风口：不确定时代的需求、矛盾与拐点》一书中指出，今天是一个"不确定"的时代，几乎所有的产业和行业都正在或已经脱离确定的轨道，世界失去了稳定的"参照系"，原本天经地义的"商业逻辑"遭到颠覆，捕获经济活动、产品和价值的"拐点"越来越困难。但是，以"风口"隐喻的商业风险和机会不但没有减少，反而在膨胀。所以，现在到了构造全新"商业观念"的历史时刻。

对于中国保险来说，同样也处于一个"不确定"的时代，这需要我们运用

"需求—矛盾—拐点"的分析方法，探索中国保险新风口、洞悉中国保险新风向、鉴观中国保险新风色、掀起中国保险新风暴，并借助这股新风势探寻中国保险"第二增长曲线"，进而借助这条曲线推动中国从"保险大国"迈向"保险强国"。

二、第二增长曲线

中国保险企业或行业如果想基业长青，只能通过创造性破坏（找到破局点），跨越到"第二曲线"（Second Curve）中去。因为当企业或行业某经营要素出现业绩增长拐点的时候，就必须思考如何通过创新发现"第二曲线"来应对"第一曲线"即将面临的增长放缓，甚至业绩下降难题。

"第二曲线"又名第二增长曲线，是关于企业或行业如何保持持续增长的理论。该理论由美国未来学院院长扬·莫里森（Y. Morrison）在《第二曲线》一书中提出，莫里森总结了许多著名企业成长发展的规律后认为，"第一曲线"即企业在所熟悉的环境中开展传统业务所经历的企业生命周期，"第二曲线"则是当企业面对未来的新技术、新消费者、新市场所进行的一场彻底的、不可逆转的变革，并由此展开的一次全新的企业生命周期。

查尔斯·汉迪（Charles Handy）在《第二曲线：跨越"S型曲线"的二次增长》一书中进一步丰富了"第二曲线"理论：世界上任何事物的产生与发展都有一个生命周期，并形成一条曲线；在这条曲线上，有起始期、成长期、成就期、高成就期、下滑期、衰败期。企业或行业为了保持成就期的生命力，需要在高成就期到来或消失之前，开始另一条新的曲线，即"第二曲线"（如图4-3所示）。

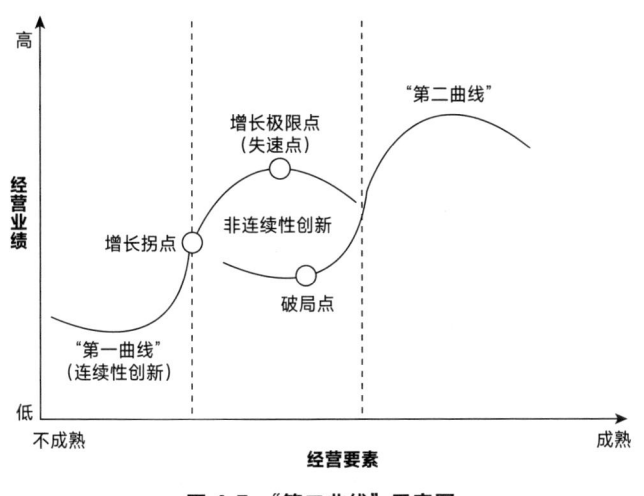

图 4-3 "第二曲线"示意图

如果企业或行业能在"第一曲线"到达巅峰之前，找到带领企业或行业二次腾飞的"第二曲线"，并且"第二曲线"必须在"第一曲线"达到顶点前开始增长，以弥补"第二曲线"投入初期的资源（金钱、时间和精力）消耗，那么企业或行业永续增长的愿景就能实现。

从中国保险业整体发展来看，已经达到"第一曲线"的"增长极限点"，错过了"增长拐点"，没有平滑地切入"第二曲线"。如果中国保险业不能尽快找到"破局点"，将无法切入"第二曲线"，其结果将导致中国保险业进入下滑期、衰败期。

2017 年第五次全国金融工作会议，其实就是中国保险业"第一曲线"的"增长拐点"；但我们没有探索"第二曲线"的"破局点"，而是去反思"保险姓保、监管姓监"的问题，其结果是中国保险业继续高歌猛进，直接到达"增长极限点"，导致已经没有回旋余地。"高处不胜寒"，中国保险业的发展环境出现恶化，中央金融工作会议开启了中国保险业新一轮改革的进程。

当前，中国保险业要贯彻落实中央金融工作会议精神，积极探寻"第二曲线"的"破局点"，比如科技金融、绿色金融、普惠金融、养老金融、数字金融等；又如寿险业中的健康保障、养老保障、医养服务保障等缺口；再如产险业中的巨灾风险保障、网络安全保障等缺口。

再从中国互联网保险业发展来看，已经达到"第一曲线"的"增长拐点"，"非连续性创新"已经开始显现。当前，互联网保险如此"沉寂"，就是"非连续性创新"所致。我们好像已经意识到这个问题，部分公司寄希望于保险"大模型"（Big Model），希望以此作为切换到"第二曲线"的"破局点"，这大概率会失败。

5年前，笔者做过一个咨询项目，其主要研究内容是"如何保证公司5年后在健康险领域具有比较优势"。2018年正值中国健康险市场蓬勃发展之时，国务院常务会议审议通过的《关于促进社会服务领域商业保险业发展的意见》预测2025年中国健康险保费突破2万亿元。当时做这个项目时的第一感觉，就是这家公司是不是有点"杞人忧天"？5年过去了，显然这家公司是对的，在健康险市场成长期，就预判了健康险市场的"增长拐点"；5年过去了，我们也看到了这家公司健康险的发展结果，也许我们当时给出的一点建议是对的。

为什么谈健康保险？因为健康保险是互联网保险业发展的最大"功臣"，我们知道的"百万医疗""惠民保"等属于健康险的范畴。健康险如今已经来到了"增长极限点"，大多数公司已经错过了"增长拐点"。如今，我们又来到了互联网保险的"增长拐点"，互联网保险的"破局点"可能还在互联网上，而不在保险"大模型"上。

目前全球互联网的发展似乎也到了一个瓶颈期，找不到新赛道和增量，此前行业曾试图从互联网传统项目切换到金融领域，但未能成功，之后的元宇宙也未能见到成效，互联网领域的创新遭遇困境。近年来，为了遏制互联网行业野蛮生长，国家先后修订和出台了《反垄断法》《国务院反垄断委员会关于相关市场界定的指南》《个人信息保护法》《数据安全法》《网络安全法》等，这也直接导致了互联网保险的发展模式遭遇重创，需要重新建立新的模式，即寻找"破局点"。

互联网保险的新增长点在哪里？互联网保险公司如何实现瓶颈突破？值得注意的是，近两年来，我们看到国外一些成功的经验，主要体现在以下几点：一是跨界创新，从"+保险"迈向"保险+"，而不是继续延续"伪'保险+'"；二是运用"第一性原理"解决中国保险的"第一性问题"，不是"拾人牙慧"，而是"独辟蹊径"；三是构建生态，从保险向保险产业链的上下游延伸，并保持保险的核心竞争力。互联网保险正在积蓄力量，等待着下一个爆发周期，而下一个周期必将会有更多令人惊叹的保险创新成果出现。

同其他行业一样，中国保险业的发展也有周期性，发展不会是一条直线，而是处于波动之中，其中有高峰也有低谷。当前，中国保险正身处"超级不确定性"时代，正陷于"未知的未知""已知的未知""不可计算的未知""可计算的未知"包围之中，我们依然可以寻找到"可确定的轨迹"，并通过这条轨迹，找到"风口"，并借"风势"，挑战中国保险"未稳定的轮回"，成为中国保险"未来霸主"。

突围：寻找中国保险崛起的力量

一、冬天的作为

冬天，是弱者"饥寒交迫"、愚者"青黄不接"、强者"狩猎取物"、智者"伺机而动"的季节！同时，冬天也是资源优化、万物优胜劣汰的季节！

冬天，是一个适合思考的季节。美国作家、历史学家约翰·巴里（John M.Barry）在《大流感：最致命瘟疫的史诗》（The Great Influenza: The Story of the Deadliest Pandemic in History）一书中写道："1918年大流感的始末不是一个简单的关于毁灭、死亡和绝望的故事……它还是一个关于科学和探索的故事，一个关于人们应该怎样改变思维方式的故事，一个关于人们在近乎完全混乱的环境中应该怎样冷静思考然后做出果敢抉择并付诸行动……的故事。"

这不是人类直面危机的第一个"故事"，当然也不会是最后一个。从叙事经济学（Narrative Economics）角度，从我们所处的真实世界（Real World）和我们所了解的人类行为（Human Behavior），以及这二者之间叙事逻辑（Narrative Logic）来看，"黑天鹅""灰犀牛""大白鲨"事件对经济领域的波及和影响程度也日益加深——1929年美国股市崩盘、1997年亚洲金融风暴、2000年互联网泡沫、2008年国际金融危机，一些企业在跌宕起伏中销声匿迹，一些企业跌跌撞撞，但依然可以重整旗鼓；还有一些企业危中觅机，找到了新的发展可能。这些"兴"与"衰"中不乏偶发性和必然性，更值得思考的，是那些延续成长数十年，甚至数百年的基业长青企业，它们如何穿越历次危机？如何能在近乎完全混乱的环境中冷静思考，然后做出果敢抉择并付诸行动？

面对危机，要进行面向复杂系统的思维方式的训练，再套用原来的思维，会发现很多事情都是无解的。2008年金融危机爆发之后，陈春花教授撰写了《冬天的作为：企业如何逆境增长》；2020年疫情初起的第一时间，她又撰写了《危机自救：企业逆境生存之道》一书，从认知调整、领导力、组织行动和变革方向等不同维度为企业提供了一套危机应对指南。

面对危机，中国保险的冬天又该如何作为？关键在于寻找寒冬中崛起的力量，寻找寒冬中改革的动力，创新寒冬中发展的路径。

二、寻找寒冬中崛起的力量

当我们重新审视2023年，我们不得不承认，透露丝丝寒意的2023年，并不是一片漆黑，在这一场寒冬中，保险业整合加速，从保险监管整合到保险企业重组，创新力量逐渐凸显，保险业寒冬突围中我们看到了逆市飞扬的力量。它们积极探索和勇往直前的脚步，代表了中国保险业发展的力量和方向。寻找中国保险业寒冬中崛起的力量，是什么让它们在寒冬中逆市飞扬？它们又是如何在寒冬中突围？如何在危机中找到商机？

《无问西东：中国保险的"突围"》一文指出，中国保险需要突围，突围就需要"真实世界的保险学"，其中重要的是寻找改革新动力和增强改革穿透力。金融强国、发展红利、人民保险等新概念、新提法、新表述为中国保险带来了新动力、新机遇、新蓝图。

一是振奋人心的"金融强国"概念，是中国保险崛起的新动力，挺起了保险投资者的脊梁。金融强国（保险强国）战略的提出标志着中国在保险领域迈向崭新的里程碑，将推动中国保险市场的发展，为保险投资者提供更多机会，提高中国保险业的国际地位，增强中国在全球保险规则制定中的话语权。保险强国战略的实施需要政府、监管机构和市场主体的共同努力，也需要保险消费者和保险从业人员的积极参与，为中国保险崛起的伟大征程添砖加瓦。

二是鼓舞人心的"发展红利"提法，是中国保险业发展的新机遇，挺起了保险从业者的脊梁。在2023金融街论坛年会上，金融监管总局局长李云泽表示："保险业发展潜力巨大……将进一步释放行业发展'红利'。"中国保险已沉寂多年，李云泽的表述至少从监管层面表明了一种积极的态度，这或许在某种程度上说明，保险业的监管基调有望发生一定变化，释放更多政策红利，引导保险业更好更快发展。

三是温暖人心的"人民保险"表述，是中国保险业发展的新蓝图，挺起了保险消费者的脊梁。面向未来，中国保险要时刻与国家重大战略和阶段性工作重点对标，做到胸怀"国之大者"。中国保险要彰显保险的政治性、人民性、社会性，扎扎实实将高质量发展与人民性切实统一起来，定位好中国保险，让保险更好促进人民福祉的增长。

"……中国已经成为最佳投资目的地的代名词，下一个'中国'，还是中国。"在向亚太经合组织工商领导人峰会发表的书面演讲中，国家主席习近平深刻阐述了中国经济取得的成就和具有的优势，郑重宣布中国坚定不移推进高质量发展、坚定不移推进高水平对外开放等一系列务实举措，强调"我们有信心、更有能力实现长期稳定发展，并不断以中国新发展为世界带来新动力、新机遇"。这为我们所处的"超级不确定性"时代注入一点"确定性"，为中国发展注入强大信心和力量。

"下一个'中国'，还是中国"，同样，下一个"中国保险"，还是中国保险。这个信心源自对中国保险业发展新动力的科学把握，源自对中国保险市场新机遇的热切期盼，源自对中国保险未来新蓝图的与时俱进。"桃李不言，下自成蹊。"中国保险突围的过程,将是中国保险拥抱世界保险的进程,也是世界保险走向中国保险的进程。在金融强国、保险强国建设的新征程上,下一个"中国保险"必将为全球保险业发展注入更多正能量,以自身发展更好繁荣世界保险。

古话说,穷则变,变则通,通则达。因此,中国保险要寻找寒冬中崛起的力量,包括金融强国、发展红利、人民保险等新概念、新提法、新表述,这些为中国保险带来了新动力、新机遇、新蓝图;同时,我们还要寻找中国保险改革的新动力、创新的新价值、监管的新边界。

环境：中国保险的"国民待遇"

一、国民待遇

2023年11月8日，在2023金融街论坛年会上，金融监管总局局长李云泽表示："我们将加快完善准入前国民待遇加负面清单管理模式，进一步放宽外资机构市场准入要求，持续增强金融制度和政策的透明度、稳定性和可预期性，努力营造审慎经营和公平竞争的制度环境。"

国民待遇（National Treatment），又称平等待遇、国民待遇原则，是WTO的基本法律原则之一，是指在民事权利方面一个国家给予在其国境内的外国公民和企业与其国内公民、企业同等待遇，而非政治方面的待遇。国民待遇原则是最惠国待遇原则的重要补充。

国民待遇分为准入前国民待遇（Pre-establishment）和准入后国民待遇（Post-establishment）。其中，准入前国民待遇将国民待遇延伸至投资发生和建立前阶段，其核心是给予外资准入权，是指在企业设立、取得、扩大等阶段给予外国投资者及其投资不低于本国投资者及其投资的待遇。

从理论上讲，依照规定赋予外国人和本国人之间在民商事权利方面地位上的平等，可以防止对外国人实行不公平的歧视性做法。2023年11月7日，金融监管总局批准设立宝马（中国）、安顾方胜两家外资保险经纪公司，这是自2018年以来停摆5年的保险中介牌照审批重新开闸。这是保险中介牌照对外资的重新开闸，何时才能对中资开闸？

我们再来看看保险机构牌照的情况，这几年获批成立的保险机构（不包括改名）都有特殊性，如安邦保险集团重组后的大家保险集团及其旗下机构（大家人寿、大家养老、大家资管、大家财险）、天安人寿重组后的中汇人寿、华夏人寿重组后的瑞众人寿、恒大人寿重组后的海港人寿等，除此之外还有恒安标准养老保险、安联（中国）保险控股、中国农业再保险、中国渔业互助保险社、中国融通财产保险等保险公司获批成立；还有工银安盛、交银康联、中信保诚、招商信诺、安联保险等保险资产管理公司获批成立。所有这些保险机构牌照都是国资和外资背景，何时才能对民营企业开闸？

二、国民待遇应内外一致

《外商投资法》于 2019 年颁布并于 2020 年实施，将准入前国民待遇加负面清单管理制度写入法律。所谓负面清单，是指国家规定在特定领域对外商投资实施的准入特别管理措施。国家对负面清单之外的外商投资，给予国民待遇。

"准入前国民待遇加负面清单管理制度"不应该只适用于外资，这应该是我国保险推动规则、规制、管理、标准等制度型改革的原则，也应该是我国保险构建开放型保险新体制的探索方向。

所谓"国民待遇"，就是中资和外资、国有企业和民营企业、大公司和小公司都应该具有同等待遇。何谓"同等待遇"？关键在于处理好现实、公平、平等、正义的关系（如图 4-4 所示）。

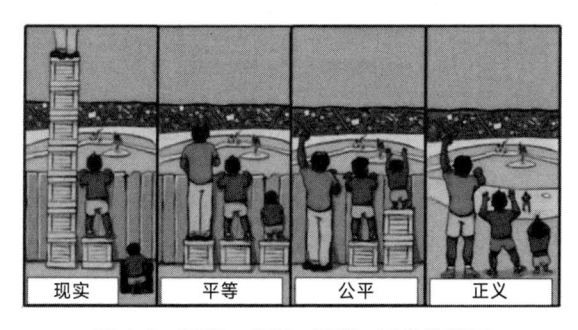

图 4-4　现实、公平、平等、正义的关系

资料来源：笔者根据 https://www.ohsam.org/ 公开资料整理绘制。

第一张图是现实（Reality），一个人得到的比需要的多，而另一个人得到的比需要的少；因此，产生了巨大的差距。（One gets more than is needed, while the other gets less than is needed. Thus, a huge disparity is created.）

显然，国有企业得到的比需要的多，民营企业得到的比需要的少，所以才有了今天中国保险业的现状：国资控股的保险机构超过 50%，这些机构的保费规模超过 80%；剔除部分地方国资控股保险机构保费规模较小，20% 的国资控股公司控制了 80% 的保险业务，也符合"二八法则"。这样的保险现实显然与中国民营经济的"5678"特征不符，民营企业贡献了 50% 以上的税收、60% 以上的 GDP、70% 以上的技术创新成果、80% 以上的城镇劳动就业。

第二张图是平等（Equality），假设每个人都从同样的支持中受益，这被认为是平等的对待；即不考虑个体差异，每个人给予同等的支持。（The assumption is that everyone benefits from the same support. This is considered to be equal treatment.）

从准入前监管来看，保险机构、保险中介机构的准入首先要遵循的原则是"平等"，国企民企、内资外资、大中小微企业应得到一律平等的对待。

第三张图是公平（Equity/Fairness），每个人都得到了他们需要的支持，这就产生了公平；根据个体差异而给予不同的支持，最后保证人人平等。（Everyone gets the support they need, which produce equity.）

从准入后监管来看，为修正现有金融体制的弊端，一些学者从理论上对金融回归"全社会财富托管人"的理念进行了探讨，其中最引人注目的是普惠金融实践和金融民主化尝试。中央金融工作会议提出重点发展"科技金融、绿色金融、普惠金融、养老金融、数字金融"，这需要监管的引导，创造一个公平的保险环境。

第四张图是正义（Justice），三个人在没有支持或辅助的情况下都能看到比赛，因为不公平的原因得到了解决，体制性的障碍被消除了。（All 3 can see the game without supports or accommodations, because the causes of the inequity was addressed. The systematic barrier has been removed.）

保险是现代经济的"减震器"和现代社会的"稳定器"，这与社会公平正义密切相关。我们到底需要什么样的保险市场？保险市场不应只考虑效率，也应该考虑公平，当前保险市场存在不容忽视的公平正义问题，有必要重新审视保险市场制度结构的正义性变革。

人类力求将公平正义以可靠且可以理解的方法加以实现，《金融正义：论金融市场与社会公平》一书以正义原则作为评估金融市场的指南，从规范基础、法律结构和机构实践等方面对金融市场中的人权、性别正义、社会功能、机构角色、高管责任和监管框架等进行了富有针对性和建设性的探讨，为实现正义的金融市场和公平的社会提供思想动力。

目前，国内外学者对保险法治（保险监管）的基本原则和价值目标有很多研究。有学者提出了保险监管的"三足定理"，认为应将金融安全（保险安全）、保险效率和消费者保护作为保险立法、保险监管目标设定、保险体制改革等保险法治建设的指导原则。随后，有学者对保险法治的"三足定理"进行了修正和拓展，认为金融安全、保险公平和保险效率三个价值目标之间的相互配合和良性互动，才是实现保险市场经济功能和社会功能相统一的根本路径。综上，笔者认为保险法治的关键在于科学处理现实、公平、平等、正义的关系，金融安全、保险效率和保险务实（现实、公平、平等、正义）具备内部体系设定中的"评价性、经验性和开放性"要求，将其确立为保险法治的基本原则，使之成为保险环境优化的秩序准则和价值依据，具有充分的正当性。

黄益平在《金融的价值：改革、创新、监管与我们的未来》一书中指出："金融改革不是要找到'最优解'，务实很重要。"同样，中国保险改革也不是要找到"最优解"，而是要务实地处理中国保险的现实、公平、平等、正义问题，以此来构筑中国保险业高质量、可持续、自适应发展的小环境和大环境。

引擎：中国保险的"三个第一"

一、中国保险的"三个第一"

党的二十大报告指出，必须坚持科技是第一生产力、人才是第一资源、创新是第一动力，深入实施科教兴国战略、人才强国战略、创新驱动发展战略，开辟发展新领域新赛道，不断塑造发展新动能新优势。

为此，中国保险要不断探索科技、人才、创新三者之间的关系及协同发展的内在规律，前瞻性思考、全局性谋划、整体性推进保险科技、保险人才、保险创新"三大战略"，加快建设保险教育培训体系，充分涵养人才第一资源，大力发展保险科技第一生产力，努力激发保险创新第一动力，形成教育链、科技链、人才链和产业链、创新链、资本链深度融合、高效循环的战略格局，着力建设"真实世界的中国保险学"，使激发"第一生产力"、激活"第一资源"、点燃"第一动力"相互推动、互相促进、相得益彰，汇聚起系统支撑建设保险强国的强大合力。

综上，根据党的二十大报告关于"三个第一"的重要论述，人才、创新、科技成为新时代新征程中国保险业高质量、可持续、自适应发展的关键引擎，其中人才是保险企业创新发展的活力引擎、创新是保险企业转型升级的强劲引擎、科技是保险企业价值提升的重要引擎。

二、人才是保险企业创新发展的活力引擎

人才资源是生产要素中最活跃、最具能动性的因素,保险企业要建设一支结构合理、素质较高的人才队伍,充分发挥各类人才的积极性、主动性和创造性;其中,保险公司高级管理人员(以下简称高管)更是保险企业发展成败的关键。

回顾 2023 年中国保险业,保险公司高管的缺位、空位、失位、越位、错位等成为制约行业高质量、可持续发展的重要因素。银保监会发布的《保险公司董事、监事和高级管理人员任职资格管理规定》明确了保险公司高管的任职要求,这是必要非充分条件,保险公司的高管到底应当具备什么特质?

首先,党的二十大要求中国保险业立足中国式现代化谋求高质量、可持续、自适应发展。为开创保险服务中国式现代化新局面,保险职能也要从"保险保障、资金融通和社会管理"向"风险治理、价值创造和资源配置"转变,降低社会资源配置成本、提升社会资源配置效率,实现社会(特别是风险社会)的帕累托最优成为保险存在之基础。为此,中国保险业当前需要做好这三件事:再定位、再规划、再出发。"再定位、再规划、再出发"即保险公司的再创业,对于高管来说最需要的就是激情,激情是保险公司高管最不可缺少的品质之一。

其次,保险作为风险管理者、风险承担者和投资者的统一体,决定了其经营法则是"关注短期业绩,更要投资长期增长"。为此,保险公司的高管需具备"长期思考"的能力,正如《长期主义》一书针对"CEO 候选人"提出的六条选择标准:对胜利的强烈渴望、智识、独立思考的能力、好奇心、激励能力和建立强大文化的能力。因此,保险公司的高管必须是一个长期主义者。

再次,保险靠"承保 + 投资"的双轮驱动,这就要求保险公司高管具备

"投资管理人"的关键特质。尤拉姆·拉斯汀（Yoram Lustig）提出了资产配置的8P原则：平台（Platform）、发展（Progress）、人员（People）、产品（Product）、理念（Philosophy）、流程（Process）、组合（Portfolio）和业绩（Performance），其中人员是最核心的因素，随后一些学者研究发现成功投资管理人应当具备的六项关键特质为智力、知识、专注、长期思考、独立思考、利益一致。德国著名哲学家叔本华曾说："独立思考比读书更重要。"中国保险业正处于不断变化之中，这就要求保险公司高管必须培养独立思考和独立判断的能力。可见，智识（智力+知识+专注）、独立思考成为保险公司高管必须具备的关键特质。

最后，中国式现代化建设要求保险业围绕"人民的获得感、幸福感和安全感"重塑美好保险。何谓美好保险？美好保险是风险保障之美、健康服务之美和财富管理之美，是风险治理之美、价值创造之美和资源配置之美，是向上（To Up）、向善（To Good）、向美好（To Better）的保险。为此，保险公司的高管必须秉持"向上、向善、向美好"的理念，确保在公司股东、保险消费者、公司员工利益一致的前提下谋求可持续、高质量、自适应发展，真正诠释中国保险业的"向上而生，向善而为，向美好而行！"因此，利益一致也成为保险公司高管必须具备的关键特质。

综上，保险公司高管应该具备六项关键特质（见表4-1）：激情（Enthusiasm）、智识（Intelligence）、领导力（Leadership）、长期主义（Long-termism）、独立思考（Independent Thinking）、利益一致（Unity of Interests），即保险公司高管选择的"LIEU原则"。

表 4-1 保险公司高管应当具备的关键特质

序号	关键特质	特质描述
1	激情（Enthusiasm）	对胜利的强烈渴望
2	智识（Intelligence）	智力+知识+专注
3	领导力（Leadership）	激励能力和建立强大文化的能力
4	长期主义（Long-termism）	长期思考的能力
5	独立思考（Independent Thinking）	独立思考的能力
6	利益一致（Unity of Interests）	向上、向善、向美好

基于"LIEU 原则"，要综合运用定量、定性分析，兼顾历史和未来两种视角来选择合适的高管。首先，根据高管历史业绩、管理风格和风险偏好等方面的分析，对备选高管进行筛选，解析备选高管的关键特质；其次，针对量化筛选后的少数名单，进行详细的尽职调查和定性分析；再次，按照"LIEU 原则"对备选高管进行综合评价，并确定最终人选；最后，定期对高管进行考核和培训，不断强化其关键特质。

保险公司高管的这些关键特质映射到保险公司上，正是中国式现代化进程中的保险公司需要具备的四项能力：一是远见（Foresight）；二是预防（Prevention）；三是治理（Governance）；四是保障（Protection）。这将是中国保险业的一个新的时代命题。

三、创新是保险企业转型升级的强劲引擎

创新是保险业生存和发展的主要手段。创新的理念最早来源于约瑟夫·熊彼特的创新理论，包括对创新的定义和新的生产函数的界定。新的生产函数的建立过程就是企业家对企业要素进行重新组合的过程，包括四个方面：第一是新的产品；第二是新的技术或者新的生产方法的应用；第三是新的市场的开

辟；第四是对新的材料、原材料的供应来源的开发和掌握。这四个方面也是支撑保险创新的重要构成，保险创新泛指保险体系出现的一系列新的保险工具、新的保险产品、新的保险市场、新的承保理赔手段以及新的保险组织形式与管理方法等。

如果抛开物理上时间与空间的维度概念，从对要素进行重新组合的角度去谈保险创新，可以从以下维度入手：产品和服务、平台、解决方案、用户、用户体验、价值获取、流程、组织、供应链、渠道、网络、品牌等（详见笔者所著的《互联网保险：框架与实践》）。

《创新十型》（*Ten Types of Innovation*）一书的作者拉里·基利（Larry Keeley）认为，由于对创新的误用、滥用、夸大和狂热追求，创新一词已经失去了原本的含义。人们常常混淆这一活动的结果和过程。无论是普通的产品延伸，还是颠覆市场的突破性技术，我们都用创新来描述一切。因此，在为保险创新提供一个科学创新的系统之前，我们需要了解什么是创新。

（1）创新不是发明。创新可能涉及发明，但创新涉及的范围更广泛。例如，保险机构需要深入了解自己需要什么样的发明，如何与合作伙伴合作来提供新的服务，创新如何创造价值等。

（2）创新需要产生回报。创新维系的基础是企业的生存。我们通常对创新的可行性有两个评判标准：创新必须能够自我维持，并且能为企业带来资本回报。保险机构在创新计划评价的过程中，也必须将两个标准纳入创新效果评价的范围之内。

（3）创新并非全"新"。正如生物学家佛朗西斯卡·瑞迪的格言："每个生物都源于其他生物。"我们往往忽略了一个事实，即大多数创新都基于以往的经验。创新无须对世界是新的，只需对于一个市场或行业而言是新的就可以了。保险创新也并非全要素创新，针对某个维度进行创造性突破和改变，也将其视为创新。

（4）创新不止于产品。提到创新，大多数人首先想到的是新产品和新技术。实际上，创新远不止于产品，它可以是开展业务和创造利润的新方法，也可以是与用户互动的新模式。

另外，关于保险创新笔者不想展开，也许我们可以从史蒂夫·乔布斯（Steve Jobs）的一生得到一点启发。每年都有无数的人、无数的传媒在纪念乔布斯，持久不衰。也许正如他本人所确信的那样：活着就是为了改变世界。他的确做到了。纪念他的人说："乔布斯至少五次改变了这个世界：第一次是通过苹果电脑 Apple-I，开启了个人电脑时代；第二次是通过皮克斯电脑公司，改变了整个动漫产业；第三次是通过 iPod，改变了整个音乐产业；第四次是通过 iPhone，改变了整个信息产业；第五次是通过 iPad，重新定义了 PC，改变了 PC 产业。"也正是这些奇迹，人们把乔布斯归为创新的奇才和经营的奇才，用李开复的评语："乔布斯能够：①预测业界趋势；②大胆使用最先进的技术；③打造崭新的商业模式；④凝聚一流人才；⑤憧憬用户尚不自觉的需求；⑥永不停息地自我超越；⑦设计每个细节都近乎完美的产品；⑧口若悬河地说服用户情不自禁地爱他的产品。一般能驾驭两三个上述点就可能很成功，但是乔布斯能做到八点。"

我们知道保险创新永无止境，但是所有的创新需要回归到保险消费者的需求中来，更需要对于人性光辉的深刻理解。真正触动人心的东西，才是永恒具有魅力的东西，乔布斯、马斯克做到了，而我们还需要努力。

四、科技是保险企业价值提升的重要引擎

根据上市公司 2022 年年报所披露的科技投入情况，可知上市保险公司在科技投入方面表现不俗。上市保险公司正在加大对科技的投入力度，以推动数

字化转型并提高业务效率，并适应市场竞争和行业发展的趋势。总体来说，科技，正在成为上市保险公司成长和价值提升的引擎之一。

保险公司成长和价值提升的引擎主要包括以下几个方面：

一是技术创新，随着科技的不断进步和应用，保险公司通过数据分析、人工智能技术、区块链技术、云计算技术等，可以更加精确地评估风险、提高业务效率和客户满意度。

二是产品创新，保险公司需要不断创新保险产品，以适应市场需求和客户需求变化，同时提高产品差异化和竞争力。

三是渠道创新，通过多元化的渠道布局，保险公司可以扩大业务范围和客群覆盖，提高销售效率和增长乘数。

四是品牌建设，建立良好的品牌形象和声誉，可以提高消费者对保险公司的信任和忠诚度，从而强化市场地位和增强竞争力。

综上，保险公司成长和价值提升的引擎是多维的，包括技术创新、产品创新、渠道创新和品牌建设等方面，只有全方位发力，才能够实现可持续增长和价值提升；同时，随着科技的发展，保险公司成长和价值提升的引擎又是单维的，因为产品创新、渠道创新和品牌建设已经离不开技术创新的支持。科技创新是企业成长和价值提升的原动力，更是保险公司成长和价值提升的重要引擎，这一切我们可以从上市保险公司披露的年报中找到答案。

中国平安提出推动"综合金融+医疗健康"战略升级，其中"科技驱动"是推动"双轮并行"实现"一个愿景"的基础；报告中指出："平安深入推进全面数字化转型，运用科技助力金融业务提质增效，提升风控水平，持续兑现'专业，让生活更简单'的品牌承诺，实现'科技赋能金融、生态赋能金融、科技促进发展'。"

中国太平洋提出"让科技创新成为公司长期发展不竭动力"；报告中指出：

"应趋势而变,我们推进'大数据'战略。我们要以精准为用,在数据中心投产使用、数据治理机制建设的进程中,加快推进数据集中与共享,提升基于数据驱动的客户洞见,为业务决策创造数智基础。我们将以赋能为魂,基于大数据基础和技术全面加快经营管理的数字化转型步伐,尤其加大 ChatGPT 等人工智能前沿创新应用落地,真正让科技创新成为公司长期发展不竭动力。"

中国人保提出"深化科技创新,加快数字化转型,强化科技赋能保险价值链";报告中指出:"我们拥有先进适用的信息技术,积极布局科技领域,具备数据挖掘、客户洞察、智能运营的突出能力和潜在优势。"

中国人寿提出"科技国寿"发展战略;报告中指出:"坚持以科技创新为先导,深入践行'科技国寿'发展战略,建成以队伍和网点为支撑、业内领先混合云为基础、线上线下紧密结合的数字化平台,构建开放共赢、丰富多元的数字保险生态,加速推进公司全方位数字化转型,推动新旧发展动能转换,为公司经营全面赋能,为大众提供智慧便捷、高效精准的综合金融保险服务。"

除此之外,还有中国太平、新华保险、众安保险、阳光保险等,也都在积极推动科技的创新发展。科技创新已经成为保险公司成长和价值提升的重要引擎。根据过去几年的趋势和技术发展方向,预测保险公司科技投入可能会聚焦于以下几个主要方向:

(1)数据分析技术。利用大数据分析技术,保险公司可以更好地了解客户需求、风险预测等信息,从而制定更准确的保险策略。

(2)人工智能技术。包括机器学习、自然语言处理、计算机视觉等,以提高保险业务流程的自动化程度,实现自动化核保、自动化理赔等服务,提高业务效率和客户满意度。

(3)区块链技术。区块链技术可以实现数据共享、防篡改等功能,提高信息安全性和信任度,同时降低操作成本;保险公司正在利用区块链技术改善保险业务中的信息共享、数据安全等问题。

（4）云计算技术。通过云计算技术，以实现保险业务的高效处理和数据存储，同时降低数据库的投入。

（5）物联网技术。利用物联网技术收集大量的实时数据，从而更好地评估风险和制定保险策略。

（6）人工智能生成内容技术。AIGC将导致新旧互联网保险之争，是内容之争，而不是用户之争。

总之，科技已经成为保险公司发展的重要驱动力，使其可以更好地适应市场变化和客户需求。随着技术的不断进步，保险公司将会继续加大对科技的投入力度，以提高业务效率和客户满意度，从而实现可持续增长和价值提升。

活力：中国保险的"韧性"

一、中国保险的韧性与活力

"中国保险韧性强、潜力大、活力足，未来发展前景可期。"这是重塑中国保险的初衷和本义。韧性强、潜力大、活力足且长期向好，这是中国保险应有的基本面，也是中国保险应有的显著特征和优势。"潜力大"详见《未来：中国保险业发展前景可期》一文，笔者不再赘述，剩下的是如何实现"韧性强"和"活力足"。

一个有活力、有韧性的保险市场，必定"生长"于一个现实、公平、平等、正义的保险环境之中。当前，面对内外环境的高度不确定性，中国保险体系经受住了考验，韧性不断增强，为防范系统性风险和维护金融安全发挥了重要作用；活力与秩序的关系，是全球金融业监管及保险监管最需要处理好的难题，因此我们看到"防范系统性风险和维护金融安全"逐渐演变成了保险监管的"底线思维"，进而导致中国保险正在"秩序"中失去"活力"。

为锻造有活力有韧性的中国保险市场，我们需要在未来更全面地统筹好增长、发展与安全的关系，进一步通过改革、创新、监管来激发保险增长的"第一动力"、寻找保险业发展的"唯一出路"、塑造保险监管的"专一边界"，不断增强中国保险环境的稳定性、透明度和可预期性。

为锻造有活力有韧性的中国保险市场，我们应重点着眼于保险制度及体制的变革、保险经营及发展的创新、保险稳定及安全的监管，确保经营"有活力"、发展"有韧性"、监管"有秩序"。

为锻造有活力、有韧性的中国保险市场，需要保险业、保险企业和保险人（保险从业者）共同发力，共同打造"活力型保险"。对于保险业来说，需要处理好"活力与秩序"的关系；对于保险企业来说，需要构筑"活力引擎"模型；对于保险人来说，需要适应"活力曲线"生存法则。

二、保险业：活力与秩序

如前文所述，中国保险业发展仍面临不少风险挑战，但长期向好的基本面没有改变，即中国保险韧性强、潜力大、活力足的基本面还存在，存量政策和增量政策叠加发力的基础还在，资源要素条件的支撑还在；但如果处理不好"活力与秩序"的关系，中国保险韧性强、潜力大、活力足的基本面将慢慢消失殆尽。

在全球金融业的监管历程中，处理好"活力与秩序"这对关系是一道世界性难题。党的二十大报告指出，"中国式现代化应当而且能够实现活而不乱、活跃有序的动态平衡"。同样，推进中国保险业的发展和保险强国的建设，要寓活力于秩序之中，建秩序于活力之上，充分调动各方面推动保险高质量发展的积极性，释放保险业发展潜能，激发保险企业、保险人创造活力。

活力与秩序是相互影响、相互促进的。活力是指旺盛的生命力，代表着保险创造力的竞相迸发与保险企业、保险人潜力的充分发挥，主要体现为保险增长和发展；而秩序则是指有条理、不混乱的状况，代表着有序与稳定，主要体现为保险业的金融安全和金融稳定。因此，为建设保险强国，要实现一种活而不乱、活而有序的动态平衡。一方面，要充分激发保险企业、保险人的创造活力，推进保险业发展；另一方面，更要确保金融稳定、有序和健康发展，确保国家金融安全。

活力与秩序是相互影响、相互促进的，两者相统一是中国保险监管应追求的目标，两者从来就不是相互对立的关系，而是有机的统一体。中国保险应该既充满活力又拥有良好秩序，呈现活力和秩序的有机统一。一方面，活力是目的。中国保险必须保持活力，也就是保持可持续、高质量发展，这样才能推进保险强国的建设，才能增强保险综合实力，为以中国式现代化全面推进强国建设、民族复兴伟业提供有力支撑。另一方面，秩序是前提，中国保险要可持续、自适应发展，必须有良好的秩序，必须持续保持稳定。没有秩序，保险强国无法推进；没有秩序，中国保险业过去20多年取得的成果也无法巩固，整个保险业就没有活力。因此，活力和秩序是中国保险业发展的两个重要支点，活力是保险强国的目的，秩序则是保险强国的前提。正确处理活力与秩序的关系，事关中国保险业发展行稳致远的大局和全局。

三、保险企业：活力引擎模型

《熵减：华为活力之源》开篇写道："熵和生命活力，就像两支时间之矢，一头拖拽着我们进入无穷的黑暗，一头拉扯着我们走向永恒的光明。"

熵（Entropy/Entropie），是由鲁道夫·克劳修斯（Rudolf Julius Emanuel Clausius）于1865年在热力学第二定律中提出的一个概念。熵起初是一个热力学函数，后发展为系统混乱程度的量度，是一个描述系统热力学状态的函数。

热力学第二定律告诉我们，一个孤立系统的熵一定会随时间增大，熵达到极大值，系统达到最无序的平衡态。因此，热力学第二定律也被称为熵增定律（Principle of Entropy Increase）。我们生活中的熵增定律，就是在一个孤立系统中，事物总是自发、不可逆地朝着熵增（混乱）方向进行。

1943年，埃尔温·薛定谔（Erwin Schrödinger）在《生命是什么？——活细胞的物理观》（What Is Life）一书中，提出了负熵（Negentropy）概念，首次将熵理论和生命结合在一起，提出"生命以负熵为食"，即用负熵（熵减来抗衡生命中的熵增定律。

正熵的增加意味着事物向着"混乱无序"的方向发展，而负熵的增加则意味着事物向着"进化有序"的方向前进，因此，熵增就是走向"混乱"，熵减就是走向"秩序"。根据熵增和熵减的规律，企业要想长期保持活力，就要建立耗散结构，对内激发活力，对外开放，与外部交换物质和能量，不断提升企业发展势能，不断拓展业务发展空间。基于此，华为构建了活力引擎模型（如图4-5所示），其三个核心要素是"远离平衡""以客户为中心""开放性"。①"远离平衡"就是逆向做功，不断折腾组织和组织中的人，使组织和组织中的人有高度差、温差、速度差等，使"不可能使用"的能量变成"可使用"（可对外做功）的势能、动能、效能。②"以客户为中心"是激活的目的，是否能为客户创造价值是判断有序或无序、熵增或熵减的标准和方向。③"开放性"是组织和组织中的人能够吸收其他人、其他系统的能量，能够促进人员流动和组织成长。

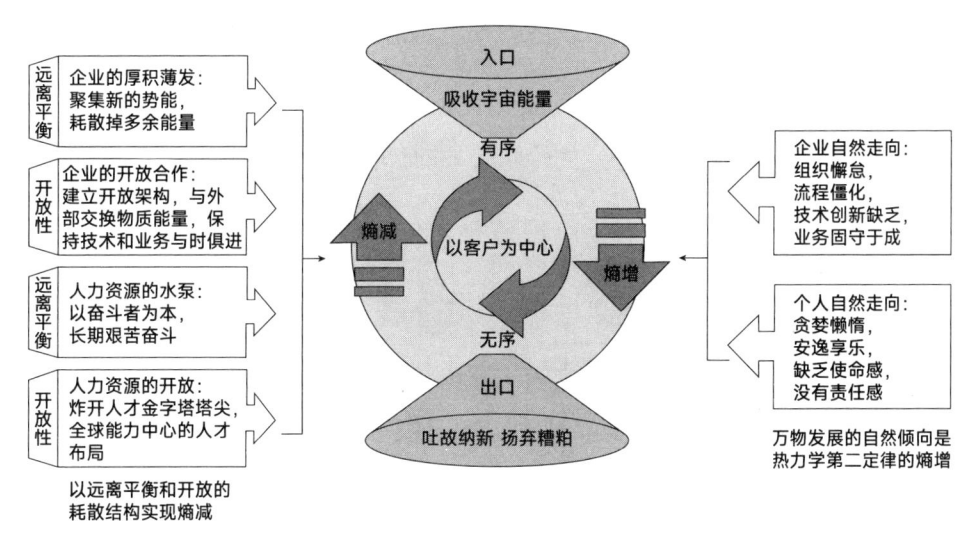

图 4-5 华为活力引擎模型

根据活力引擎模型，为对抗企业之熵，华为构造了宏观活力引擎模型（如图 4-6 所示），目的在于让整个组织处于活力状态。对于保险企业来说，关键也在于通过熵增和熵减实现"稳定的轮回",进而实现"螺旋上升"式的发展。

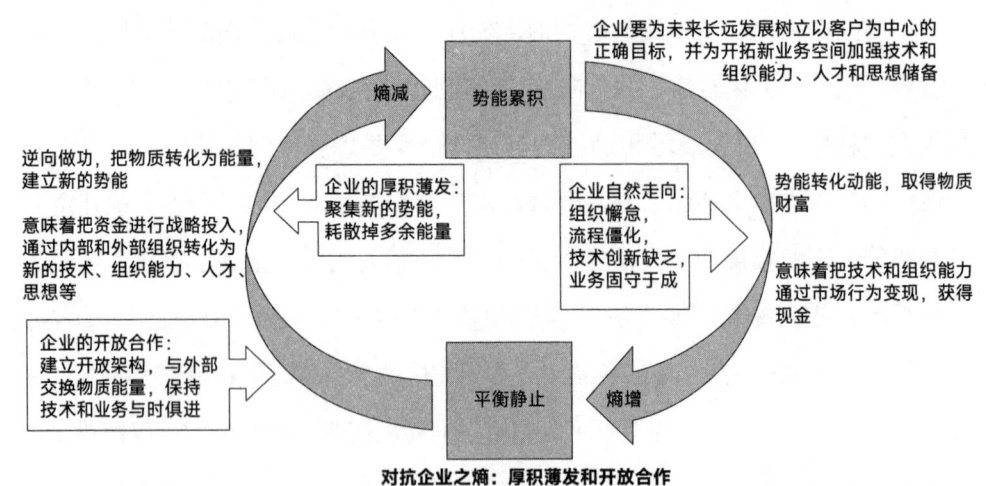

图 4-6 华为宏观活力引擎模型

四、保险人：活力曲线

薛定谔认为："人活着就是在对抗熵增为律,生命以负熵为食。"为对抗个人之熵,华为还构造了微观活力引擎模型(如图 4-7 所示),目的也在于让每个人通过熵增和熵减实现"稳定的轮回",进而实现"螺旋上升"式的发展。

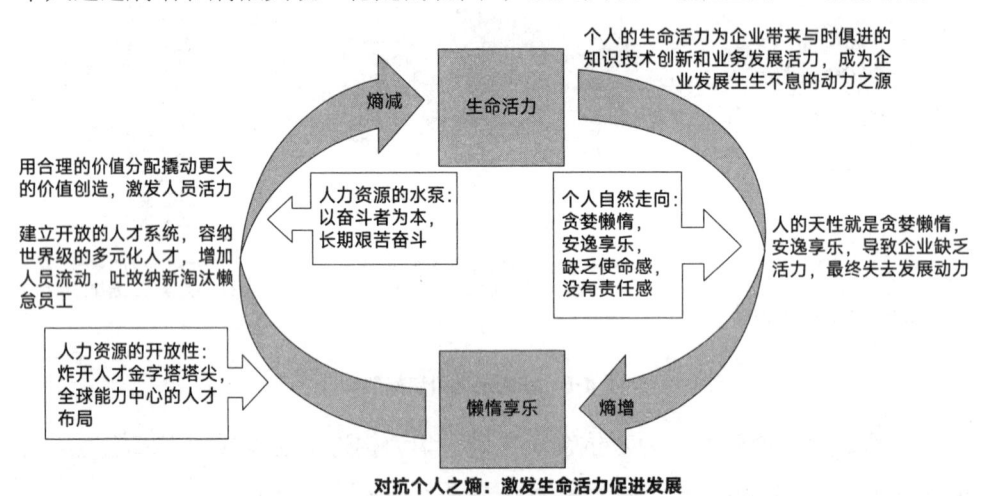

图 4-7 华为微观活力引擎模型

另外，通用电器（GE）原CEO杰克·韦尔奇（Jack Welch）提出了人力资源评估的"活力曲线"（Vitality Curve）。员工按照业绩表现可分为三类：表现最好的20%是A类员工，表现较好或一般的70%是B类员工，表现欠佳的10%是C类员工。根据ABC的分类可以画出"活力曲线"，近似为一张正态分布图，横轴为业绩由左向右递减，组织内达到这种业绩标准的员工的数量为纵轴（如图4-8所示）。

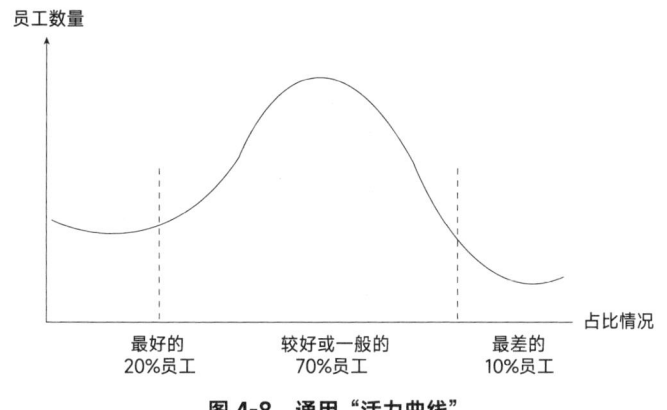

图 4-8 通用"活力曲线"

"活力曲线"是打破平均主义、实施差异化管理的重要方法，其把人力资本的压力、潜力、动力传递到每位管理者身上，不断吸引外部最优秀的人才进入组织，不断找到有潜质、高水平的人，不断淘汰不合格者，从各方面最大限度地激发员工的内在积极性和创造力，使他们为公司创造惊人的业绩。

综上，基于"活力引擎"和"活力曲线"理论，保险企业取得成功有两个关键：方向要大致正确，组织要充满活力。这里的大致正确的"方向"是指提供满足客户长远需求的产品和服务（长期主义）；一个充满活力的"组织"应该具有积极向上的文化氛围，这种文化氛围体现在组织中的每个成员都对工作充满热情和动力，他们对组织的目标和价值观有着强烈的认同感（长期思维）。总体来看，"方向要大致正确，组织要充满活力"，需要从组织体系、动力体系、能力体系、文化体系全方位保障，以实现"韧性强、潜力大、活力足"的"保险强国"之梦（如图 4-9 所示）。

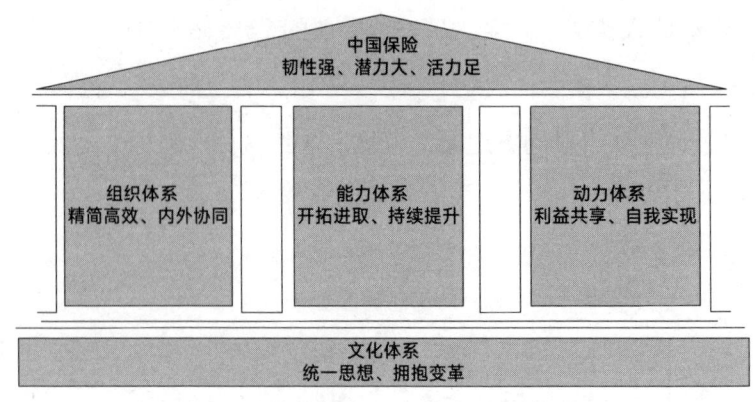

```
        中国保险
   韧性强、潜力大、活力足

  组织体系        能力体系        动力体系
精简高效、内外协同  开拓进取、持续提升  利益共享、自我实现

        文化体系
      统一思想、拥抱变革
```

图 4-9　中国保险韧性强、潜力大、活力足的架构

除了保险业的"活力与秩序"、保险企业的"活力引擎"、保险人的"活力曲线"之外，保险产品和服务也应该是"活力型保险"，为此需要关注两个方面：超级相关性和蓬勃发展。随着简单、迅速、便捷、无现金支付、非接触式的场景雨后春笋般出现，并传导到绝大多数行业和市场，传统保险产品的可见度正在降低，咨询和提供解决方案正成为保险企业的撒手锏。与客户互动时，这些服务应该超级相关、可靠、易得且具有吸引力。保险人应成为客户的朋友和知己，当客户做决定时，保险人就应在身边，无论是线上还是线下。这就是"活力型保险"的内涵，其独特之处在于拥有类似人类的"活力"，并且拥有朋友般的特质——陪伴、智能个性化、可靠、如一、慷慨和改变（如图4-10 所示）。

活力型保险，要通过智能化技术持续地感知与预测客户的保险需求，并实时做出回应。它可以提供高度个性化的产品体验，为客户连接一切与保险有关的事物，而其提供的产品和服务也可以延伸到非保险领域。活力型保险的主要特点如下：

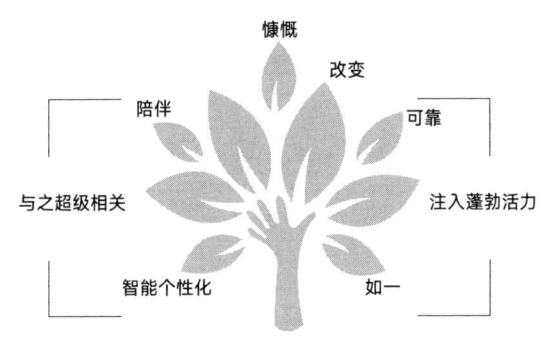

图 4-10 活力型保险

（1）陪伴。活力型保险就像"北极星"那样随时随地相伴客户左右。这意味着保险企业或保险人能够助力客户在起起伏伏的人生中不断前行，提供有价值的保险服务。

（2）智能个性化。保险企业或保险人可以洞察客户，积极了解并预测客户的需求和偏好，准确把握保险业发展规律，强调通过更巧妙的保险服务方案来满足客户需求，提供适宜的互动和价值至上的保险体验。

（3）可靠。保险企业或保险人在关键时刻（如投保产品和理赔）可以有效强化客户的保险意识、社交互动和反馈回路（如评分、意见、评论、收集反馈、做出回应），确保客户能够享受保险服务。

（4）如一。保险企业或保险人可以随时随地、在任何渠道和设备上使客户的保险体验始终如一，也包括保险企业支持的外部渠道的保险服务体验。

（5）慷慨。保险企业可以采取各类战略性举措以赢得客户信任。例如，利用虚拟数字人管理客户账户、自动进行提高保障性的交易，为客户提供保险外的增值服务。

（6）改变。保险企业应坚守"因您而变"的经营理念，时刻准备着为更好地满足客户利益而改变自己的一切。保险人应善于学习，勇于自我颠覆、自我革命。

读懂未来中国保险
>>> 从保险大国到保险强国

总体来看，当前我国保险面临需求收缩、供给冲击、预期转弱三重压力，一些领域（主要是保险资金运用业务和信用保证类业务）风险因素上升，保险业发展仍面临不少深层次矛盾和问题。但也要看到，我国保险长期向好的基本面没有变，韧性强、潜力大、活力足、回旋空间大、政策工具多的基本特点没有变，继续发展具有多方面优势和条件。为此，要贯彻落实中央金融工作会议精神，积极发挥保险的经济减震器和社会稳定器功能，坚定不移地为金融强国建设贡献保险力量，就一定能够把中国保险的优势和条件转化为动能和活力，进而激发中国保险的潜力、增强中国保险的韧性，推动"中国保险"巨轮劈波斩浪、行稳致远。

范式：中国保险的改革、创新与监管

一、中国保险的"中国范式"

范式（Paradigm），是美国著名科学哲学家托马斯·库恩（Thomas Kuhn）于1962年在《科学革命的结构》（*The Structure of Scientific Revolutions*）一书中提出的概念和理论。库恩指出："按既定的用法，范式就是一种公认的模型或模式。"范式从本质上讲是一种理论体系、理论框架。

根据范式理论，中国保险的"范式"具有什么特点呢？回顾中国保险过去20多年的发展，其范式可概括为六个特点，其中前三个是关于保险业整体的，后三个是关于保险机构的。

第一，中国保险业发展追求规模、速度的基本导向没有改变，"小而美"的保险机构相当少或者说没有，基本都是朝着"大而全"的方向发展。

第二，中国保险业的风控是自上而下的，不是内生的风控机制，由保险监管部门对保险机构提出要求，从外部向内部推动风控体系的建设。

第三，中国保险业更多的是关门改革，没有融入世界保险体系，导致中国保险体系非常脆弱。

第四，中国保险机构种类越多越好，分业经营、按业务内容发放牌照。中国的保险集团或保险控股机构，都在向其他领域扩张的过程中争取越来越多的牌照。

第五，中国保险机构的"父爱母爱并存"，"保姆式"监管导致多数保险机构没有经历过市场的洗礼和锤炼。

第六，中国保险机构成为地方政府的竞争对象，各级地方政府都在通过各种各样的优惠政策吸引保险机构或设立保险机构，力图创建一个区域性的保险中心。

中国保险的上述范式（旧范式）已经被验证存在很大的问题，比如保险业的效率和保险机构的竞争力，已经发现很多现有理论解决不了的"例外"，旧范式已不足以支撑"保险强国"目标的实现。因此，中国保险不能延续旧范式，要进行"范式转换"（Paradigm Shift），尝试用竞争性的理论（新范式）取而代之，进而排挤掉"不可通约"的旧范式。那么，中国保险的新范式是什么呢？或者说中国保险新范式的特征是什么呢？

第一，中国保险改革的目标需要明确，中央金融工作会议提出的"建设金融强国"明确了"保险强国"的发展目标。

第二，中国保险改革要建设统一开放、竞争有序的保险市场（深度、广度、弹性），推进风险交易制度和保险交易制度的市场化。

第三，中国保险机构要成为真正的市场主体。中国保险机构过去更多的是跟着监管部门的指挥棒走，现在要充分发挥微观主体的能动性，要把保险机构推向市场，提升中国保险机构的市场竞争力。

第四，中国保险监管部门要当好"守夜人"，保险监管真正要做的事情是营造一个保险市场各类参与主体公平竞争的环境。

第五，中国保险要以开放促改革，以改革提升风险防范能力，对外开放的同时也要对内改革。

中央金融工作会议已经掀起了中国保险的新一轮改革浪潮，全行业要进一步深化中国保险改革、推动中国保险创新、优化中国保险监管，以此建立中国保险的新范式。

二、改革：中国保险增长的"第一动力"

中国保险新范式的建立需要寻找改革新动力、强化改革穿透力，因为改革是中国保险增长的"第一动力"。当前，中国保险业面临周期、要素、结构和动力四大变化，这也恰好是一个自然生态系统在受到环境冲击时一定会经历的变化，中国保险业的生态系统正在发生剧烈扰动和历史性跃迁。

有一种生物生活在距今 2.4 亿年至 6500 万年的地球上，它是当时绝对的王者，统治地球达 1.6 亿年之久，但是在白垩纪末期，却因为环境的巨变导致这类霸主生物突然灭绝，它就是恐龙。恐龙消失后，它的后代——鸟类，虽然弱小，但因能适应环境，还能随气候变化远距离迁徙，而顽强存活下来，并繁衍至今。这个世界不会因为恐龙的强大就给予它永久生存的权力，无论曾经多么强大的力量，在环境巨变之下也不值一提。这个世界永远是适者生存，而不是强者生存，适者，就是适应环境者。

自然界如此，人类世界亦然。未来 10 年，中国保险业将面临宏观环境的四大巨变，这四大巨变既是保险业面临的挑战，更是保险业面临的机遇。能否适应以下四大变化，将是关乎中国保险业生死存亡的关键问题。

（一）从增量市场到存量市场（保险周期之变）

未来 10 年，中国保险将从过去的增量市场转变为存量市场，这属于"保险周期之变"。保险总量将告别过去的高速增长，中国保险的绝大部分细分险种增速都将明显放缓。车险、健康险、投资型保险等主要拉动中国保险业发展的引擎也将逐渐式微。部分细分市场的增长将见顶，中国保险进入机会和利益的存量博弈时代，保险市场参与者从过去"做蛋糕"到现在"分蛋糕"甚至"抢蛋糕"，激烈竞争不可避免。与此同时，过去 20 多年高速增长掩盖的各类保险体制、机制问题开始逐渐暴露，矛盾风险加剧，靠发展解决矛盾、靠增量解决问题的思路将会逐渐失效。在存量市场时代，过去好挣的钱都已挣完，保险企业必须进行两大经营思路的转变：一是从"打猎"的投机思路转为"种地"的经营思路；二是从追求高大上的升维思路转变为市场下沉的降级思路。

（二）从资源红利到知识红利（保险要素之变）

未来10年，中国保险的盈利模式将从资源红利转变为知识红利，这属于"保险要素之变"。过去中国保险的驱动力主要来自资源红利，包括人口红利、财富红利、制度红利、资本红利等，未来10年要素资源的红利逐渐退出历史舞台，知识价值与技术价值开始凸显，保险将从要素驱动、投资驱动转变为创新驱动。过去大量保险企业家都靠资源变现完成原始积累，拥有资源就拥有生存发展的能力，大量保险企业是强资源弱能力型企业。但在接下来的10年，经济环境和商业环境的变化将导致制度资源、金融资源变现难度加大，知识和技术能力开始成为保险新范式真正有效的发展引擎。

（三）从需求侧拉动到供给侧推动（保险结构之变）

未来10年，中国保险的发展将从需求侧拉动转变为供给侧推动，这属于"保险结构之变"。需求端的风险保障、健康保障将告别高速增长，资产管理需求增长也将放缓。过去20多年在"保姆式"监管的庇护下，部分企业风险逐渐累积，也导致了保险业和多数保险企业的"虚胖"，保险产品供给质量和供给效率低下。在供给侧结构性改革的大背景下，保险产品需要靠创新和技术驱动，更多消费者开始追求产品的高品质和深体验，使得保险业必须面临一次脱胎换骨式的变革。消费需求的满足对保险产品供给端的服务效率和技术水平提出了更高要求，从互联网保险到数字保险的转变将是未来10年保险业转型的新语境或新范式。

（四）从数字产业化到产业数字化（动力之变）

未来10年，中国保险将面临从数字产业化到产业数字化的整体跃进，这属于"动力之变"。科技是第一生产力，虽然过去10年中国保险在科技创新上取得了巨大成就，但是由于客观原因，保险企业科技创新的整体动力还是不足，商业模式创新保险企业较多，但真正面向未来的保险企业较少。未来 10 年中国保险业将面临全面数字化，科技成为保险业的新贵和资本热土。保险产业数字化的同时，保险业也将面临联网化、智能化和共享化改造。在未来保险下行期，保险企业将会追求效率和管理提升，追求高速增长已成过去，数字保险产业化的春天即将到来。

达尔文在《物种起源》里写道，"自然界能够生存下来的，既不是四肢最强壮的，也不是头脑最聪明的，而是有能力适应变化的物种"。未来 10 年，中国保险商业世界的游戏规则将改写，乱世枭雄的时代已经过去，保险企业唯有理解环境、适应环境才能立于不败之地。一个人、一家企业的成功，除了拼搏奋斗，更需要考虑历史的进程，我们都需要赌国运，因为只有做与国同寿、与国同频的事，才能实现最伟大的成功。未来 10 年，中国保险改革就是变化，变化就是机会，万物皆有裂痕，那是阳光照进来的地方。

三、创新：中国保险业发展的"唯一出路"

中国保险新范式的建立需要寻找创新的力量、强化创新的变革力，因为创新是中国保险业发展的"唯一出路"。创新是时代的主题，企业是创新的主体。创新的力量从哪来？创新的路径有哪些？怎样的创新见成效？回答这些问题需要回归到中国保险业发展的底层逻辑，过去 20 多年中国保险成功的要素在于"中国经济"，不在于"保险监管 + 保险企业 + 保险人"所构成的旧范式，中国经济的高速发展带动了中国保险业的快速发展，最终取得了目前的成功，但面对未来不再是这样的思路。

回顾过去 20 年，中国保险业创新呈现四个发展趋势：符合中国国情的创新模式不断涌现；创新深刻改变着中国保险企业的生产方式；中国保险企业的管理创新与技术创新紧密结合；科技成为引领中国保险业改革发展的重要支撑。面向未来，中国保险最大的变化聚焦在哪些领域？中国保险又该选择什么样的创新模式？

德勤·摩立特旗下从事创新咨询的机构德布林（Doblin）公司的研究表明，成功的创新都是由三个大类里的十种创新基本类型组合而成的（以下简称"创新十型法"）。1998年起，德布林公司开始致力于找到成功创新案例之间的相似之处和规律，想要构建创新的元素周期表，于是收集了2000多个创新的最佳案例。通过对这些案例进行分析和分解，并借助模式识别和复杂性管理技术，最终发现了创新的十个类型，其巧妙地融合了生产要素创新的各个维度。

未来10年，中国保险的创新可以引入"创新十型法"，以此丰富保险创新内容。"创新十型法"可分为三大类（如图4-11所示）：第一大类关注企业自身运营，包含盈利模式、网络（联合他人来创造价值）、结构（组织并配置人才和资产）和流程方面的创新；第二大类包含产品性能和产品系统方面的创新；第三大类涵盖了服务、渠道、品牌和客户互动方面的创新。"创新十型法"不是一个流程表，也不是各种类型的排列顺序，并且不涉及等级体系，任意类型的组合都可以形成创新，企业可以从任意一个类型开始创新。

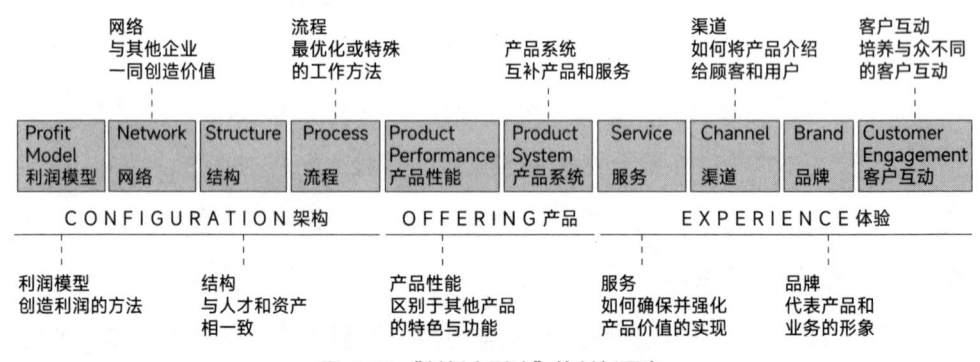

图4-11 "创新十型法"的创新要素

（1）盈利模式创新。盈利模式创新，就是找到一种全新的方法，将企业的产品、服务和其他价值来源转化为利润。好的盈利模式必须以对用户或消费者的深层理解为基础。

（2）网络资源创新。网络资源创新为企业提供了一种利用其他企业的流程、技术、产品、渠道和品牌的方式，让企业在发挥自身优势的同时，借助其他企业的能力和资产创造收益。

（3）结构体系创新。结构体系创新是以特有的方式组织企业资产来创造价值。它或是优秀人才管理系统，或是对资本、设备的独创配置，也可以是改善企业的固定成本和部门职能，包括对人力部门、研发部门和IT部门的改善。

（4）运营流程创新。运营流程创新需要的是不同于常规的巨大变革，能使企业利用独特的能力，发挥高效的职能，创造领先市场的利润水平。流程创新往往能够形成企业的核心竞争力，可能包含一些专利和专利性方法，让企业在几年内甚至几十年内拥有巨大优势。

（5）产品性能创新。产品性能创新是指革新企业提供的产品或服务的价值、特征和质量。此类创新会产生全新的产品，或大大延伸现有的产品线。人们常常错误地认为产品性能创新就是创新的全部，但实际上它只是十类创新中的一种类型，也是最容易被竞争对手复制的创新类型。

（6）产品系统创新。产品系统创新在于如何将单独的产品和服务连接或组合起来，从而形成强大且可扩展的系统，通过互通性、模块化、整合和其他创造价值的方式将原本明显不同的产品和服务联合在一起。产品系统创新能增加客户黏性，并抵御竞争的生态系统。

（7）服务模式创新。服务模式创新能够确保并提升产品的效用、性能和表现价值，让产品的使用更加便捷。它展示出用户可忽视的产品特点和功能，解决客户在使用过程中遇到的问题。卓越的服务创新能为平淡无奇的产品带来引人入胜的用户体验，从而带来更多的回头客。

（8）营销渠道创新。营销渠道创新涉及企业将产品和服务提供给用户的所有方式。此类创新的目标是确保用户能够在任何期望的时间，以任何想要的方式买到自己的所需，同时享受最大限度的便利、最低廉的成本和最大的愉悦。

（9）品牌影响创新。品牌影响创新有助于加深用户对品牌的认知，帮助用户识别产品和服务，从而与竞争对手或替代产品进行有效区分，提高产品在市场中的辨识度。在传统保险市场中，大型保险公司通常借助企业标语、品牌标志、广告赞助等方式进行品牌推广，提升企业的影响力，客户往往因为品牌知名度高而选择信赖其产品。

（10）客户互动创新。客户互动创新在于如何了解客户深层次的需求，并利用这些深刻的见解发展客户与企业之间的关系。比如，利用基于地理位置的服务，在特定地点"签到"的客户将被授予"勋章"，用户为获得奖励将增加互动频率，通过互动的形式，增加客户流量，创造收益。

每种创新类型都有不同的行动战略——创新工具箱（如图4-12所示）。每种战略都有其独特的使用方法和局限性。"创新十型法"作为实用工具，能够帮助诊断并丰富保险企业正在实践的创新，或者帮助保险企业分析现有的竞争态势，它能够揭示差距或发现成就与众不同的潜在机会，甚至颠覆市场。中国保险在发展过程中，恰当地运用创新工具，有助于更快、更准确地达到创新目标。

任何意义上的保险创新，都必须从制度方面加以诠释才有真正的效力，制度上的改革已成为最关键的一步。所有的创新都伴随着风险的发生，按照现在的监管模式，我们既没有管住保险体制内的风险，也没有管住保险体制外的风险，我们需要构建完备有效的现代保险监管体系。

Profit Model 利润模型	Network 网络	Structure 结构	Process 流程	Product Performance 产品性能	Product System 产品系统	Service 服务	Channel 渠道	Brand 品牌	Customer Engagement 客户互动
CONFIGURATION 架构				OFFERING 产品		EXPERIENCE 体验			
高端 成本领导力 分析预测 定量使用 稀少订价 订阅 会员制 安装基础 拍卖 用户定义 免费增值 灵活定价 浮动 融资 销量 广告支持 许可 多层次营销	合并/收购 整合 开放式创新 二级市场 供应链整合 互补的伙伴关系 合作 特许经营 竞合	组织设计 人才系统 奖励制度 IT整合 外包 众包 社会网络 共享后支持 企业大学 分权管理 知识管理	灵活制造 标准化 本土化 流程效率 流程自动化 按需生产 精益生产 物流系统 战略设计 知识产权	特征聚集 新增的功能 高级产品 便携性 互动功能 环境敏感性 安全 简单化 定制 焦点 保护 样式	交叉销售 扩展/插入 产品捆绑 模块化系统 产品/服务平台 综合产品	先试后买 保证 忠诚度计划 增值 非传统渠道 接送服务 整体经验管理 辅助服务 优质服务 个性化服务 用户社区/支持系统 租赁或贷款	扩张 旗舰店 直接购买 监管负责人 间接销售 交叉销售 按需求销售	联合品牌 品牌效应 自由品牌 品牌延伸 新品牌 组件品牌 价值统一 证明	流程自动化 简单化 综合处理 经验支持 掌控 自治与权威 社区和归属感 个性化 个人化

图 4-12 "创新十型法"的创新工具箱

四、监管：中国保险安全的"专一边界"

中国保险新范式的建立需要建立新的风险预警机制、构建新的保险监管边界，因为监管是中国保险安全的"专一边界"。近年来，我国保险业发展环境、保险体制机制、保险机构运行、保险基础设施等均发生了深刻的改变，特别是随着金融科技在保险领域的深入应用，保险业正在发生历史性变革，保险安全边界要素得到极大的丰富。

从金融发展历史来看，金融危机似乎从未远离我们。而每次金融危机的爆发都意味着监管的失败和随之而来的重大变革。现代金融发展史就是一部金融危机史，同时也是金融监管变革史。回顾 20 世纪以来的金融危机，为探究保险监管的发展提供了一种新的视角，为当下中国保险的变革提供了另一种思路。

自 1907 年美国的银行业危机起，至 2008 年美国次贷危机止，中间经历了 1929 年世界经济危机（大萧条）、1987 年美国储贷危机及同期的北欧银行危机、1997 年东南亚金融危机。2008 年这场金融危机的发生中断了世界经济

读懂未来中国保险

>>> 从保险大国到保险强国

持续 30 多年的黄金增长期，金融体系的去杠杆和实体经济的下行形成巨大的反馈循环，世界经济陷入长期的深度衰退。如今距离危机爆发已经 15 年多了，全球金融经济尽管有所恢复，但危机的阴霾并未就此消散，金融风险和金融监管到底应如何平衡？中国究竟要建立什么样的金融体系？相应的金融监管体系到底该如何改革……中央金融工作会议科学回答了金融监管的一系列重大理论和实践问题，为新时代新征程推动金融高质量发展提供了根本遵循和行动指南。

保险业是以风险治理和风险经营为基础的金融行业，具有典型的外部性和高度信息不对称性。保险的自身逻辑决定了市场机制纠偏的成本较高，甚至高到难以承受的地步。保险市场的失灵和极高的市场纠偏成本，需要保险监管的有效介入，这正是保险监管的缘起和初衷，这也要求保险监管"管得住现在的风险，也管得住未来的风险"。

2023 年 11 月 10—11 日，金融监管总局召开学习贯彻中央金融工作会议精神专题研讨班暨监管工作座谈会，会议指出，要加快构建完备有效的现代金融监管体系，坚定不移走中国特色金融发展之路。会议强调了未来金融（保险）监管的主要举措：一是更好实现政策协同、监管协同、央地协同，推动党中央关于金融工作的重大决策落地见效；二是不断加强和完善现代金融监管，确保金融监管事业始终沿着正确的方向前进；三是坚持强监管严监管，推动"五大监管"在系统全面落实，着力提高监管的前瞻性、精准性、有效性和协同性；四是协同构建全覆盖的金融监管体制机制，实现同责共担、同题共答、同向发力，确保金融监管无死角、无盲区、无例外。

中国保监会时代，中国保险业初步建立了基于"市场行为监管、公司治理监管、偿付能力监管"的现代监管体系；银保监会时代，中国保险业与银行业的现代监管体系实现了政策协同、监管协同；金融监管总局时代，将进一步推动"五大监管"的全面落地。我们是否可以认为中国保险业已经建立起现代保险监管体系呢？我们不妨以偿付能力监管为例，分析一下这个问题。

偿付能力监管是现代保险监管的核心。作为中国保险业制度创新的重要里程碑，我国第二代偿付能力监管体系（以下简称"偿二代"）自2016年正式建成实施，历经6年实践探索，银保监会于2021年12月推出了"偿二代"二期规则。"偿二代"一期规则主要立足于我国保险市场发展实际，实现"偿一代"与"偿二代"的平稳过渡；二期重点建设内容包括贯彻宏观金融监管导向、顺应行业风险特征变化、实现一期制度迭代升级等。"偿二代"到底能不能"管得住现在的风险，也管得住未来的风险"？答案也许不是我们想象的那样，目前中国被接管或强制重组的保险公司基本都发生在"偿二代"实施之后。"偿二代"监管体系的实施效果显然并不理想，为什么？因为"偿二代"只管好了"好孩子"，而没有管好"坏孩子"；"偿二代"只管好了"现在的风险"，而没有管好"未来的风险"。

"管好'现在的风险'和管好'未来的风险'""管好'好孩子'和管好'坏孩子'"是中国保险监管真正需要思考的问题，前者需要关注"趋势的力量"，后者需要关注"制度腐败"。"管好'现在的风险'和管好'未来的风险'"直接决定了能否管好"系统性风险"，而"管好'好孩子'和管好'坏孩子'"直接决定了能否管好"个体性风险"。

一是关注"趋势的力量"，保持监管的前瞻性和先进性。所谓趋势，就是保险市场运动的大方向，随着保险业发展阶段的不同，趋势的方向也不一样。作为监管者，把握了保险市场的大方向就意味着对风险能够早识别、早预警、早暴露、早处置，也就守住了不发生系统性金融风险的底线。

二是关注"制度腐败"，保持监管的纯净性和可靠性。制度腐败主要表现为制度制定的走过场、制度执行的多变性、制度解释的随意性、制度内容的非良性。制度腐败关键因素为制度缺陷、监管漏洞与社会扭曲。要想有效遏制中国保险监管的制度腐败，就需要从制度设计、制度执行、社会价值观、历史沿革和政治环境等多个方面入手。保险监管关键是建立"创新友好型"和"发展友好型"的监管体系，追求"好的监管"而非"强监管""严监管"，同时提高监管的科学性，监管者要秉持专业精神有所作为。

如此，只有保持保险监管的前瞻性、先进性、纯净性、可靠性，才能锻造忠诚干净担当的监管铁军，才能构建完备有效的现代金融监管体系，才能防范系统性风险与维护金融安全，才能坚定不移地走中国特色金融发展之路，才能推动我国金融高质量发展，为以中国式现代化全面推进强国建设、民族复兴伟业提供有力支撑。

综上，中国保险的未来出路在于范式的转换，关键是做好三件事：改革突围、创新突围和监管边界划定。将来不是"观"出来的，而是"做"出来的，我们现在的抉择和行为决定未来。不可否认，随着中国保险业的发展，各种新的问题仍然会不断涌现。正因如此，中国保险必须有"改革永远在路上""创新永无止境""监管需与时俱进"的态度和思想准备，更多地从制度出发和从原则出发、从市场出发和从原理出发、从金融稳定和金融安全出发，如此中国保险才能从旧范式转换到新范式。

躬身入局，方能重塑中国保险

一、躬身入局

曾国藩曾讲过这样一个故事：有一位老翁急等儿子回家，出门寻见儿子和另一人各挑着一担重物，在田埂上僵持着。田埂很窄，二人谁也不肯先下到水田里让对方先过。老翁劝说无果，说，那么让我下到水田里，帮你们其中一个担着担子，让他先空手过去，我再把担子还给他，这样问题就解决了。曾国藩把这种解决之道称为"躬身入局"。

"躬身入局，挺膺负责，方有成事之可冀。"习近平总书记在中共中央政治局第十三次集体学习上指出："金融活，经济活；金融稳，经济稳。经济兴，金融兴；经济强，金融强。"经济是肌体，金融是血脉，两者共生共荣。2023年10月底的中央金融工作会议上，习近平总书记又进一步指出："金融是国民经济的血脉，是国家核心竞争力的重要组成部分，要加快建设金融强国，全面加强金融监管，完善金融体制，优化金融服务，防范化解风险，坚定不移走中国特色金融发展之路，推动我国金融高质量发展，为以中国式现代化全面推进强国建设、民族复兴伟业提供有力支撑。"金融兴则保险兴，保险强则金融强。

"深刻认识走好中国特色金融发展之路的重大意义""切实增强做好新时代金融工作的责任感使命感""以奋发有为的精神状态、扎实有效的工作举措，全面落实中央金融工作会议部署"……金融系统该怎么落实？阶段性目标是什么？哪些需要重点推进、优先完成？这些需要从中央层面统筹安排、系统推进，确保中央金融工作会议精神落到实处。2023年11月20日，中央金融委员会召开会议，通过了推动金融高质量发展相关重点任务分工方案，发出了贯彻落实中央金融工作会议精神的动员令。在这之前，人民银行、国家外汇局、金融监管总局、证监会等已经"躬身入局"。2023年11月1日，金融监管总局党委召开扩大会议，传达学习贯彻中央金融工作会议精神，推动工作部署落实落地；2023年11月1日，证监会召开党委（扩大）会议，传达学习中央金融工作会议精神，研究贯彻落实措施；2023年11月2日，人民银行党委、国家外汇局党组召开扩大会议，传达学习中央金融工作会议精神，研究部署贯彻落实工作；2023年11月10—11日，金融监管总局召开学习贯彻中央金融工作会议精神专题研讨班暨监管工作座谈会，深入学习领会中央金融工作会议精神，研究贯彻落实措施。

除了金融监管部门"躬身入局"之外，我们看到金融机构也积极行动起来。2023年11月17日，人民银行、金融监管总局、证监会联合召开金融机构座谈会，贯彻落实中央金融工作会议精神，研究近期房地产金融、信贷投放、融资平台债务风险化解等重点工作。

总体来看，中央金融工作会议之后，金融监管的"一委一行一总局一会一局"（中央金融委员会、人民银行、金融监管总局、证监会、国家外汇局）都更"务实"，强调具体措施，注重实际效果。可以期待，中国保险监管也将会有一系列务实举措出台，推动中央金融工作会议精神落地见效，推动国家擘画的金融（保险）发展蓝图一步步变为现实。

二、重塑中国保险

重塑中国保险，就要破局重生，而这又需先躬身入局。约翰·梅纳德·凯恩斯曾言："我确信与既得利益者所获得的权力相比，更值得关注的是，人们的观念被逐渐侵蚀。"躬身入局才能换位思考,才能转变理念,才能探寻拐点,才能实现突围。

一个国家从经济大国走向经济强国,必然伴随着金融由大变强,也必然伴随着保险由大变强。改革开放以来,我国保险体系已经初步完成了"从小到大"的量变。当前,我国已成为全球第二大保险市场,保险业管理的总资产规模已跃居全球第三。我国香港地区的保险业管理资产规模超 4.5 万亿美元,位居亚洲第一、世界第二;美国是全球第一大保险市场,保险业管理的资产规模超过 7.5 万亿美元,位居世界第一;中国是全球第二大保险市场,保险业管理的资产规模超过 3.8 万亿美元,位居世界第三。所以,我们应清醒地认识到中国保险的"大而不强",这可以从我国香港地区保险业的数据得到佐证。

2022 年,瑞士再保险公布的数据显示,我国香港地区的保险深度在全球及亚洲均排名第二,保险密度居亚洲第一和全球第二。截至 2022 年 12 月 31 日,我国香港地区共有 164 家获授权保险公司,其中 89 家经营一般业务,53 家经营长期业务,19 家经营综合业务及 3 家经营特定目的业务。另有 1736 家持牌保险代理机构,80873 名持牌个人保险代理,以及 24279 名持牌业务代表(代理)。此外,共有 819 家持牌保险经纪公司和 10903 名持牌业务代表(经纪)。全球 20 大保险公司中,有 14 家在地区香港经营保险业务。

躬身"随风潜入夜,润物细无声"的"奉献之路",发挥保险业的经济减震器和社会稳定器功能。截至 2022 年末,全国共有保险法人机构 237 家,资产总额 27.15 万亿元,实现原保险保费收入 4.70 万亿元,同比增长 4.58%;保险业赔款和给付支出 1.55 万亿元。保险密度为 3326 元 / 人,保险深度为 3.88%。《2022 中国保险业社会责任报告》全面、详细地展示了 2022 年保险业践行社会责任,以保险保障之力推动经济社会高质量发展的生动实践。

躬身"不积跬步,无以至千里;不积小流,无以成江海"的"积累之路",

读懂未来中国保险
>>> 从保险大国到保险强国

不断提高保险业在金融业中的话语权,在"金融强国"建设中实现"保险强国"。2022年末,保险业在金融业总资产中的占比从2002年的2.6%提升到6.5%,虽然占比还比较小,但已成为金融业的重要一极。

躬身"青衿之志,履践致远"的"实干之路",用时间换空间,用实干换业绩,用危机换契机,以此实现从旧范式向新范式转换。大道至简,务实为要。革命先驱李大钊曾感慨:"凡事都要脚踏实地去做,不驰于空想,不骛于虚声,而唯以求真的态度作踏实的工夫。以此态度求学,则真理可明,以此态度做事,则功业可就。"今天,中国保险"潜力巨大",发展红利不断得到释放,关键在于通过熵增和熵减实现"稳定的轮回",进而实现"螺旋上升"式的发展,如此方有"中国保险韧性强、潜力大、活力足,未来发展前景可期"之大局。

"心事浩渺连广宇,于无声处听惊雷。"中国保险"新范式"的重塑任务已经交到了我们保险人手中,这要求我们身临其境、置身事内、挺膺担当、躬身入局。躬身入局,才能破解中国保险业发展之谜、化解中国巨灾风险之殇、悟解中国保险变革之路、通解中国与世界保险之问,如此方能重塑中国保险。

2023年11月,国家主席习近平在旧金山举行的亚太经合组织工商领导人峰会上表示:"……下一个'中国'还是中国,欢迎各国工商界朋友们继续投资中国、深耕中国。"另外,党的二十大报告、中央金融工作会议、中央经济工作会议等,都为新时代、新征程下的中国保险指明了方向,可谓"鸿钧广运,嘉节良辰"。中国保险应身临其境、置身事内、挺膺担当、躬身入局、深耕中国、服务世界。

最后,随着中国经济社会的发展,中国保险业各种新的问题仍然会不断涌现。正因如此,中国保险业必须有"改革永远在路上"的态度和思想准备。关于中国保险业的未来,正如阿尔伯特·爱因斯坦所言:"我从不去想未来,因为它来得已经够快的了。"亦如艾伦·格林斯潘所言:"如果你们认为听懂了我在说什么,那就真的误解我了。"

参考文献 | References

一、参考的相关书籍

[1] 陈辉. 读懂中国保险 [M]. 北京：中国经济出版社，2023.

[2] 李晓林，陈辉. 保险思政课 [M]. 北京：中国经济出版社，2021.

[3] 陈辉. 小数据之美：精准捕捉未来的商业小趋势 [M]. 北京：中信出版社，2019.

[4] 陈辉. 金融科技：框架与实践 [M]. 北京：中国经济出版社，2018.

[5] 陈辉. 监管科技：框架与实践 [M]. 北京：中国经济出版社，2019.

[6] 陈辉. 互联网保险：框架与实践 [M]. 北京：中国经济出版社，2021.

[7] 陈辉，鲁阳. 保险科技：框架与实践 [M]. 北京：中国经济出版社，2021.

[8] 蔡昉. 读懂中国经济 [M]. 北京：中信出版社，2017.

[9] 蔡昉. 读懂未来中国经济 [M]. 北京：中信出版社，2021.

[10] 黄益平，王勋. 读懂中国金融：金融改革的经济学分析 [M]. 北京：人民日报出版社，2022.

[11] 黄益平. 金融的价值：改革、创新、监管与我们的未来 [M]. 北京：中信出版社，2021.

[12] 任泽平，曹志楠. 金融模式 [M]. 北京：中译出版社，2022.

[13] 刘俏. 我们热爱的金融：重塑我们这个时代的中国金融 [M]. 北京：机械工业出版社，2020.

[14] 林毅夫，等．中国经济的逻辑与展望 [M]．北京：北京大学出版社，2022．

[15] 钱军．中国金融的力量 [M]．上海：中国出版集团东方出版中心，2020．

[16] 王广谦．经济发展中金融的贡献与效率 [M]．北京：中国人民大学出版社，1997．

[17] GOLDSMITH W. Financial structure and development[M]. New Haven:Yale University Press, 1969.

二、参考的相关文章

[18] 陈俭．新中国金融体系演变的历程、经验与展望 [J]．社会科学动态，2020，47（11）:5-13．

[19] 蔡华．保险对经济增长的贡献研究：基于中国实证 [J]．金融理论与实践，2011，385（8）:92-97．

[20] 赵建超，赵春萍，彭振江．金融业对经济增长贡献的测算及中美两国比较 [J]．金融监管研究，2014，28（4）:72-86．

[21] 姚敏，赵先立．中国直接和间接金融贡献率的实证研究 [J]．甘肃行政学院学报，2017，121（3）:114-124，128．

[22] 李香雨．中国保险业促进经济增长的路径研究 [D]．长春：吉林大学，2012．

[23] 孙祁祥，范娟娟．新中国保险业发展的经验 [J]．中国金融，2019（19）:115-118．

[24] 倪红霞．中国寿险业利差损规模测算与分析 [J]．统计与决策，2011（17）:49-52．

三、参考的其他资料

[25] 公众号：小城不小（iyangcai）和央财国际研究院（eyangcai）。

[26] 中国政府网，www.gov.cn。

[27] 中国人民银行网站，www.pbc.gov.cn。

[28] 国家金融监督管理总局网站，www.cbrc.gov.cn。

[29] 中国证券业监督管理委员会网站，www.csrc.gov.cn。

[30] 国家数据，http://data.stats.gov.cn。

后记 | Afterword

2020年，根据中央财经大学建设世界一流大学（学科）方案要求以及"打造具有一流影响力的中国财经高端智库"的宏伟蓝图，中国精算研究院联合中国金融科技研究中心等机构组建了"中国与世界保险研究工作组"（CCWI），并启动了"中国与世界保险"研究及《中国与世界保险观察》撰写工作。

2023年，为推动"中国与世界保险"研究成果的实践，中央财经大学中国精算科技实验室主任陈辉博士受聘担任佳凡数字保险创新研究院院长。佳凡数字保险创新研究院作为服务中国数字经济的数字保险研究智库，将致力于成为数字风险管理、数字财富管理与数字保险服务的专家，为中国数字经济构筑数字风险保障基石。

《读懂未来中国保险》及《读懂中国保险》，致力于解决当前对中国保险前景的误判，澄清当前对中国保险观察的错误方法和偏颇理论，以此驳斥当前对中国保险的悲观论调，重新看到中国保险的光明前景。

《读懂未来中国保险》是"中国与世界保险观察书系"规划内容，已出版《读懂中国保险》《保险思政课》《中国保险业可持续发展报告（2020）》《中国保险业可持续发展报告（2021）》《中国保险业可持续发展报告（2022）》《中国保险业可持续发展报告（2023）》等。

《读懂未来中国保险》及《读懂中国保险》两本书的顺利出版离不开佳凡集团和乐信保险代理的资助，感谢佳凡集团董事长祁震先生、总经理贾辉先生的支持，感谢乐信亟氪训邱馨慧女士、佳凡集团于伯纶先生的辛苦工作；本书的顺利出版离不开中国经济出版社的鼎力支持，感谢中国经济出版社的每一个人，感谢他们的真知灼见和辛苦工作，特别是张梦初女士，她是一位非常优秀的策划人和编辑，感谢她做的每一件事。

最后，让我们一起读懂未来中国保险、读懂未来中国金融、读懂未来中国经济、读懂未来中国。